SERVICE DE SANTÉ

INSTRUCTION DU 5 MAI 1899

SUR L'UTILISATION EN TEMPS DE GUERRE DES

RESSOURCES DU TERRITOIRE NATIONAL

POUR

L'HOSPITALISATION DES MALADES ET DES BLESSÉS

DE L'ARMÉE

4ᵉ Édition, mise à jour jusqu'au 1ᵉʳ avril 1913

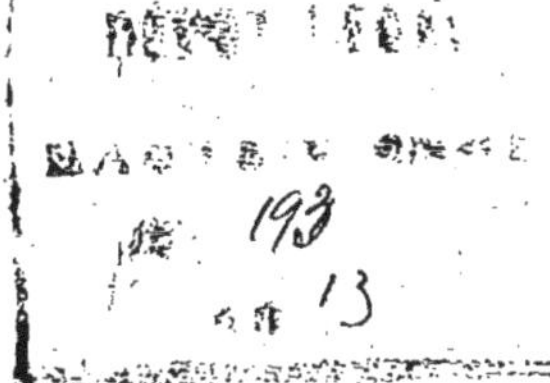

PARIS

Henri CHARLES-LAVAUZELLE

Éditeur militaire

10, Rue Danton, Boulevard Saint-Germain, 118

(MÊME MAISON A LIMOGES)

SERVICE DE SANTÉ

INSTRUCTION DU 5 MAI 1899

SUR L'UTILISATION EN TEMPS DE GUERRE DES

RESSOURCES DU TERRITOIRE NATIONAL

POUR

L'HOSPITALISATION DES MALADES ET DES BLESSÉS

DE L'ARMÉE

4ᵉ Edition, mise à jour jusqu'au 1ᵉʳ avril 1913

PARIS

HENRI CHARLES-LAVAUZELLE

Éditeur militaire

10, Rue Danton, Boulevard Saint-Germain, 118

(MÊME MAISON A LIMOGES)

INSTRUCTION DU 5 MAI 1899

SUR L'UTILISATION EN TEMPS DE GUERRE DES

RESSOURCES DU TERRITOIRE NATIONAL

POUR

L'HOSPITALISATION DES MALADES ET DES BLESSÉS

DE L'ARMÉE

Objet et division de l'instruction.

Art. 1er. La présente instruction a pour objet l'utilisation méthodique des ressources du territoire national pour assurer, en temps de guerre, l'hospitalisation des malades et blessés de l'armée.

Art. 2. La présente instruction comprend quatre parties, savoir :

1re Partie : Hôpitaux militaires.
2e Partie : Hospices mixtes.
3e Partie : Hôpitaux temporaires des places fortes.
4e Partie : Hôpitaux temporaires du territoire.

Ire, IIe ET IIIe PARTIES.

Art. 3. Les ressources hospitalières fournies par les hôpitaux militaires, les hospices mixtes et les hôpitaux temporaires des places fortes sont utilisées conformément aux règlements sur le service de santé de l'armée à l'intérieur ou en campagne et aux dispositions spéciales prévues pour les places fortes.

IVᵉ PARTIE.

Hôpitaux temporaires du territoire.

Art. 4. La 4ᵉ partie se divise en sept chapitres, savoir :

CHAPITRE I. Dispositions générales.
CHAPITRE II. Obligations du directeur du service de santé de la région de corps d'armée et des médecins militaires, ses délégués, en ce qui concerne la préparation des hôpitaux temporaires du territoire.
CHAPITRE III. Hôpitaux temporaires du territoire dont la gestion est assurée par le service de santé de l'armée.
CHAPITRE IV. Hôpitaux temporaires du territoire dont la gestion est confiée aux sociétés d'assistance aux blessés et malades des armées de terre et de mer (hôpitaux auxiliaires du territoire).
CHAPITRE V. Ouverture des hôpitaux temporaires du territoire et premières dispositions à prendre en vue de leur fonctionnement.
CHAPITRE VI. Fonctionnement des hôpitaux temporaires du territoire.
CHAPITRE VII. Fermeture des hôpitaux temporaires du territoire.

CHAPITRE Iᵉʳ.

DISPOSITIONS GÉNÉRALES.

Nécessité et dénomination des hôpitaux à créer. — Autorités chargées de leur organisation.

Art. 5. Les hôpitaux militaires et les hospices mixtes qui existent actuellement sur le territoire national ne pouvant recevoir qu'une partie des malades ou blessés qui proviendront des armées en campagne, il est indispensable de prévoir, en vue du traitement de ces malades et blessés, l'organisation sur différents points dudit territoire, pendant la durée des opérations de guerre, d'un grand nombre d'hôpitaux nouveaux qui, en dehors des places fortes, porteront le nom générique « d'hôpitaux temporaires du territoire ».

Le service de santé de l'armée est chargé de préparer ces hôpitaux, durant la paix.

Il est secondé, dans l'accomplissement de cette tâche, par les autorités militaires ou civiles dont le concours lui est nécessaire et auxquelles leurs chefs hiérarchiques donnent des instructions à cet effet.

Etablissements dans lesquels sont installés les hôpitaux temporaires du territoire.

Art. 6. Les hôpitaux temporaires du territoire sont établis :

1º Dans les lycées, collèges, pensionnats, asiles, grands hôtels meublés qui, possédant déjà des lits, des objets de couchage, un matériel de cuisine, etc., peuvent être facilement transformés en hôpitaux, s'ils remplissent, d'ailleurs, les conditions hygiéniques requises pour cette destination;

2° Dans les établissements ou locaux de toute nature qui, par leur disposition générale, leur situation, leur étendue paraissent pouvoir être utilisés pour l'installation d'un hôpital provisoire.

Affectation des établissements au service de santé de l'armée.

Art. 7. Le Ministre de la guerre prononce, dès le temps de paix, par application de la loi du 3 juillet 1877 sur les réquisitions militaires, l'affectation au service de santé militaire, pour la durée des opérations de guerre, des établissements dont ce service a besoin pour assurer l'hospitalisation des malades ou blessés de l'armée.

Les établissements consacrés à l'instruction publique, tant par l'Etat, les départements ou les communes que par les particuliers, sont mis, en principe, à la disposition du service de santé de l'armée.

Les établissements de cet ordre qu'il y aurait lieu de laisser à leur destination normale seront désignés, dès le temps de paix, d'accord entre le Ministre de la guerre et son collègue de l'instruction publique ou des autres départements ministériels intéressés.

Les établissements relevant du ministère de l'intérieur, exception faite pour les établissements scolaires auxquels sont applicables les dispositions des deux alinéas qui précèdent, ne seront attribués, en raison de leur affectation spéciale, au service de santé de l'armée qu'après entente, dans chaque cas particulier, entre les deux Ministres intéressés.

Dans tous les cas, le Ministre de la guerre notifie dès le temps de paix, à ses collègues des autres départements ministériels intéressés, les décisions qu'il a prises au sujet des établissements placés sous leur administration. Ces notifications comportent l'indication du jour de la mobilisation à partir duquel chaque établissement doit être mis à la disposition du service de santé militaire.

Dans les régions de corps d'armée, le directeur du service de santé adresse des notifications identiques :

a) Au directeur ou au propriétaire (ou au locataire) de chaque établissement affecté au service de santé de l'armée;

b) A l'autorité civile du corps d'armée (préfet, recteur ou inspecteur d'académie, maire) intéressée à connaître les décisions du Ministre.

Visite des établissements par les représentants du service de santé de l'armée.

Art. 8. Les établissements attribués au service de santé de l'armée, pour la durée des opérations de guerre, conservent, en temps de paix, leur affectation et leurs dispositions normales.

Les représentants du service de santé visitent ces établissements durant la paix, apprécient leur convenance pour la destination qu'ils doivent recevoir, décomptent les ressources d'hospitalisation qu'ils renferment et dressent un devis des modifications sommaires qu'il y aurait lieu de faire subir aux locaux en vue de l'installation d'un hôpital temporaire du territoire; toutefois, les travaux d'adaptation reconnus nécessaires ne pourront être exécutés qu'au moment de la mobilisation.

Mesures à prendre pour rendre disponibles les établissements affectés au service de santé de l'armée.

Art. 9. Il appartient aux autorités civiles ou aux propriétaires dont dépendent les établissements affectés au service de santé de l'armée de prescrire les mesures nécessaires pour rendre ces établissements disponibles au jour de la mobilisation fixé par le Ministre de la guerre.

Ces mesures comportent nécessairement, pour les établissements scolaires, le renvoi de tous les élèves.

Les directeurs (ou les directrices), les proviseurs, principaux, économes, professeurs ou employés qui occupent un logement auquel ils ont droit dans les établissements scolaires affectés au service de santé de l'armée ont la faculté de conserver ce logement après l'ouverture des hôpitaux temporaires du territoire.

Toutefois, ledit logement pourra être réduit, si l'installation des hôpitaux l'exige, au nombre de pièces rigoureusement indispensables pour l'habitation des intéressés et celle de leur famille.

Les mêmes dispositions sont applicables au logement personnel occupé par les propriétaires ou les locataires dans les établissements de tout ordre affectés au service de santé de l'armée.

Conditions générales à remplir par les hôpitaux temporaires du territoire.

Art. 10. Les hôpitaux temporaires du territoire sont installés, sauf exception justifiée, dans les localités desservies par un chemin de fer.

Ils doivent contenir 20 lits au moins. Il est alloué 40 mètres cubes d'air à chaque malade ou blessé.

Division des hôpitaux temporaires du territoire suivant leur destination.

Art. 11. Au point de vue de leur destination, les hôpitaux temporaires du territoire sont généraux ou spéciaux; les premiers reçoivent à la fois les différentes catégories de malades et de blessés; les seconds ne traitent que les malades à l'exclusion des blessés ou réciproquement.

Certains hôpitaux temporaires du territoire peuvent être réservés pour le traitement, soit des contagieux, soit des convalescents.

Obligations du directeur du service de santé de la région de corps d'armée
et des médecins militaires sous ses ordres.

Art. 12. Dans chaque région de corps d'armée, le directeur du
service de santé prépare l'organisation des hôpitaux temporaires
du territoire sous la haute autorité du général commandant le
corps d'armée et avec le concours de médecins militaires du corps
d'armée ayant, autant que possible, le grade de médecin princi-
pal ou de médecin-major.

Le directeur du service de santé choisit lui-même ces médecins
militaires, à raison d'un au moins par ville de garnison, parmi
les médecins des hôpitaux militaires ou parmi ceux des corps de
troupe.

Il fait connaître leur nom au commandant d'armes et au maire
des villes de garnison.

Obligations du commandant d'armes et du maire des villes de garnison.

Art. 13. Le commandant d'armes et le maire des villes de garnison emploient leur autorité à faciliter les recherches du médecin militaire, délégué à la préparation des hôpitaux temporaires
du territoire, et lui communiquent tous les renseignements qui
paraissent de nature à l'aider dans sa tâche.

Autorité qui statue sur la création des hôpitaux temporaires du territoire.

Art. 14. La création des hôpitaux temporaires du territoire
n'est définitivement décidée qu'après approbation par le Ministre
de la guerre (7e Direction).

Gestion des hôpitaux temporaires du territoire.

Art. 15. Les hôpitaux temporaires du territoire sont gérés, soit
par le service de santé de l'armée, soit par l'une ou l'autre des
sociétés d'assistance aux blessés et malades militaires reconnues
par l'Etat, savoir :

La Société française de secours aux blessés militaires ;
L'Union des femmes de France ;
L'Association des Dames françaises.

Les hôpitaux gérés par les sociétés d'assistance prennent le
nom d'hôpitaux auxiliaires du territoire.

Journaux de mobilisation des hôpitaux temporaires du territoire.

Art. 16. Il est établi, pour chacun des hôpitaux temporaires du
territoire dont la création a été autorisée par le Ministre de la
guerre (7e Direction) et en autant d'expéditions que le prescrivent
les articles 25 et 69 de la présente instruction, un journal de mobilisation conforme à l'un des modèles n° 6ˢ et 14 annexés à la
présente instruction.

Registre général et situation semestrielle des hôpitaux temporaires
du territoire.

Art. 17. Le directeur du service de santé de la région de corps
d'armée tient, en oûtre, un registre général (modèle n° 1 annexé
à la présente instruction) des hôpitaux temporaires du territoire
dont la création a été autorisée par le Ministre de la guerre
(7e Direction).

Il fournit tous les six mois (1er février et 1er août) au Ministre
de la guerre (7e Direction) une situation (modèle n° 2 de la présente instruction) des hôpitaux temporaires du territoire de la région de corps d'armée.

CHAPITRE II.

OBLIGATIONS DU DIRECTEUR DU SERVICE DE SANTÉ DE LA RÉGION DE CORPS D'ARMÉE ET DES MÉDECINS MILITAIRES, SES DÉLÉGUÉS, EN CE QUI CONCERNE LA PRÉPARATION DES HÔPITAUX TEMPORAIRES DU TERRITOIRE.

Obligations du médecin militaire chargé de la préparation des hôpitaux
temporaires du territoire.

Art. 18. Le médecin militaire chargé de la préparation des
hôpitaux temporaires du territoire a pour mission de rechercher
dans la ville où il réside tous les établissements qui paraissent
convenir pour cette destination.

Il reçoit du maire de la ville communication des renseignements
recueillis par l'autorité municipale sur le nombre, la nature et
l'importance des établissements susceptibles d'être utilisés pour
l'installation des hôpitaux temporaires du territoire.

Il reçoit du commandant d'armes la liste des établissements
déjà retenus pour les besoins généraux de l'armée, et du directeur
du service de santé de la région de corps d'armée, celle des établissements concédés aux sociétés d'assistance pour l'installation
des hôpitaux auxiliaires du territoire.

Art. 19. Le médecin militaire se préoccupe de visiter, dans le
plus bref délai, les établissements qui n'ont pas encore reçu
d'affectation à la mobilisation, et il s'entend avec le directeur (établissements d'instruction) ou le propriétaire ou le locataire de
chaque établissement à l'effet de fixer le jour et l'heure de sa
visite.

Cette entente a lieu soit directement, soit par l'intermédiaire
du commandant d'armes (établissements appartenant à l'Etat ou
au département ou affectés à un de leurs services) ou du maire
de la ville (établissements appartenant à la commune ou à des
particuliers).

Le médecin militaire demande à visiter les établissements déjà retenus pour les besoins généraux de l'armée, dans le cas où il y aurait lieu d'appliquer les dispositions de l'article 30 de la présente instruction.

Il ne visite les établissements déjà concédés aux sociétés d'assistance que sur l'ordre du directeur du service de santé du corps d'armée.

Visite des établissements. — Rapports à établir par le médecin militaire.

Art. 20. La visite du médecin militaire dans chaque établissement a pour premier objet de déterminer si l'établissement remplit les conditions d'hygiène générale requises pour l'installation d'un hôpital temporaire du territoire.

Le médecin militaire fait connaître son opinion dans un rapport succinct au directeur du service de santé de la région de corps d'armée, qui décide s'il y a lieu de procéder à une nouvelle visite de l'établissement en question.

Art. 21. Lorsqu'un établissement est reconnu par le directeur du service de santé de la région de corps d'armée comme pouvant être utilisé pour l'hospitalisation des malades et des blessés, le médecin militaire doit accomplir successivement les opérations suivantes :

1° Visiter en détail l'établissement et recueillir tous les renseignements nécessaires pour le décrire sommairement d'après le questionnaire ci-après :

a. Destination normale de l'établissement; indication du propriétaire (Etat, département, commune, particulier avec nom et adresse).

b. Situation de l'établisssement : élévation et nature du terrain sur lequel il est construit; son orientation; son exposition aux vents; sa position par rapport à la ville; sa distance de la gare la plus voisine; état des routes qui le relient à la ville ou à la gare; moyens de transport existants (omnibus, tramways).

c. Description sommaire des chambres d'habitation (cubage, état des parquets, revêtement intérieur des murs, nombre et situation des fenêtres, moyens d'aération permanente et de chauffage) et des locaux accessoires (cuisine, réfectoire, lavabos, salle de bains).

d. Eau d'alimentation; son origine, sa qualité, sa quantité eu égard aux besoins à satisfaire; sa distribution dans l'établissement; le cas échéant, moyens d'épuration employés, analyses connues.

e. Type de latrines en usage; mode de vidange, issue des eaux pluviales et ménagères; égouts.

f. Causes d'insalubrité au voisinage de l'établissement.

g. Moyens d'éclairage artificiel employés (lampes diverses, gaz, électricité; leur distribution générale.)

2º Déterminer le nombre maximum de malades ou de blessés que l'établissement peut contenir;

3º Etablir, s'il y a lieu, un état estimatif des travaux qu'il paraîtrait utile d'effectuer dans l'établissement pour l'adapter aux conditions de fonctionnement d'un hôpital, sous la réserve qu'il ne devra être proposé que des travaux absolument indispensables, susceptibles d'être exécutés rapidement, qui ne soient pas de nature à compromettre la solidité des bâtiments affectés, à titre temporaire, au service de santé de l'armée, et qui puissent être facilement détruits après la fermeture de l'hôpital, de manière à permettre la remise intégrale des locaux dans leur état primitif; les propositions de travaux seront, d'ailleurs, classées sous les trois rubriques ci-après :

a) Modifications aux locaux existants; elles ne porteront, en principe, que sur leur division et leur éclairage;

b) Construction de locaux accessoires, tels que latrines, hangars;

c) Modifications dans la distribution de l'eau, du gaz ou de l'électricité, dans l'organisation ou le fonctionnement des latrines et des voies d'écoulement pour eaux ménagères ou pour eaux d'égout.

4º Provoquer, s'il y a lieu, une analyse de l'eau potable;

5º Décrire sommairement l'établissement en supposant les divers locaux aménagés et répartis (voir la notice nº 3 annexée à la présente instruction) en vue du fonctionnement de l'hôpital temporaire du territoire (plan sommaire à l'appui);

6º Décompter le matériel existant dans l'établissement et pouvant être affecté au service des malades, en se basant, pour le calcul des objets nécessaires, sur les indications de la notice nº 5 annexée à la présente instruction.

Intervention des représentants du service du génie.

Art. 22. En cas de besoin, les états estimatifs prévus au paragraphe numéroté 3 de l'article qui précède sont dressés de concert avec un représentant du service du génie. Ce représentant est désigné par le général commandant la région du corps d'armée, sur la demande du directeur du service de santé de la région de corps d'armée.

Le médecin militaire et le représentant du service du génie tiendront le plus grand compte, lors de la rédaction de l'état estimatif des travaux d'adaptation, des indications qui leur seraient fournies, à la demande des propriétaires ou directeurs d'établissements, par les architectes chargés de l'entretien des bâtiments qu'il s'agit d'affecter, pour le cas de guerre, au service de santé de l'armée.

Nombre d'expéditions et destination des rapports établis
par le médecin militaire.

Art. 23. Les divers renseignements prévus à l'article 21 de la présente instruction sont consignés par le médecin militaire dans un rapport spécial qu'il adresse, en deux expéditions, au directeur du service de santé de la région de corps d'armée.

Le directeur transmet une de ces expéditions, avec ses observations personnelles, au Ministre de la guerre (7e Direction), qui fait connaître s'il approuve la création d'un hôpital temporaire du territoire dans l'établissement visé audit rapport.

Recherches du médecin militaire après acceptation par le Ministre des propositions relatives à la création d'hôpitaux temporaires du territoire.

Art. 24. En cas d'acceptation par le Ministre de la guerre, le médecin militaire continue, d'après les prévisions arrêtées par la présente instruction et les instructions de détail qu'il reçoit, dans chaque cas particulier, du directeur du service de santé de la région de corps d'armée, les recherches nécessaires pour assurer l'organisation complète des hôpitaux temporaires du territoire.

Ces recherches auront généralement pour objet, de fournir une solution aux questions formulées ci-après :

a) Le matériel à constituer (Voir la notice n° 5 annexée à la présente instruction) pour assurer le fonctionnement des hôpitaux temporaires du territoire peut-il être acquis sur place, soit par réquisition, soit par achat à l'amiable, et à quelles conditions de prix ?

b) L'approvisionnement en médicaments des hôpitaux temporaires du territoire peut-il être constitué, à la mobilisation, par un ou plusieurs pharmaciens de la ville et à quelles conditions de prix ?

c) Dans quelles conditions pourra-t-il être pourvu, soit à l'intérieur des établissements hospitaliers, soit en dehors, au blanchissage du linge et à la désinfection des effets des malades admis dans les hôpitaux temporaires du territoire ?

d) La ville où doit être installé un hôpital temporaire du territoire dispose-t-elle de ressources suffisantes au point de vue de l'alimentation et du chauffage ? En quoi consistent ces ressources et quel est le prix moyen des principaux objets ?

e) Comment sera assuré, à la mobilisation, le transport des malades ou blessés depuis la gare la plus voisine jusqu'à l'hôpital temporaire du territoire qui doit les recevoir ? Trouvera-t-on en ville des voitures bien suspendues et suffisamment spacieuses pour être affectées à ce service ?

Les propriétaires consentiraient-ils à louer leurs voitures ou se chargeraient-ils eux-mêmes du transport ? Quelles seraient leurs conditions de prix ?

Journaux de mobilisation établis par le médecin militaire. — Leur destination.

Art. 25. Le médecin militaire établit en triple expédition, en se conformant au modèle n° 6 de la présente instruction, ainsi qu'aux indications spéciales du directeur du service de santé de la région de corps d'armée, le journal de mobilisation des hôpitaux temporaires du territoire qui doivent être créés dans la ville où il réside et dont la gestion doit être assurée par le service de santé de l'armée.

Il adresse les trois expéditions du journal de mobilisation au directeur du service de santé de la région de corps d'armée qui les arrête après les avoir contrôlées et rectifiées, s'il y a lieu.

Les trois expéditions du journal reçoivent ensuite la destination suivante : une est retournée au médecin militaire chargé de la préparation des hôpitaux temporaires du territoire; une est adressée au Ministre de la guerre (7e Direction); une est placée dans les archives de la direction du service de santé de la région de corps d'armée.

Tenue à jour des journaux de mobilisation.

Art. 26. Les expéditions du journal de mobilisation, conservées par le médecin militaire chargé de la préparation des hôpitaux temporaires du territoire et le directeur du service de santé de la région de corps d'armée, sont tenues rigoureusement à jour. Les rectifications qui y sont apportées sont communiquées, dans le plus bref délai, au Ministre de la guerre (7e Direction.)

Remise des journaux de mobilisation en cas de départ du médecin militaire qui les détient.

Art. 27. Lorsqu'il change de garnison en temps de paix, le médecin militaire chargé de la préparation des hôpitaux temporaires du territoire remet, contre reçu, les journaux de mobilisation dont il est détenteur au médecin militaire désigné pour le remplacer dans ces fonctions spéciales (1).

Au moment de la mobilisation, le médecin militaire remet les documents dont il s'agit au commandant d'armes ou, à défaut, au maire de la ville; il adresse le reçu qu'il s'est fait délivrer sous pli chargé au directeur du service de santé de la région de corps d'armée.

Journaux de mobilisation concernant les hôpitaux temporaires du territoire organisés dans des villes dépourvues de garnison.

Art. 28. Les journaux de mobilisation concernant les hôpitaux

---

(1) Si le nouveau titulaire de ces fonctions spéciales n'a pas rejoint son poste en temps utile pour recevoir les journaux de mobilisation, ces documents seront remis au commandant d'armes.

temporaires du territoire organisés dans des localités dépourvues de garnison sont établis et transmis conformément aux indications de l'article 25 qui précède, par les médecins militaires désignés à cet effet par le directeur du service de santé de la région de corps d'armée.

L'expédition du journal de mobilisation dont le médecin militaire qui l'a établi reste détenteur, est adressée, au moment de la mobilisation, au directeur du service de santé de la région de corps d'armée; en temps de paix, la remise de ce document a lieu, le cas échéant, d'après les prescriptions du premier alinéa de l'article 27 ci-dessus.

Attributions spéciales du directeur du service de santé de la région
de corps d'armée.

Art. 29. Le directeur du service de santé de la région de corps d'armée prépare les hôpitaux temporaires du territoire dont la gestion doit être assurée par le service de santé de l'armée en se conformant aux dispositions du chapitre III de la présente instruction.

Il contrôle la préparation des hôpitaux temporaires du territoire (hôpitaux auxiliaires du territoire) dont la gestion est confiée aux sociétés d'assistance, d'après les dispositions du chapitre IV de la présente instruction.

Il adresse à qui de droit les notifications prévues à l'article 7, tient le registre général et fournit la situation semestrielle prescrits par l'article 17 de la présente instruction.

Il délivre au médecin chef de chaque place forte un extrait du registre général comprenant toutes les indications nécessaires sur les hôpitaux auxiliaires du territoire dont l'organisation est prévue dans la place. (Voir article 45 de la présente instruction.)

Affectation au service de santé des établissements déjà retenus
pour les besoins généraux de l'armée.

Art. 30. Si un des établissements déjà retenus pour les besoins généraux de l'armée paraît convenir, d'une façon spéciale, pour l'installation d'un hôpital temporaire du territoire, le directeur du service de santé de la région de corps d'armée soumet au général commandant la région de corps d'armée une demande tendant à obtenir que cet établissement soit désaffecté de la destination qu'il a reçue et mis à la disposition du service de santé de l'armée.

En transmettant cette demande au Ministre de la guerre, qui statue, le général commandant la région de corps d'armée fait ressortir si le service en vue duquel l'établissement en question a été retenu peut être assuré, dans des conditions satisfaisantes, par la réquisition d'autres locaux.

Un même établissement peut, d'ailleurs, recevoir deux affectations successives; par exemple, être utilisé, dans les premiers jours de la mobilisation, pour le logement de la troupe et servir, plus tard, pour l'installation d'un hôpital temporaire du territoire.

Organisation d'hôpitaux temporaires du territoire dans les villes dépourvues de garnison.

Art. 31. Le directeur du service de santé de la région de corps d'armée se renseigne, auprès des maires, sur le nombre et l'importance des établissements qui, dans les localités dépourvues de troupes, pourraient être utilises pour l'hospitalisation des malades ou blessés de l'armée.

Il fait étudier ces établissements par les médecins militaires des villes voisines et conformément aux indications des articles 20, 21, 22, 23 qui précèdent, s'il ne peut organiser, avec les locaux disponibles dans les villes de garnison, le nombre d'hôpitaux temporaires du territoire qui doivent être tenus prêts à fonctionner dans le premier mois de la mobilisation. (Art. 27 de la présente instruction.)

Ce nombre une fois atteint, le directeur du service de santé de la région de corps d'armée ne prescrit la visite des établissements situés dans les localités dépourvues de garnison qu'avec l'autorisation du Ministre de la guerre (7e Direction).

La liste des établissements non examinés de cette catégorie doit figurer, sous une rubrique spéciale, au registre général prévu à l'article 17 de la présente instruction.

CHAPITRE III.

HOPITAUX TEMPORAIRES DU TERRITOIRE DONT LA GESTION EST ASSURÉE PAR LE SERVICE DE SANTÉ DE L'ARMÉE.

Exécution des travaux d'adaptation.

Art. 32. Les travaux d'adaptation dans les établissements réservés pour l'installation des hôpitaux temporaires du territoire dont la gestion est assurée par le service de santé de l'armée ont lieu au moment de la mobilisation, et aux frais de ce service.

Leur exécution est assurée, en principe, par un entrepreneur civil avec qui le directeur du service de santé de la région de corps d'armée a passé, dès le temps de paix, un marché conditionnel. (Art. 39.)

Toutefois, les infirmiers militaires de chaque hôpital temporaire du territoire seront chargés d'exécuter les travaux d'adaptation qui n'exigeraient pas, par leur nature, le concours d'ouvriers spéciaux.

Fixation du personnel et du matériel nécessaires.

Art. 33. Le personnel et le matériel nécessaires pour le fonctionnement d'un hôpital temporaire du territoire de x lits sont déterminés par les notices n°ˢ 4 et 5 annexées à la présente instruction.

Les fixations sont basées sur le nombre variable des lits que les hôpitaux temporaires du territoire peuvent comporter.

La destination spéciale attribuée aux hôpitaux temporaires du territoire qui recevront exclusivement soit des malades, soit des blessés, soit des convalescents, entraine, en outre, quelques différences dans la composition de leur personnel et de leur approvisionnement en médicaments, appareils et objets de pansement et instruments de chirurgie.

Recrutement du personnel.

Art. 34 (1). Le personnel des hôpitaux temporaires du territoire est recruté à la diligence du directeur du service de santé de la région de corps d'armée, dans les conditions ci après :

a) Médecin-chef : à prélever sur les cadres des médecins de réserve ou de l'armée territoriale ;

b) Médecins traitants : à prélever soit sur les cadres des médecins de réserve ou de l'armée territoriale, soit parmi les docteurs en médecine appartenant, comme hommes de troupe, aux services auxiliaires de l'armée ;

c) Pharmaciens : à prélever soit sur les cadres des pharmaciens de réserve ou de l'armée territoriale, soit parmi les pharmaciens auxiliaires de l'armée territoriale ou de sa réserve, soit parmi les pharmaciens de 1ʳᵉ ou de 2ᵉ classe appartenant, comme hommes de troupe, aux services auxiliaires de l'armée ;

d) Officiers d'administration du service des hôpitaux : à prélever sur les cadres des officiers d'administration du service des hôpitaux de réserve ou de l'armée territoriale ;

e) Infirmiers militaires : à prélever sur les sections territoriales d'infirmiers militaires ou, à défaut de ressources suffisantes dans ces sections, parmi les hommes appartenant soit aux services auxiliaires de l'armée, soit à la réserve de l'armée territoriale.

Les médecins de réserve ou de l'armée territoriale attachés aux dépôts des corps de troupe peuvent remplir, concurremment avec leur service de troupe, les fonctions de médecin traitant dans les hôpitaux temporaires du territoire.

Les docteurs en médecine et les pharmaciens de 1ʳᵉ classe qui, provenant des services auxiliaires de l'armée, sont affectés aux hôpitaux temporaires du territoire, en qualité de médecins traitants ou de pharmaciens de l'armée, reçoivent, sur les fonds du service de santé, une indemnité suffisante pour porter leur solde d'homme de troupe au taux de la solde du médecin ou pharmacien aide-major de 2ᵉ classe de réserve ou de l'armée territoriale.

---

(1) Complété par la circulaire du 4 juillet 1906, *B. O.*, p. 877.

Des médecins auxiliaires de l'armée territoriale ou de sa réserve sont attachés aux hôpitaux temporaires du territoire pour y contribuer à l'exécution du service médical et notamment pour y assurer un service de garde.

Si le nombre des médecins auxiliaires de l'armée territoriale ou de sa réserve est insuffisant, des hommes classés dans les services auxiliaires de l'armée et pourvus soit de douze inscriptions valables pour le doctorat en médecine, soit du diplôme d'officier de santé, peuvent être affectés aux hôpitaux temporaires du territoire en qualité d'aides-médecins; ces hommes reçoivent, sur les fonds du service de santé, une indemnité suffisante pour porter leur solde d'homme de troupe au taux de la solde du médecin auxiliaire.

La même indemnité est accordée aux pharmaciens de 2ᵉ classe prélevés sur les services auxiliaires de l'armée pour être attachés aux hôpitaux temporaires du territoire en qualité de pharmaciens de l'armée.

Les hommes des services auxiliaires de l'armée ou de la réserve de l'armée territoriale ne doivent constituer, en aucun cas, l'effectif total des infirmiers prévus au titre de chaque hôpital temporaire du territoire. Quelques hommes des sections territoriales d'infirmiers militaires sont toujours affectés à ces hôpitaux pour y remplir les emplois exigeant des connaissances spéciales.

En outre, les hommes des services auxiliaires de l'armée et ceux de la réserve de l'armée territoriale sont affectés, de préférence, aux hôpitaux temporaires du territoire dont la date d'ouverture, à la mobilisation, reste indéterminée en temps de paix. (Art. 71 de la présente instruction.) Les détachements prélevés sur les sections territoriales d'infirmiers militaires comprennent suivant leur importance un ou plusieurs gradés.

En cas d'insuffisance numérique des médecins et des pharmaciens appartenant aux diverses catégories spécifiées ci-dessus, le service des hôpitaux temporaires du territoire sera assuré par la réquisition de médecins ou de pharmaciens dégagés de toute obligation militaire.

Ces médecins et ces pharmaciens requis recevront les indemnités prévues par le règlement sur le service de santé de l'armée à l'intérieur

A défaut d'officiers d'administration des cadres de réserve ou de l'armée territoriale, les emplois qui leur sont dévolus dans les hôpitaux temporaires du territoire sont attribués à des hommes du service auxiliaire de l'armée ou de la réserve de l'armée territoriale possédant une instruction générale suffisante pour occuper un emploi de comptable dans les établissements dont il s'agit.

Ces hommes reçoivent sur les fonds du service de santé une indemnité suffisante pour porter leur solde d'homme de troupe au taux de la solde de l'officier d'administration de 3ᵉ classe de réserve ou de l'armée territoriale, s'ils remplissent la fonction d'officier d'administration gestionnaire, et, dans le cas contraire, au taux de la solde de l'adjudant sous-officier.

AFFECTATION ET CONVOCATION DU PERSONNEL.

Médecins, pharmaciens et officiers d'administration des cadres de réserve ou de l'armée territoriale.

Art. 35 (1). Les médecins, pharmaciens et officiers d'administration qui sont prélevés sur les cadres de la réserve ou de l'armée territoriale pour être affectés aux hôpitaux temporaires du territoire sont désignés soit d'office, soit sur la proposition du directeur du service de santé de la région de corps d'armée, par le Ministre de la guerre (7ᵉ Direction) qui fait parvenir à chacun d'eux un ordre individuel de mobilisation.

Le médecin-chef et le premier officier d'administration de chaque hôpital temporaire du territoire sont convoqués au chef-lieu du corps d'armée pour y recevoir les instructions verbales du directeur du service de santé de la région de corps d'armée; ils rejoignent de là le lieu où est établi l'hôpital temporaire du territoire; ils doivent y arriver l'avant-veille du jour fixé pour le commencement des travaux d'adaptation et, au plus tard, six jours pleins avant la date fixée pour l'ouverture de l'hôpital.

Les médecins traitants, les pharmaciens et les autres officiers d'administration de l'hôpital temporaire du territoire sont convoqués au lieu de destination de manière à y parvenir quatre jours pleins avant la date fixée pour l'ouverture de l'hôpital.

Toutefois, si les travaux d'adaptation doivent être exécutés par les infirmiers de l'hôpital temporaire du territoire, la convocation des officiers d'administration en sous-ordre sera avancée de telle sorte que ces officiers puissent être rendus au lieu de destination la veille du jour fixé pour le commencement des travaux dont il s'agit.

Médecins, pharmaciens, étudiants en médecine provenant des services auxiliaires de l'armée. — Médecins et pharmaciens auxiliaires. — Infirmiers de toute origine.

L'affectation aux hôpitaux temporaires du territoire des détachements prélevés sur les sections territoriales d'infirmiers militaires ou d'hommes appartenant soit aux services auxiliaires de l'armée, soit à la réserve de l'armée territoriale, y compris les hommes pourvus des diplômes de docteur en médecine, d'officier de santé, de pharmacien de 1ʳᵉ ou de 2ᵉ classe, ou de douze ins-

---

(1) Complété par la circulaire du 4 juillet 1906, *B. O.*, p. 877.

criptions valables pour le doctorat en médecine, est prononcée, sur la proposition du directeur du service de santé de la région de corps d'armée, par le général commandant la région de corps d'armée. Le général notifie ses décisions aux commandants des bureaux de recrutement intéressés en leur faisant connaître le jour de la mobilisation à partir duquel ces hommes de troupe doivent être rendus au lieu de destination.

L'affectation aux hôpitaux temporaires du territoire des médecins et des pharmaciens auxiliaires est prononcée par le directeur du service de santé de la région de corps d'armée, qui en informe également les commandants des bureaux de recrutement intéressés et leur fournit les indications relatives à la fixation du jour d'arrivée de ce personnel au lieu de destination.

Les médecins et pharmaciens auxiliaires ainsi que tous les hommes de troupe (médecins, pharmaciens, étudiants en médecine provenant des services auxiliaires, infirmiers provenant des sections ou prélevés soit sur les services auxiliaires, soit sur la réserve de l'armée territoriale) désignés pour les hôpitaux temporaires du territoire doivent être convoqués au lieu de destination, de manière à y parvenir quatre jours pleins avant la date fixée pour l'ouverture de ces hôpitaux. Toutefois, si les infirmiers étaient chargés de l'exécution des travaux d'adaptation, leur convocation serait avancée de telle sorte qu'ils pussent être rendus au lieu de destination la veille du jour fixé pour le commencement des travaux dont il s'agit.

Inscriptions sur les fascicules de mobilisation.

Les commandants des bureaux de recrutement font porter les inscriptions nécessaires sur les fascicules de mobilisation délivrés aux médecins et aux pharmaciens auxiliaires ainsi qu'aux hommes de troupe désignés pour les hôpitaux temporaires du territoire.

Maintien dans ses foyers d'une partie du personnel.

Le personnel des hôpitaux temporaires du territoire dont la date d'ouverture reste indéterminée en temps de paix, est maintenu provisoirement dans ses foyers, exception faite pour les hommes des sections territoriales d'infirmiers militaires, lesquels devront attendre, au dépôt de leur section, l'ordre de se rendre au lieu où est établi l'hôpital temporaire du territoire auquel ils sont affectés.

La mention « maintenu dans ses foyers » sera portée sur les fascicules de mobilisation des intéressés par les soins des commandants des bureaux de recrutement.

Les dispositions arrêtées par le présent article pour l'affectation et la convocation des hommes du service auxiliaire de l'armée ou de la réserve de l'armée territoriale, pourvus du diplôme de docteur en médecine ou de celui de pharmacien, sont applicables aux hommes des mêmes catégories militaires (article 34 modifié) qu'il y a lieu d'attacher aux hôpitaux temporaires du territoire pour y remplir les fonctions dévolues aux officiers d'administration. Ces hommes sont recherchés par les commandants des bureaux de recrutement et portés sur des états nominatifs contenant l'indication de leur situation militaire et de leur profession civile. Les états sont adressés au directeur du service de santé du corps d'armée.

Les hommes en question sont convoqués à titre provisoire dès le troisième jour de la mobilisation dans un certain nombre de centres où le directeur du service de santé du corps d'armée a prévu, dès le temps de paix, l'organisation, pour le cas de mobilisation, de conférences et exercices pratiques destinés à les préparer intensivement aux fonctions de comptables dans les hôpitaux temporaires du territoire.

Ils rejoindront leur lieu de destination définitive à un jour qui sera fixé, après l'ouverture de la mobilisation, par la Direction du service de santé du corps d'armée.

Dispositions spéciales concernant les hommes des services auxiliaires de l'armée ou de la réserve de l'armée territoriale.

Art. 36. Les hommes prélevés sur les services auxiliaires de l'armée ou sur la réserve de l'armée territoriale, pour être affectés aux hôpitaux temporaires du territoire, ne sont, en raison du caractère temporaire de leur mission, ni habillés, ni équipés, ni armés par l'autorité militaire.

Ils portent, comme signe distinctif, le brassard de neutralité.

Ils sont logés, nourris et payés dans les mêmes conditions que les hommes des sections territoriales d'infirmiers militaires. Ils peuvent recevoir, en outre, une indemnité pour usure d'effets personnels ; cette indemnité sera fixée par le général commandant la région de corps d'armée sur la proposition du directeur du service de santé de la région de corps d'armée.

Logement des infirmiers ainsi que des médecins et pharmaciens auxiliaires.

Art. 37. Les médecins ou pharmaciens auxiliaires et les infirmiers des hôpitaux temporaires du territoire sont logés, en principe, dans des locaux dépendant des établissements où sont installés ces hôpitaux.

Les infirmiers qui ne pourraient trouver place dans les établissements hospitaliers eux-mêmes seront logés en ville, soit dans les casernements militaires, soit dans des locaux requis, à cet effet, au voisinage des hôpitaux temporaires du territoire, soit, au besoin, chez l'habitant.

Constitution du matériel.

Art. 38. Le service de santé de l'armée constitue le matériel des hôpitaux temporaires du territoire par :

a) L'utilisation des objets de literie ou autres qui pourraient exister dans les établissements réservés pour l'installation de ces hôpitaux et qui seraient mis à la disposition du service de santé, à titre de don ou de prêt, pour la durée des opérations de guerre;

b) L'organisation, dès le temps de paix, d'approvisionnements spéciaux pour hôpital temporaire du territoire;

c) Les achats faits à l'amiable ou les réquisitions opérées, au moment de la mobilisation, soit sur place, soit dans des villes désignées d'avance;

d) Les envois prescrits par le Ministre de la guerre, au moment de la mobilisation.

Le Ministre de la guerre fait connaître, en approuvant la création des hôpitaux temporaires du territoire, quelles sont les conditions générales dans lesquelles doit être constitué le matériel de chacun d'eux.

Le directeur du service de santé de la région de corps d'armée dirige, en conséquence, les recherches des médecins militaires, ses délégués, et arrête en détail l'organisation de chaque hôpital temporaire du territoire.

Les objets qui ne pourraient être constitués dans les conditions fixées par les alinéas A et C du présent article et ne seraient pas compris dans les approvisionnements visés par l'alinéa B du même article feront l'objet d'une demande motivée qui sera adressée, en triple expédition, au Ministre de la guerre (7e Direction).

Transport des malades ou blessés.

Art. 39. Le transport des malades ou blessés, depuis la gare la plus voisine jusqu'à l'hôpital temporaire du territoire qui doit les recevoir, a lieu, en principe, au moyen de voitures appartenant soit à l'armée, soit à des particuliers.

Les voitures des particuliers sont louées ou, au besoin, réquisitionnées.

Dans tous les cas, les mesures à prendre pour assurer ce transport sont arrêtées dès le temps de paix, et indiquées aux journaux de mobilisation dont l'établissement est prescrit par l'article 25 de la présente instruction.

Marchés conditionnels.

Art. 40. Des marchés conditionnels peuvent être passés, dès le temps de paix et conformément aux instructions spéciales sur les marchés de la guerre, par le directeur du service de santé de

la région de corps d'armée, avec des entrepreneurs, négociants
ou pharmaciens résidant dans la région de corps d'armée où doit
être installé chaque hôpital temporaire du territoire, en vue d'assurer à la mobilisation l'exécution des travaux d'adaptation
(art. 32), la fourniture d'effets d'habillement pour malades, la
fourniture des médicaments, l'exécution des services du blanchissage et de la désinfection des effets, le transport des malades
ou des blessés depuis la gare la plus voisine jusqu'à l'hôpital
temporaire du territoire qui doit les recevoir.

Le prix des objets à acheter sur place, au moment de la mobilisation, ne doit pas dépasser, sauf approbation spéciale du Ministre de la guerre (7e Direction), celui porté sur la notice no 5
annexée à la présente instruction.

Pièces à annexer aux journaux de mobilisation.

Art. 41. Les pièces établies pour la passation de marchés conditionnels sont annexées, en original, aux journaux de mobilisation dont le directeur du service de santé de la région de corps
d'armée est détenteur; une copie de ces pièces est annexée aux
expéditions correspondantes des journaux de mobilisation qui
sont détenus par le Ministre de la guerre (7e Direction) et par les
médecins militaires chargés de la préparation des hôpitaux temporaires du territoire.

Brassards de neutralité à constituer pour le personnel.

Art. 42. Tout le personnel des hôpitaux temporaires du territoire porte le brassard de neutralité, estampillé et numéroté
conformément aux dispositions du règlement sur le service de
santé en campagne.

Les brassards à constituer au titre de chaque hôpital temporaire
du territoire sont demandés au Ministre de la guerre (7e Direction)
par le directeur du service de santé de la région de corps d'armée.

Carnets d'ordres de réquisition et de reçus à prévoir pour chaque médecin chef.

Art. 43. Le médecin chef de chaque hôpital temporaire du
territoire est pourvu, à la mobilisation, d'un carnet d'ordres de
réquisition et d'un carnet de reçus à délivrer aux prestataires.

Les carnets nécessaires sont remis, au moment de la mobilisation, au directeur du service de santé de la région de corps
d'armée, par le général commandant la région de corps d'armée.

Numérotage des hôpitaux temporaires du territoire.

Art. 44. Les hôpitaux temporaires du territoire dont la gestion
est assurée par le service de santé de l'armée sont désignés, au

fur et à mesure de leur constitution, par un numéro d'ordre appartenant à une série qui, dans chaque région de corps d'armée ou de gouvernement militaire, commence à 1 et pourra s'étendre indéfiniment.

CHAPITRE IV.

HOPITAUX TEMPORAIRES DU TERRITOIRE DONT LA GESTION EST CONFIÉE AUX SOCIÉTÉS D'ASSISTANCE AUX BLESSÉS ET MALADES DES ARMÉES DE TERRE ET DE MER (HOPITAUX AUXILIAIRES DU TERRITOIRE).

Objet du chapitre IV.

Art. 45. Les dispositions du chapitre IV de la présente instruction sont applicables à tous les hôpitaux auxiliaires du territoire organisés par les sociétés d'assistance, que ces hôpitaux soient établis dans des villes ouvertes ou dans des places fortes.

Concession des établissements aux sociétés d'assistance

Art. 46. Le Ministre de la guerre concède, dès le temps de paix, aux sociétés d'assistance, le droit d'utiliser, à la mobilisation, certains établissements pour l'installation des hôpitaux auxiliaires du territoire.

Les établissements appartenant à des particuliers ne sont mis à la disposition des sociétés qu'avec le consentement des propriétaires ou locataires intéressés.

Transmission et instruction des demandes tendant à la concession d'établissements.

Art. 47. Les demandes formulées en vue de la concession des établissements sont adressées, dans chaque région de corps d'armée ou de gouvernement militaire, par les délégués régionaux des sociétés d'assistance, au directeur du service de santé qui les soumet à l'appréciation du général commandant la région de corps d'armée ou le gouvernement militaire.

Si des raisons d'ordre militaire paraissent s'opposer à leur acceptation, le général commandant la région de corps d'armée ou le gouvernement militaire transmet les demandes, avec ses observations, au Ministre de la guerre (7e Direction) qui statue.

Dans le cas contraire, cet officier général les retourne au directeur du service de santé qui les instruit et fait visiter par un médecin militaire du corps d'armée ceux des établissements auxquels elles s'appliquent qui n'ont pas encore été l'objet de l'étude prescrite par l'article 21 de la présente instruction (1).

(1) Dans les places fortes, le médecin militaire à désigner pour cette visite est, en principe, le médecin chef de la place. Dans tous les cas, le rapport établi par le médecin chargé de la visite sera transmis au directeur du service de santé de la région de corps d'armée par l'intermédiaire du médecin chef de la place.

Le directeur du service de santé invite la société d'assistance intéressée à lui fournir une situation positive ou négative (modèle n° 10 de la présente instruction) des ressources en personnel, matériel et fonds qu'elle a déjà réunies en vue du fonctionnement de l'hôpital auxiliaire du territoire qu'il s'agit d'organiser, et il fait procéder, s'il y a lieu, aux vérifications prévues à l'article 54 de la présente instruction.

Dès qu'il s'est procuré tous les renseignements dont il a besoin, le directeur du service de santé établit, à propos de chaque demande, un rapport détaillé, dont les conclusions font ressortir nettement si l'établissement recherché par l'une ou l'autre des sociétés d'assistance remplit toutes les conditions d'hygiène requises pour la destination qu'il doit recevoir; s'il peut contenir le nombre minimun de malades fixé par le règlement sur le service de santé en campagne, ainsi que par l'article 10 de la présente instruction, et quelle est la série dans laquelle doit être classé l'hôpital auxiliaire en formation, d'après les règles établies à l'article 53 de la présente instruction.

Ce rapport, auquel sont annexées la situation modèle n° 10 visée ci-dessus et, s'il y a lieu, une déclaration de consentement sur papier libre du propriétaire ou locataire intéressé (établissements appartenant à des particuliers), sera transmis au Ministre de la guerre (7e Direction) par le général commandant la région de corps d'armée ou le gouvernement militaire.

Conditions à remplir pour obtenir la concession d'un établissement.

Art. 48. Le Ministre ne concède un établissement à la société d'assistance qui l'a demandé que dans le cas où cette société se trouve en mesure de constituer un hôpital auxiliaire du territoire susceptible d'être classé dans la première ou la seconde des trois séries spécifiées à l'article 52 de la présente instruction.

Dans les autres cas, le Ministre se borne à informer la société intéressée de la suite qui pourra être donnée ultérieurement à la demande en concession de locaux présentée par son délégué régional.

Etude des établissements par les sociétés d'assistance.

Art. 49. Les sociétés d'assistance exécutent, dans chacun des établissements qui leur ont été ou leur seront concédés, en vue de l'installation des hôpitaux auxiliaires du territoire, les opérations prescrites à l'article 21 de la présente instruction.

Toutefois, pour les établissements qui leur seront concédés après la promulgation de cette instruction, elles pourront, si elles le désirent, faire état des renseignements déjà recueillis par les médecins militaires.

Ces renseignements leur seront communiqués par les directeurs du service de santé dans les régions de corps d'armée ou les gouvernements militaires.

Exécution des travaux d'adaptation.

Art. 50. Les travaux d'adaptation dans les établissements réservés pour l'installation des hôpitaux auxiliaires du territoire ont lieu, au moment de la mobilisation, aux frais et par les soins de la société d'assistance intéressée.

Leur exécution est assurée, en principe, par un entrepreneur civil avec qui la société d'assistance intéressée a passé, dès le temps de paix, un marché conditionnel.

Division des hôpitaux auxiliaires du territoire suivant leur destination.

Art. 51. Au point de vue de leur destination, les hôpitaux auxiliaires du territoire sont généraux ou spéciaux ; les premiers reçoivent à la fois des malades, y compris les contagieux, et des blessés. Les seconds ne traitent que des malades, y compris les contagieux, à l'exclusion des blessés ou réciproquement. Quelques hôpitaux auxiliaires du territoire peuvent être également affectés au traitement exclusif des convalescents.

Toutefois, en cas de nécessité impérieuse, les hôpitaux auxiliaires du territoire spéciaux devront recevoir tous les militaires malades ou blessés qui leur seront adressés par le directeur du service de santé de la région de corps d'armée.

Division des hôpitaux auxiliaires du territoire suivant leur état de préparation.

Art. 52. Les hôpitaux auxiliaires du territoire des sociétés d'assistance, qui doivent remplir les conditions générales prévues par l'article 10 de la présente instruction, sont divisés, suivant leur état de préparation, en trois séries bien distinctes :

1º Ceux dont la préparation est achevée et qui peuvent fonctionner dès le neuvième jour de la mobilisation ;

2º Ceux dont la préparation est assez avancée pour qu'on puisse admettre qu'elle sera complétée au seizième jour de la mobilisation ;

3º Ceux dont la préparation est trop incomplète pour qu'il y ait lieu de déterminer à l'avance le jour de la mobilisation où il sera possible de les utiliser.

Conditions à remplir par les hôpitaux auxiliaires du territoire de 1re, de 2e ou de 3e série.

Art. 53. Sont classés en 1re série les hôpitaux auxiliaires du territoire dont les sociétés ont constitué dans les conditions spécifiées aux huit derniers alinéas du présent article la totalité du personnel, du matériel et des fonds nécessaires pour le fonctionnement de ces formations sanitaires pendant deux mois;

En seconde série, les hôpitaux auxiliaires du territoire dont les sociétés ont constitué, dans les conditions spécifiées aux huit derniers alinéas du présent article, au moins la moitié des res-sources en personnel, matériel et fonds nécessaires pour le fonc-tionnement de ces formations sanitaires pendant deux mois, sous la réserve que la constitution des ressources portera, simultané-ment, sur toutes les catégories de personnel et les divers objets du matériel;

En troisième série, tous les hôpitaux auxiliaires du territoire dont les ressources constituées en personnel, matériel et fonds n'atteignent pas la limite fixée à l'alinéa qui précède.

Il n'est tenu compte, pour le classement des hôpitaux auxi-liaires du territoire, en première ou en deuxième série, que du per-sonnel régulièrement engagé par les sociétés d'assistance et des fonds qu'elles possèdent effectivement. (Voir pour le décompte des « nécessaires » la notice n° 8 et l'article 63 de la présente ins-truction.)

De même, les objets qui composent le matériel technique des hôpitaux, tels que les instruments de chirurgie, les matériaux de pansement, les appareils pour fractures et certains objets à l'usage spécial des malades (voir la notice n° 9 annexée à la pré-sente instruction) doivent être réellement acquis dès le temps de paix, pour les hôpitaux auxiliaires du territoire de première ou de deuxième série.

Par contre, les autres objets de matériel nécessaires pour les hôpitaux auxiliaires du territoire peuvent être constitués, quelle que soit la série dans laquelle ces hôpitaux sont classés, au moyen de promesses écrites de dons ou de prêts, à la condition que lesdites promesses soient consenties par des personnes qui possèdent effectivement, dès le temps de paix, le matériel qu'elles s'engagent à fournir au moment de la guerre (1).

En outre, parmi les effets d'habillement pour malades, ceux en laine ou en flanelle pourront être constitués, dans les hôpitaux auxiliaires du territoire de toute série, au moyen de marchés écrits et conditionnels, à la double condition que les personnes signataires de ces marchés soient notoirement en mesure de tenir leurs engagements et que les sociétés d'assistance mettent en ré-serve les sommes nécessaires pour acquitter, au moment voulu, le prix des objets qui devront leur être livrés.

La fourniture des médicaments et accessoires de pharmacie, ainsi que des objets en caoutchouc ou en gomme, pourra être éga-lement assurée dans un hôpital auxiliaire du territoire de toute série, par un marché écrit et conditionnel, régulièrement conclu entre la société intéressée et un ou plusieurs pharmaciens exerçant

---

(1) Les déclarations contenant ces promesses sont rédigées sur papier libre et contresignées successivement par le président du comité local et le délégué régional. Elles suffisent, en principe, pour établir que les personnes qui s'engagent à fournir du matériel au moment de la guerre le possèdent dès le temps de paix.

dans la ville même ou du moins dans la région de corps d'armée où doit être établi cet hôpital auxiliaire.

Les clauses du marché feront ressortir le prix approximatif de la fourniture de médicaments pour deux mois et la société devra mettre en réserve une somme correspondant à ce prix.

Enfin, les objets nécessaires pour le blanchissage du linge et la désinfection des effets pourront ne pas être constitués dans les hôpitaux auxiliaires du territoire, à quelque série qu'ils appartiennent, si les sociétés peuvent faire assurer ce service à l'entreprise, en dehors des hôpitaux. En ce cas, un marché conditionnel sera régulièrement passé avec un entrepreneur de la ville.

Quant aux objets qui sont portés sur la notice nº 9, annexée à la présente instruction, avec la mention « peuvent n'être acquis qu'au moment de la mobilisation », il n'y aura pas lieu d'en tenir compte lorsqu'il s'agira de déterminer le classement des hôpitaux temporaires du territoire en première, deuxième ou troisième série.

Autorité chargée d'établir le classement en trois séries des hôpitaux auxiliaires du territoire. — Vérification des objets acquis par les sociétés d'assistance.

Art. 54. Le classement des hôpitaux auxiliaires du territoire est fait, dans chaque corps d'armée ou gouvernement militaire, conformément aux prescriptions des articles 52 et 53 qui précèdent, par le directeur du service de santé, qui fait vérifier le nombre et la qualité des objets acquis par les sociétés d'assistance, par une commission composée de deux médecins, dont un sera autant que possible le médecin militaire chargé de la préparation des hôpitaux temporaires du territoire dans la ville, et d'un officier d'administration du service des hôpitaux. Toutefois, cette commission ne fonctionnera que dans les villes de garnison qui possèdent le personnel nécessaire pour la constituer. Dans les autres villes, le rôle de vérification attribué à ladite commission sera rempli par un médecin militaire, autant que possible par le médecin militaire chargé de la préparation des hôpitaux temporaires du territoire dans la ville (1).

Fixation du personnel et du matériel nécessaires.

Art. 55. Le personnel et le matériel nécessaires pour le fonctionnement d'un hôpital auxiliaire du territoire de X lits sont déterminés d'après les fixations arrêtées aux notices nºs 8 et 9 annexées à la présente instruction.

Il est tenu compte, dans l'établissement de ces états de fixation, des distinctions prévues aux deux derniers alinéas de l'article 33 de la présente instruction.

---

(1) En ce qui concerne le matériel promis sur déclarations écrites, il n'y aura lieu de procéder à sa vérification que dans les cas où cette mesure paraîtra justifiée par le nombre ou par l'importance des objets ainsi constitués.

Recrutement du personnel.

Art. 56. Le personnel des hôpitaux auxiliaires du territoire est recruté par les sociétés d'assistance dans les conditions fixées par le décret du 19 octobre 1892 sur le fonctionnement général desdites sociétés et par la présente instruction.

En principe, ce personnel doit être dégagé de toute obligation militaire.

Toutefois, les hommes appartenant à la réserve de l'armée territoriale, ceux classés dans les services auxiliaires et appartenant à l'armée territoriale ou à sa réserve, peuvent être mis à la disposition des sociétés d'assistance, dans la proportion d'un homme pour dix lits d'hôpital, à la condition expresse que ces hommes soient attachés à des hôpitaux auxiliaires du territoire déjà classés en première ou deuxième série ou, du moins, à des hôpitaux auxiliaires du territoire susceptibles d'obtenir ce classement après affectation des hommes dont il s'agit.

D'autre part, les hommes classés dans les service auxiliaires et pourvus du diplôme soit de docteur en médecine ou d'officier de santé, soit de celui de pharmacien de 1re ou de 2e classe, soit de douze inscriptions valables pour le doctorat en médecine, peuvent être mis à la disposition des sociétés d'assistance, quelle que soit la classe de recrutement à laquelle ils appartiennent, sous la réserve qu'ils seront affectés à des hôpitaux auxiliaires du territoire appartenant aux séries de classement spécifiées à l'alinéa qui précède.

Dans chaque région de corps d'armée ou de gouvernement militaire, le directeur du service de santé communique aux délégués régionaux des sociétés d'assistance qui en font la demande la liste des docteurs en médecine, officiers de santé, étudiants en médecine pourvus de douze inscriptions de doctorat, pharmaciens de 1re ou de 2e classe classés dans les services auxiliaires de l'armée et n'occupant pas d'emploi dans les cadres auxiliaires (médecins ou pharmaciens auxiliaires, médecins ou pharmaciens de réserve ou de l'armée territoriale) du service de santé militaire (1).

---

(1) *Notification de modifications à l'instruction du 5 mai 1899 sur l'utilisation, en temps de guerre, des ressources du territoire national pour l'hospitalisation des malades et des blessés de l'armée.*
Paris, le 23 juin 1903.
Par modification aux dispositions des articles 57 et 58 de l'instruction du 5 mai 1899 (Utilisation, en temps de guerre, des ressources du territo're national pour l'hospitalisation des malades et des blessés de l'armée), les hommes de la réserve de l'arméo territoriale ou des services auxiliaires de l'armée, qui peuvent être mis à la disposition des sociétés d'assistance aux blessés et malades des armées de terre et de mer, dans une proportion et à des conditions définies par l'article 56 (3e alinéa) de ladite instruction, sont désignés d'office, dans chaque gouvernement militaire ou corps d'armée, par le gouverneur militaire ou le commandant du corps d'armée, sur la demande des délégués régionaux représentant les sociétés dont il s'agit.

Déclaration d'engagement à signer par le personnel.

Art. 57. Toutes les personnes, hommes ou femmes, qui consentent à faire partie du personnel des hôpitaux auxiliaires du territoire doivent signer une déclaration d'engagement envers la société intéressée, qui sera annexée ultérieurement au journal de mobilisation prévu par les articles 16 et 69 de la présente instruction.

Ces déclarations sont établies sur papier libre et contresignées successivement par le président du comité local et le délégué régional de la société d'assistance intéressée ; elles seront annulées, le cas échéant, par une contre-déclaration qui pourra ne porter que les signatures du président du comité local et du délégué régional.

Etablissement et transmission des demandes relatives à la désignation du personnel militaire. — Autorité qui statue sur ces demandes.

Art. 58. Les demandes relatives à la désignation pour les hôpitaux auxiliaires du territoire des hommes encore liés au service militaire, y compris ceux pourvus soit du diplôme de docteur en médecine, d'officier de santé, de pharmacien de 1re classe ou de 2e classe, soit de douze inscriptions valables pour le doctorat en médecine, sont présentées par les délégués régionaux des sociétés d'assistance, sur des états conformes au modèle n° 11 annexé à la présente instruction, et adressées au directeur du service de santé

Ces délégués adressent leurs demandes au directeur du service de santé du corps d'armée (ou du gouvernement militaire) qui les transmet, avec ses observations, au général commandant le corps d'armée (ou le gouvernement militaire).

Il est fait emploi, pour l'établissement de ces demandes, de l'état modèle n° 11 annexé à l'instruction du 5 mai 1899, sous la réserve que les sept premières colonnes dudit état ne seront pas remplies. Le nombre des hommes demandés sera inscrit dans la huitième colonne de l'état en même temps que les indications relatives aux emplois qui leur sont destinés.

Ces demandes, étant simplement numériques, ne seront pas accompagnées de déclarations d'engagement prévues à l'article 57 de l'instruction précitée.

Il demeure entendu que la désignation d'office n'est pas applicable aux hommes pourvus soit du diplôme de docteur en médecine, d'officier de santé, de pharmacien de 1re ou de 2e classe, soit de douze inscriptions valables pour le doctorat. Ces hommes ne pourront être mis à la disposition des sociétés d'assistance que dans les conditions déterminées par l'instruction du 5 mai 1899 (articles 56, 57, 58, 60).

Les hommes de troupe de toutes catégories affectés aux hôpitaux auxiliaires du territoire, des sociétés d'assistance, reçoivent un fascicule de mobilisation établi dans les conditions indiquées pour les hommes affectés aux services spéciaux du territoire par l'instruction du 28 décembre 1895, chapitre VII (Administration des hommes des différentes catégories de réserve dans leurs foyers, vol. 71, É. M.)

En conséquence, le deuxième paragraphe de l'article 58 de l'instruction précitée du 5 mai 1899 ayant pour titre : « Fascicules de mobilisation à délivrer au personnel militaire », est abrogé à partir des mots : « et fait délivrer ».

de la région de corps d'armée ou de gouvernement militaire en même temps que les déclarations d'engagement (une expédition), envers la société intéressée, des hommes visés dans lesdites demandes.

Fascicules de mobilisation à délivrer au personnel militaire.

Le directeur du service de santé transmet ces documents, avec ses observations, au général commandant la région de corps d'armée ou le gouvernement militaire, qui statue sous réserve des dispositions arrêtées par l'article 60 ci-après.

Convocation du personnel.

Art. 59. Le personnel des hôpitaux auxiliaires du territoire doit être rendu au lieu de destination aux jours de la mobilisation indiqués ci-après :

1° Hôpitaux auxiliaires du territoire de 1re série :

Le personnel doit être rendu au lieu de destination le 2e jour de la mobilisation, exception faite pour le médecin chef et le premier comptable de chaque hôpital, qui doivent y arriver le premier jour.

2° Hôpitaux auxiliaires du territoire de 2e série :

Le personnel doit être rendu au lieu de destination le 9e jour de la mobilisation, exception faite pour le médecin chef et le premier comptable de chaque hôpital, qui devront y arriver le 7e jour.

3° Hôpitaux auxiliaires du territoire de 3e série :

Ce personnel, qui ne comprend pas de militaires, attendra dans ses foyers l'invitation à se rendre au lieu de destination.

Les personnes affectées aux hôpitaux auxiliaires du territoire de 1re ou de 2e série et dégagées de toute obligation militaire reçoivent, dès le temps de paix, un avis de convocation pour le temps de guerre, lequel est établi, d'après les indications ci-dessus, par le président du comité local intéressé et signé par ce président ainsi que par le délégué régional de la société en cause.

Dispositions spéciales concernant la désignation des médecins.

Art. 60. Le médecin-chef et les médecins traitants des hôpitaux auxiliaires du territoire sont choisis par les sociétés d'assistance parmi les docteurs en médecine.

Les fonctions d'aides-médecins peuvent être remplies, dans ces hôpitaux, soit par des docteurs en médecine, soit par des officiers de santé ou des étudiants en médecine pourvus de douze inscriptions de doctorat.

La désignation des docteurs en médecine, officiers de santé ou étudiants en médecine pourvus de douze inscriptions de doctorat pour les hôpitaux auxiliaires du territoire doit être agréée par le Ministre de la guerre.

A cet effet, des états de présentation sont établis par les délégués régionaux des sociétés d'assistance, conformément au modèle n° 12 annexé à la présente instruction, et adressés, dans chaque région de corps d'armée ou de gouvernement militaire, au directeur du service de santé, qui les fait parvenir, par la voie hiérarchique, au Ministre de la guerre (7° Direction).

Habillement, logement, nourriture et solde du personnel militaire.

Art. 61. L'habillement, le logement, la nourriture et la solde des militaires mis à la disposition des sociétés d'assistance pour le service des hôpitaux auxiliaires du territoire sont assurés par les sociétés elles-mêmes.

Les infirmiers sont logés, en principe, dans des locaux dépendant des établissements où sont installés les hôpitaux auxiliaires du territoire.

Surveillance du personnel militaire.

Art. 62. Les militaires affectés aux hôpitaux auxiliaires du territoire sont placés, pour tout ce qui concerne la police et la discipline générales, sous l'autorité du commandement militaire local.

Constitution du matériel et des fonds de réserve.

Art. 63. Le matériel nécessaire pour le fonctionnement des hôpitaux auxiliaires du territoire est acquis, dès le temps de paix, par les sociétés d'assistance, sous réserve des dispositions prévues à l'article 53 de la présente instruction (six derniers alinéas).

Les sociétés d'assistance constituent, en outre, au titre de chaque hôpital auxiliaire du territoire, un fonds de réserve comprenant :

1° Les fonds nécessaires pour l'exécution des travaux d'adaptation dans les locaux où doit être installé l'hôpital auxiliaire du territoire;

2° Une somme variant suivant l'importance de l'hôpital et calculée à raison de 3 francs par lit et par jour pendant deux mois (les salaires du personnel secondaire sont compris dans le prix de journée des malades);

3° Les fonds nécessaires pour acquitter le prix des objets à livrer par marché conditionnel.

Transport des malades ou blessés.

Art. 64. Les transports des malades ou blessés, depuis la gare la plus voisine jusqu'à l'hôpital auxiliaire du territoire qui doit les recevoir, a lieu, en principe, au moyen de voitures fournies par les sociétés d'assistance. Lorsque les sociétés d'assistance ne peuvent pas assurer ce transport avec leurs ressources propres, elles chargent leurs délégués régionaux d'en informer le directeur du service de santé de la région de corps d'armée, qui y pourvoit conformément aux indications de l'article 39 de la présente instruction.

Dans tous les cas, les mesures à prendre en vue du service dont il s'agit sont arrêtées dès le temps de paix et indiquées aux journaux de mobilisation dont l'établissement est prescrit par l'article 69 de la présente instruction.

Brassards de neutralité et cartes nominatives d'identité à constituer
pour le personnel masculin.

Art. 65. Le personnel masculin des hôpitaux auxiliaires du territoire doit être pourvu, à la mobilisation, du brassard de neutralité et de la carte nominative d'identité, dont l'établissement est prescrit par l'article 10 du décret du 19 octobre 1892.

L'approvisionnement de ces brassards et de ces cartes est constitué, dès le temps de paix, par les sociétés d'assistance.

Les brassards doivent porter les inscriptions suivantes :

1o Cachet du Ministre de la guerre;

2o Numéro de la région de corps d'armée sur le territoire de laquelle est situé chaque hôpital auxiliaire (dans les gouvernements militaires de Paris ou Lyon et en Tunisie, ce numéro sera remplacé respectivement par les lettres G P, G L et T);

3o Une lettre spéciale à chaque société d'assistance, savoir : la lettre S pour la Société française de secours aux blessés; la lettre F pour l'Union des femmes de France; la lettre D pour l'Association des dames françaises;

4o Un numéro d'ordre appartenant à une série qui, dans chaque région de corps d'armée ou de gouvernement militaire, commencera à 1 et pourra s'étendre indéfiniment.

Les brassards sont délivrés, contre remboursement, aux sociétés d'assistance, par le service de santé militaire, revêtus des inscriptions spécifiées ci-dessus.

Dans chaque région de corps d'armée ou de gouvernement militaire, les demandes de brassards sont établies en triple expédition (états conformes au modèle no 13 annexé à la présente instruction) par les délégués régionaux des sociétés d'assistance, et adressées au directeur du service de santé, qui les transmet au Ministre de la guerre (7e Direction).

Le remboursement des brassards est effectué par les délégués régionaux, d'après un tarif fixé par le Ministre de la guerre et conformément aux instructions contenues dans le règlement du 9 septembre 1888 sur la comptabilité-matières.

Les cartes nominatives d'identité, dont le modèle doit être approuvé par le Ministre de la guerre, sont préparées par les sociétés d'assistance et reçoivent, dans chaque région de corps d'armée ou de gouvernement militaire, la signature du délégué régional intéressé et du directeur du service de santé.

Les brassards de neutralité et les cartes nominatives d'identité sont remis au personnel de chaque hôpital auxiliaire du territoire, la veille du jour fixé pour l'ouverture de cet hôpital.

Chaque personne reçoit un brassard et une carte nominative portant le même numéro d'ordre.

Approvisionnement d'insignes distinctifs.

Art. 66. Toutes les personnes, hommes ou dames, employées dans les hôpitaux auxiliaires du territoire doivent porter un insigne distinctif déterminé par le Ministre de la guerre, sur la proposition des sociétés d'assistance et après avis de la commission supérieure desdites sociétés. (Art. 9 du décret du 19 octobre 1892.)

L'approvisionnement des insignes nécessaires est constitué, dès le temps de paix, par les sociétés d'assistance.

Numérotage des hôpitaux auxiliaires du territoire.

Art. 67. Dans chaque région de corps d'armée ou de gouvernement militaire, les hôpitaux auxiliaires du territoire des sociétés d'assistance sont numérotés, sans distinction de série et quelle que soit leur destination spéciale, de 1 à 100 pour la Société française de secours aux blessés, de 101 à 200 pour l'Union des femmes de France, de 201 à 300 pour l'Association des dames françaises.

Ce numérotage est établi de concert entre le délégué régional de chaque société d'assistance et le directeur du service de santé de la région de corps d'armée ou de gouvernement militaire.

Comités locaux des sociétés d'assistance.

Art. 68. Les sociétés d'assistance créent des comités locaux qui, dans chaque région de corps d'armée ou de gouvernement militaire, procèdent à l'organisation des hôpitaux auxiliaires du territoire sous la direction des délégués régionaux des sociétés et le contrôle du directeur du service de santé de la région de corps d'armée. Le comité local qui a déjà pris la charge d'organiser un hôpital auxiliaire du territoire, ne peut obtenir l'autorisation d'en établir un second que dans le cas où le premier a été classé en première série.

Journaux de mobilisation établis par les sociétés d'assistance. Leur destination.

Art. 69 (1). Les sociétés d'assistance établissent en deux expéditions, pour chacun de leurs hôpitaux auxiliaires du territoire, un journal de mobilisation conforme au modèle n° 14 annexé à la présente instruction.

Les deux expéditions de ce journal sont signées par le prési-

____

(1) Nouvelle rédaction. Circulaire du 21 février 1906, *B. O.*, p. 263.

dent du comité local qui a pris charge d'organiser l'hôpital auxiliaire du territoire et par le délégué régional de la société; elles sont visées par le directeur du service de santé de la région de corps d'armée ou du gouvernement militaire.

Elles sont conservées :

Une par le président du comité local ;

Une par le directeur du service de santé de la région de corps d'armée ou de gouvernement militaire.

Pièces annexées au journal de mobilisation.

Les pièces établies en vue de fixer les clauses de contrats ou de marchés conditionnels, les déclarations des personnes qui s'engagent à prendre du service à la mobilisation dans les hôpitaux auxiliaires du territoire, ou à fournir, à ce moment, une partie du matériel nécessaire pour le fonctionnement de ces formations sanitaires, sont annexées, en original, à l'expédition du journal destinée au président du comité local ; une copie de ces divers documents, certifiée conforme par le président du comité local et par le délégué régional, est jointe à l'expédition de ce journal destinée au directeur du service de santé de la région de corps d'armée ou de gouvernement militaire.

Tenue à jour des journaux de mobilisation.

Les journaux de mobilisation sont tenus rigoureusement à jour par les autorités qui les détiennent. A cet effet, les délégués régionaux signalent expressément dans les situations semestrielles qu'il leur appartient de fournir (art. 6 du décret du 19 octobre 1892) au directeur du service de santé de la région de corps d'armée ou de gouvernement militaire, et dont un double est adressé au conseil supérieur de la société, les modifications survenues dans la constitution des ressources affectées à chaque hôpital auxiliaire.

Visas à inscrire sur les journaux de mobilisation.

Art. 70 (1). Les deux expéditions du journal de mobilisation sont visées au mois de février de chaque année par le directeur du service de santé de la région de corps d'armée ou de gouvernement militaire.

Lorsqu'il y a lieu de faire passer un hôpital auxiliaire d'une série dans une autre, elles sont signées d'abord par le président du comité local et le délégué régional, visées ensuite par le directeur du service de santé de la région de corps d'armée ou de gouvernement militaire.

---

(1) Nouvelle rédaction. Circulaire du 21 février 1906, *B. O.*, p. 263.

CHAPITRE V.

OUVERTURE DES HÔPITAUX TEMPORAIRES DU TERRITOIRE ET PRE-
MIÈRES DISPOSITIONS A PRENDRE EN VUE DE LEUR FONCTION-
NEMENT.

**Dispositions communes aux hôpitaux temporaires du territoire gérés
par le service de santé de l'armée ou par les sociétés d'assistance.**

---

*Division en deux groupes des hôpitaux temporaires du territoire, suivant
que leur date d'ouverture est fixée ou non dès le temps de paix.*

Art. 71. Les hôpitaux temporaires du territoire se divisent en
deux groupes bien distincts, savoir :

1° Hôpitaux temporaires du territoire dont la date d'ouverture,
à la mobilisation, est fixée dès le temps de paix ;

2° Hôpitaux temporaires du territoire dont la date d'ouverture,
à la mobilisation, reste indéterminée en temps de paix.

Le 1er groupe comprend :

a) Un nombre variable d'hôpitaux temporaires du territoire à
gérer par le service de santé de l'armée ;

b) Les hôpitaux auxiliaires du territoire (sociétés d'assistance) dits de 1re ou de 2e série.

Le 2e groupe comprend :

a) Un nombre variable d'hôpitaux temporaires du territoire à
gérer par le service de santé de l'armée ;

b) Les hôpitaux auxiliaires du territoire (sociétés d'assistance)
dits de 3e série.

Nombre des hôpitaux temporaires du territoire du 1er groupe.

Le nombre des hôpitaux temporaires du territoire du 1er groupe
est déterminé, dès le temps de paix, par le directeur du service
de santé de la région de corps d'armée, d'après les indications
qu'il reçoit du Ministre de la guerre, lequel fait connaître quel
est le chiffre minimum de malades ou de blessés dont il y a lieu
de prévoir l'hospitalisation, à la mobilisation, dans chaque
région de corps d'armée.

Les hôpitaux auxiliaires du territoire dits de 2e série ne sont
comptés dans le calcul des ressources d'hospitalisation nécessaires que pour moitié du nombre théorique de lits que chacun
d'eux comporte.

Nombre des hôpitaux temporaires du territoire du 2e groupe.

Le nombre des hôpitaux temporaires du territoire du 2e groupe
n'est pas limité. Il n'est subordonné qu'aux ressources en établissements disponibles et utilisables de chaque région de corps

d'armée, et aux autorisations ministérielles prévues par l'article 14 de la présente instruction.

Dates d'ouverture des hôpitaux temporaires du territoire du 1er groupe.

Art. 72. Les hôpitaux temporaires du territoire du 1er groupe (art. 71 ci-dessus) sont tenus prêts à fonctionner dans le mois qui suit le premier jour de la mobilisation ; leur ouverture a lieu successivement dans les conditions ci-après :

Hôpitaux auxiliaires du territoire (sociétés d'assistance) dits de 1re série : ouverture au neuvième jour de la mobilisation ;

Hôpitaux auxiliaires du territoire (sociétés d'assistance) dits de 2° série : ouverture au seizième jour de la mobilisation.

L'ouverture des hôpitaux temporaires du territoire dont la gestion est assurée par le service de santé de l'armée sera fixée par le directeur du service de santé de la région de corps d'armée, à des jours différents de la mobilisation, entre le huitième et le trentième, en tenant compte :

a) Du nombre des hôpitaux auxiliaires du territoire de 1re ou de 2e série, préparés par les sociétés d'assistance ;

b) De l'importance variable des travaux d'adaptation à exécuter dans chacun des établissements réservés pour l'installation des hôpitaux temporaires du territoire ;

c) Des circonstances spéciales qui peuvent permettre de disposer, à la mobilisation, de tel établissement plutôt que de tel autre.

En règle générale et sauf ordres particuliers du Ministre de la guerre (7e Direction), la moitié des hôpitaux temporaires du territoire de ce premier groupe devront être prêts à fonctionner le vingtième jour de la mobilisation, et quelques-uns d'entre eux dès le neuvième jour.

Répartition des malades et des blessés entre les divers hôpitaux.

Art. 73. Le directeur du service de santé de la région de corps d'armée répartit les malades et les blessés provenant du théâtre de la guerre entre les divers hôpitaux de la région (hôpitaux militaires ou mixtes, hôpitaux temporaires du territoire) en tenant compte, dans la mesure du possible, de la destination spéciale attribuée à chacun d'eux.

Ouverture des hôpitaux temporaires du territoire du 2° groupe.

Art. 74 (1). Les hôpitaux temporaires du territoire dont la date d'ouverture reste indéterminée, en temps de paix, sont ouverts, si

____

(1) Dans la zone des étapes, les attributions dévolues au général commandant la région de corps d'armée et au directeur du service de santé de la même région seront remplies respectivement par le directeur du service des étapes et par le médecin chef du service de santé des étapes.

les besoins du service de santé de l'armée l'exigent, au cours des opérations de guerre.

Leur ouverture a lieu, en principe, sur l'ordre du Ministre de la guerre (7e Direction).

Elle est prescrite, en cas de besoin urgent, par le général commandant la région de corps d'armée sur la proposition du directeur du service de santé de la région de corps d'armée.

Le général commandant la région de corps d'armée rend compte, dans le plus bref délai, au ministère de la guerre (7e Direction) de la mesure qu'il a prise.

En règle générale, l'ouverture de nouveaux hôpitaux temporaires du territoire est nécessaire lorsque les places d'hôpital dont le service de santé dispose dans la région de corps d'armée (hôpitaux militaires ou mixtes, hôpitaux temporaires du territoire) sont occupés dans la proportion des 7/10.

Les hôpitaux auxiliaires du territoire (sociétés d'assistance) dits de 3e série, dont la préparation a été complétée, sont ouverts en premier lieu.

Dispositions spéciales à l'ouverture des hôpitaux temporaires du territoire gérés par le service de santé de l'armée.

Préparation de lettres portant avis de la déclaration de guerre.

Art. 75. Le directeur du service de santé de la région de corps d'armée prépare, dès le temps de paix, des lettres portant avis de la déclaration de guerre et destinées :

a) Aux directeurs, propriétaires ou locataires des établissements réservés pour l'installation des hôpitaux temporaires du territoire dont la date d'ouverture a été fixée dès le temps de paix, ainsi qu'au maire de la ville dans laquelle sont établis ces hôpitaux;

b) Aux diverses personnes, entrepreneurs, négociants, pharmaciens, qui ont accepté des marchés conditionnels en vue de l'organisation des hôpitaux temporaires du territoire visés à l'alinéa qui précède.

Par ces lettres, le directeur du service de santé de la région de corps d'armée fait connaître au maire de la ville le jour d'arrivée à destination du médecin-chef et du premier officier d'administration de chaque hôpital temporaire du territoire; il rappelle aux directeurs, propriétaires ou locataires intéressés le jour à partir duquel leurs établissements doivent être mis à la disposition du service de santé de l'armée; il rappelle aux signataires des marchés conditionnels les dates auxquelles ils sont tenus de remplir les engagements qu'ils ont pris.

**Première avance de fonds au premier officier d'administration de chaque
hôpital temporaire du premier territoire.**

Art. 76. En vue de subvenir aux premières dépenses nécessitées
par l'installation ou le fonctionnement des hôpitaux temporaires
du territoire, il sera fait au premier officier d'administration (le
gestionnaire) de chacun de ces hôpitaux, aussitôt que possible
après son arrivée au lieu de destination et dans les conditions
déterminées par le règlement du 3 avril 1869 (sur la comptabilité
des dépenses du département de la guerre), une première avance
de fonds qui sera calculée à raison de 10 francs par lit prévu dans
l'hôpital.

Le directeur du service de santé de la région de corps d'armée
délivrera le mandat nécessaire pour le paiement de cette avance
de fonds.

**Obligations à remplir par le directeur du service de santé de la région
de corps d'armée dans les premiers jours de la mobilisation.**

Art. 77. Le premier jour de la mobilisation le directeur du service de santé de la région de corps d'armée envoie aux destinataires les lettres qu'il a préparées par application de l'article 75 qui
précède.

Il se reporte au journal de mobilisation de chaque hôpital temporaire du territoire et remplit les obligations que ce journal lui
impose.

Il demande, notamment, au général commandant la région de
corps d'armée les carnets d'ordres de réquisition et les carnets de
reçus prévus à l'article 43 de la présente instruction.

Il adresse sous pli chargé au médecin chef de chaque place
forte les journaux de mobilisation concernant les hôpitaux auxiliaires du territoire dont l'organisation est prévue dans la place.

**Instructions verbales données par le directeur du service de santé au méde-
cin-chef et au premier officier d'administration de chaque hôpital temporaire
du territoire.**

Art. 78. Le directeur du service de santé de la région de corps
d'armée reçoit, avant leur départ pour le lieu de destination, le
médecin-chef et le premier officier d'administration (le gestionnaire) de chaque hôpital temporaire du territoire.

Il leur donne ses instructions. Il remet au médecin-chef les
carnets visés à l'article 77 ci-dessus. Il lui fait connaître, s'il y a
lieu, quelle est l'autorité (commandant d'armes ou maire de la
ville) qui détient le journal de mobilisation concernant l'hôpital
dont la direction lui est confiée et, en vue de la livraison de ce
journal, il lui remet le reçu transmis par le médecin militaire
chargé de la préparation des hôpitaux temporaires du territoire.
(Art. 27 de la présente instruction.)

S'il s'agit d'un hôpital temporaire du territoire organisé dans une localité dépourvue de garnison, il remet directement au médecin-chef l'expédition du journal de mobilisation qui lui a été adressée conformément aux indications de l'article 28 de la présente instruction. Il informe le premier officier d'administration qu'il lui fera parvenir incessamment, au lieu de destination, le mandat d'avance de fonds à établir en conformité de l'article 76 de la présente instruction, et il procède d'urgence à l'émission de ce mandat.

Procès-verbaux à établir avant l'occupation des établissements (1).

Art. 79. Si l'établissement occupé par l'hôpital temporaire du territoire appartient à un particulier ou à la commune, le premier officier d'administration de l'hôpital (le gestionnaire) doit, dès son arrivée à destination, établir, de concert avec le maire de la ville ou son délégué, un procès-verbal portant indication de l'état des locaux et estimation contradictoire des objets mis à la disposition du service de santé de l'armée.

Ce procès-verbal est établi en trois expéditions, dont une est remise au maire de la ville, une adressée au directeur du service de santé de la région de corps d'armée, une conservée par le premier officier d'administration de l'hôpital.

Lorsque l'établissement dans lequel l'hôpital temporaire du territoire est installé appartient à l'Etat ou au département ou est affecté à un de leurs services, le procès-verbal dont il s'agit est établi de concert entre le directeur de l'établissement assisté de l'agent responsable de la garde du matériel et le premier officier d'administration (le gestionnaire) de l'hôpital.

Il en est fait également trois expéditions, destinées : une au directeur de l'établissement, une au directeur du service de santé de la région de corps d'armée, une au premier officier d'administration (le gestionnaire) de l'hôpital.

Achat sur place et réquisition des objets nécessaires.

Art. 80. Le médecin-chef et le premier officier d'administration (le gestionnaire) de l'hôpital temporaire du territoire se conforment, pour l'exécution des achats sur place, aux prescriptions du règlement sur le service de santé à l'intérieur (2) et pour l'exécution des réquisitions aux prescriptions du règlement sur le service de santé en campagne.

Le matériel requis en vue de l'installation de l'hôpital est demandé, autant que possible, à titre de fourniture temporaire à restituer en fin de service. En ce cas, il en est dressé une estimation contradictoire entre le requérant et le représentant de l'au-

---

(1) Voir la note page 40.
(2) Dans la zone des étapes, les achats seraient faits conformément aux prescriptions du règlement sur le service de santé en campagne.

torité locale pour servir ultérieurement à l'appréciation des moins-values, s'il y a lieu: cette estimation est mentionnée sur le reçu des prestations requises.

Le médecin-chef fait exécuter d'ailleurs les diverses opérations qui précèdent l'ouverture de l'hôpital temporaire du territoire d'après les indications contenues au journal de mobilisation établi en temps de paix.

Ouverture de nouveaux hôpitaux temporaires du territoire au cours
des opérations de guerre.

Art. 81 (1). Lorsqu'il est prescrit, au cours des opérations de guerre, d'ouvrir de nouveaux hôpitaux temporaires du territoire, le général commandant la région de corps d'armée donne, d'urgence, les ordres nécessaires pour assurer la convocation au lieu de destination, dans les conditions fixées par l'article 35 de la présente instruction, du personnel affecté à chacun de ces hôpitaux, soit que ce personnel ait été appelé déjà aux dépôts des sections territoriales d'infirmiers militaires, soit qu'il ait été maintenu provisoirement dans ses foyers.

Le directeur du service de santé de la région de corps d'armée envoie les lettres d'avis et établit les mandats d'avances de fonds conformément aux dispositions des articles 75 et 76 qui précèdent.

Le médecin-chef et le premier officier d'administration (le gestionnaire) de l'hôpital temporaire du territoire se conforment également aux prescriptions des articles 79 et 80 ci-dessus.

Dispositions spéciales à l'ouverture des hôpitaux temporaires du territoire gérés par les sociétés d'assistance (hôpitaux auxiliaires du territoire) (2).

Invitation adressée par le directeur du service de santé aux délégués
régionaux.

Art. 82. Le premier jour de la mobilisation, le directeur du service de santé de la région de corps d'armée invite, par lettre, les délégués régionaux des sociétés d'assistance à préparer, d'urgence, l'ouverture des hôpitaux auxiliaires du territoire dits de 1re ou de 2e série.

---

(1) Dans la zone des étapes, on se conformera aux indications du nota qui se rapporte à l'article 74.

(2) Dans la zone des étapes, on se conformera aux indications du nota qui se rapporte à l'article 74.

Dans les places fortes, les attributions dévolues au général commandant la région de corps d'armée et au directeur du service de santé de la même région, seront remplies respectivement par le commandant de la place et le médecin chef du service de santé de la place.

Dans les places fortes, le médecin chef de la place communique directement, en l'absence de délégués régionaux des sociétés d'assistance, avec les présidents des comités locaux qui ont pris la charge d'organiser des hôpitaux auxiliaires du territoire.

Transmission de l'invitation aux présidents des comités locaux.

Art. 83. Les délégués régionaux des sociétés d'assistance transmettent, sans délai, l'invitation du directeur du service de santé de la région de corps d'armée aux présidents des comités locaux qui ont pris la charge d'organiser des hôpitaux auxiliaires du territoire.

Procès-verbaux à établir avant l'occupation des établissements (1).

Art. 84. Lorsque l'hôpital auxiliaire du territoire est installé dans un établissement appartenant à l'État, au département ou aux communes, le procès-verbal d'inventaire prescrit à l'article 79 de la présente instruction est établi de concert entre le directeur assisté de l'agent responsable de la garde du matériel (établissements de l'État ou des départements ou affectés à un de leurs services) ou le maire (ou son délégué) (établissements des communes) et le premier comptable de l'hôpital auxiliaire du territoire.

Il est établi trois expéditions de ce procès-verbal, dont une est adressée au directeur du service de santé de la région de corps d'armée, une remise, suivant le cas, au directeur de l'établissement ou au maire de la ville, une conservée par le premier comptable de l'hôpital auxiliaire du territoire.

Lorsque l'établissement dans lequel l'hôpital auxiliaire du territoire est installé appartient à un particulier, la société d'assistance intéressée arrête, par entente amiable avec le cessionnaire dudit établissement, les mesures à prendre pour apprécier ultérieurement les détériorations subies par les locaux ou les objets affectés au service des malades.

Exercice du droit de réquisition en faveur des sociétés.

Art. 85. Les sociétés d'assistance assurent, en principe, avec les ressources dont elles disposent par elles-mêmes, le fonction-

---

(1) *Notification d'une addition aux articles 79 et 84 de l'instruction du 5 mai 1899, sur l'utilisation, en temps de guerre, des ressources du territoire national pour l'hospitalisation des malades et des blessés de l'armée.*

Le Ministre de la guerre à MM. les Généraux commandant les corps d'armée.

Paris, le 23 juillet 1900.

Les dispositions arrêtées par les articles 79 et 84 de l'instruction du 5 mai 1899 sont complétées ainsi qu'il suit :

« Dans les collèges de garçons et de jeunes filles, ainsi que dans les internats municipaux où il a été institué, par application du Règlement du 4 mai 1899, un agent spécial, régisseur des dépenses et responsable de la gestion en matières, cet agent participe à l'établissement du procès-verbal portant indication de l'état des locaux et estimation contradictoire des objets mis à la disposition du service de santé de l'armée. »

nement des hôpitaux auxiliaires du territoire dont elles ont pris
la charge.

En cas de nécessité, le droit de réquisition sera exercé au profit
de ces hôpitaux par le directeur du service de santé de la région
de corps d'armée ou ses délégués.

Le directeur du service de santé de la région de corps d'armée
poursuivra ultérieurement, auprès des sociétés d'assistance, le
remboursement des prestations requises sur leur demande.

Nécessité de suivre les indications des journaux de mobilisation.

Art. 86. Les présidents des comités locaux des sociétés d'assistance et le personnel des hôpitaux auxiliaires du territoire exécutent les diverses opérations qui précèdent l'ouverture de ces
hôpitaux en se conformant aux indications des journaux de mobilisation établis en temps de paix.

*Ouverture des hôpitaux auxiliaires du territoire au cours des opérations
de guerre.*

Art. 87. Au cours des opérations de guerre, les délégués régionaux des sociétés d'assistance tiennent le directeur du service de
santé de la région de corps d'armée au courant de l'état de préparation des hôpitaux auxiliaires du territoire dits de 2e ou de
3e série.

Le directeur du service de santé de la région de corps d'armée
communique ces renseignements, au fur et à mesure qu'il les
reçoit, au Ministre de la guerre (7e Direction).

Les ordres d'ouverture concernant les hôpitaux auxiliaires du
territoire dits de 3e série sont transmis aux délégués régionaux
des sociétés d'assistance par le directeur du service de santé de
la région de corps d'armée.

Cette ouverture a lieu dans les conditions fixées par les articles
83, 84, 85 qui précèdent.

CHAPITRE VI.

FONCTIONNEMENT DES HÔPITAUX TEMPORAIRES DU TERRITOIRE.

Hôpitaux temporaires du territoire gérés par le service de santé de l'armée.

Art. 88. Les hôpitaux temporaires du territoire gérés par le
service de santé de l'armée constituent des hôpitaux militaires
indépendants ou sont rattachés, à titre d'annexes, à un hôpital
militaire permanent.

Ils fonctionnent d'après les dispositions du règlement sur le
service de santé de l'armée en campagne.

Hôpitaux temporaires du territoire gérés par les sociétés d'assistance.

Art. 89. Les sociétés d'assistance assurent le fonctionnement des hôpitaux auxiliaires du territoire aux conditions et d'après les règles prévues par le règlement sur le service de santé de l'armée en campagne.

Elles reçoivent, sur les fonds du service de santé de l'armée, une indemnité fixe de un franc pour chaque journée de malade ou blessé traité dans leurs hôpitaux. (Art. 17 du décret du 19 octobre 1892.)

Des acomptes mensuels sur les indemnités dues seront payés aux sociétés d'assistance, si elles en font la demande.

CHAPITRE VII.

FERMETURE DES HOPITAUX TEMPORAIRES DU TERRITOIRE.

Dispositions communes aux hôpitaux temporaires du territoire gérés par le service de santé de l'armée ou par les sociétésd'assistance.

Autorité qui statue sur la fermeture des hôpitaux temporaires du territoire.

Art. 90. La fermeture des hôpitaux temporaires du territoire est ordonnée par le Ministre de la guerre (7ᵉ Direction), soit d'office, soit sur la proposition du directeur du service de santé de la région de corps d'armée.

Notification à qui de droit des ordres de fermeture.

Art. 91. Le Ministre de la guerre notifie à ses collègues des départements ministériels intéressés les ordres de fermeture concernant les hôpitaux temporaires du territoire installés dans des établissements placés normalement sous leur administration.

Dans les régions de corps d'armée, le directeur du service de santé prévient l'autorité civile de la région (préfet, recteur ou inspecteur d'académie, maire) intéressée à connaître les décisions du Ministre de la guerre.

Etablissement d'un état estimatif des détériorations subies par les locaux ou les objets.

Art. 92. Dès qu'il a reçu l'ordre de fermeture, le premier officier d'administration gestionnaire (premier comptable dans les hôpitaux auxiliaires) des hôpitaux temporaires du territoire installés dans des établissements appartenant à l'Etat, au département ou aux communes est tenu d'établir, de concert avec le-

directeur désigné de chaque établissement, assisté de l'agent responsable de la garde du matériel (établissements de l'Etat, du département ou affectés à un de leurs services) ou le maire de la ville (ou son délégué) (établissements communaux), un état estimatif des détériorations subies tant par les locaux que par les objets portés au procès-verbal d'inventaire prescrit à l'article 79 de la présente instruction.

Une expédition de cet état estimatif est adressée, par la voie hiérarchique, à chacun des Ministres intéressés, lesquels déterminent, d'un commun accord, les indemnités qu'il y aurait lieu de prélever sur les crédits du ministère de la guerre au profit des budgets ressortissant aux autres départements ministériels.

Règlement des indemnités.

Art. 93. Les indemnités dues à toutes personnes ayant fourni, par voie de réquisition, des prestations aux hôpitaux temporaires du territoire, sont déterminées conformément aux dispositions du décret du 2 août 1877, portant règlement d'administration publique pour l'exécution de la loi sur les réquisitions militaires.

Le matériel délivré à ces hôpitaux à titre de fourniture temporaire est rendu à son propriétaire après fixation, s'il y a lieu, d'une indemnité pour moins-value.

Désinfection et remise en état des établissements occupés par les hôpitaux temporaires du territoire.

Art. 94. Les établissements occupés par les hôpitaux temporaires du territoire ne sont rendus à leur destination normale qu'après désinfection rigoureuse des divers locaux utilisés pour le service des malades et des blessés. Ces locaux sont remis, en outre, dans leur état primitif, sauf entente contraire intervenue entre les deux parties.

Destination à donner au personnel militaire des hôpitaux temporaires du territoire fermés.

Art. 95. Le personnel militaire des hôpitaux temporaires du territoire dont la fermeture a été prescrite est renvoyé dans ses foyers, sauf ordres contraires du Ministre de la guerre ou du général commandant la région de corps d'armée.

Dispositions spéciales aux hôpitaux temporaires du territoire, gérés par le service de santé de l'armée.

Communication des ordres de fermeture.

Art. 96. Le directeur du service de santé de la région de corps d'armée communique les ordres de fermeture aux médecins chefs des hôpitaux temporaires du territoire, ainsi qu'aux directeurs désignés ou aux propriétaires (ou aux locataires) des établissements occupés par ces hôpitaux.

Etablissement de l'état estimatif (art. 92) dans les locaux appartenant à des particuliers. — Indemnités dues aux propriétaires ou aux locataire de ces locaux.

Art. 97. Si l'établissement dans lequel l'hôpital est installé appartient à un particulier, le premier officier d'administration gestionnaire de l'hôpital est tenu d'établir, de concert avec le maire de la ville ou son délégué, un état estimatif des détériorations subies tant par les locaux que par les objets portés au procès-verbal d'inventaire prescrit à l'article 79 de la présente instruction.

Les indemnités dues aux propriétaires ou aux locataires des établissements appartenant à des particuliers sont réglées ensuite conformément aux dispositions du décret précité du 2 août 1877.

Le directeur du service de santé de la région de corps d'armée provoque la réunion, en temps utile, des commissions d'évaluation prévues par ce décret.

Imputations contre le personnel responsable.

Art. 98. Les indemnités dues pour perte ou détérioration des objets, ainsi que pour détérioration des locaux, sont attribuées aux ayants droit, sous réserve des imputations qu'il y aurait lieu de prononcer contre le personnel des hôpitaux temporaires du territoire, conformément aux dispositions du règlement sur le service de santé de l'armée à l'intérieur.

Exécution de la désinfection et des travaux pour la remise en état des locaux.

Art. 99. Les conditions dans lesquelles il est procédé à la désinfection des établissements occupés par les hôpitaux temporaires du territoire, ainsi qu'aux travaux nécessaires pour la remise des locaux dans leur état primitif, sont réglées dans chaque région de corps d'armée par le directeur du service de santé, qui rend compte au Ministre de la guerre (7e Direction).

Ces opérations de désinfection et ces travaux sont exécutés sous la direction du médecin-chef et du premier officier d'administration de l'hôpital temporaire du territoire dont la fermeture est prescrite.

Les frais qui en résultent sont à la charge du service de santé de l'armée.

Dispositions spéciales aux hôpitaux temporaires du territoire gérés par les sociétés d'assistance. (Hôpitaux auxiliaires du territoire.)

Communication des ordres de fermeture.

Art. 100. Le directeur du service de santé de la région de corps d'armée communique les ordres de fermeture aux délégués régionaux des sociétés d'assistance, qui les transmettent, sans délai, aux présidents des comités locaux intéressés.

Règlement des indemnités.

Art. 101. Les indemnités qui pourraient être dues aux propriétaires ou aux locataires des établissements appartenant à des particuliers que les sociétés d'assistance ont utilisés pour l'installation des hôpitaux auxiliaires du territoire sont réglées par entente amiable entre les deux parties intéressées.

Art. 102 Les sociétés d'assistance aux blessés et malades des armées de terre et de mer supportent la charge des indemnités à payer aux propriétaires (Etat, départements, communes, particuliers) des établissements où elles ont installé des hôpitaux auxiliaires du territoire, ainsi qu'à toutes personnes ayant fourni, par voie de réquisition, les prestations indispensables pour assurer le fonctionnement de ces hôpitaux.

Le remboursement des indemnités payées pour leur compte, par le service de santé de l'armée, sera poursuivi soit par le directeur du service de santé de la région de corps d'armée auprès des délégués régionaux des sociétés d'assistance, soit par le Ministre de la guerre (7e Direction) auprès des conseils supérieurs de ces sociétés.

Exécution de la désinfection et des travaux pour la remise en état des locaux.

Art. 103. Les opérations de désinfection et les travaux visés à l'article 94 ci-dessus ont lieu, dans les établissements utilisés par les sociétés d'assistance, aux frais desdites sociétés et par les soins de leurs représentants.

Toutefois, lorsque ces établissements sont la propriété de l'Etat, du département ou des communes, il doit être procédé à la désinfection et aux travaux dont il s'agit sous le contrôle du directeur du service de santé de la région du corps d'armée.

ANNEXES

A.

États concernant tous les hôpitaux temporaires du territoire, qu'ils soient gérés par le Service de santé de l'armée ou par les Sociétés d'assistance.

B.

Notices et états concernant spécialement les hôpitaux temporaires du territoire gérés par le Service de santé de l'armée.

C.

Notices et états concernant spécialement les hôpitaux temporaires du territoire (hôpitaux auxiliaires) gérés par les Sociétés d'assistance.

• RÉGION
DE CORPS D'ARMÉE.

MODÈLE Nº 1.

Art. 17 de l'instruction
du 5 mai 1899.

DIMENSIONS :

Hauteur........ 0ᵐ,360
Largeur........ 0ᵐ,250

SERVICE DE SANTÉ EN CAMPAGNE.

REGISTRE GÉNÉRAL

DES HÔPITAUX TEMPORAIRES DU TERRITOIRE DONT LA CRÉATION
A ÉTÉ AUTORISÉE PAR LE MINISTRE DE LA GUERRE.

OBSERVATIONS :

Ce registre est fourni par le Directeur du service de santé de la région de corps d'armée.

Il comprendra 60 feuillets (120 pages) qui seront cotés et paraphés par le Directeur du service de santé de la région de corps d'armée.

Lorsqu'il y aura lieu de faire passer un hôpital d'une catégorie dans une autre, les anciennes inscriptions relatives audit hôpital seront annulées au moyen d'un trait rouge; la mention de ce passage sera portée dans la colonne « Observations » du registre.

Iʳᵉ PARTIE.
(20 feuillets.)

Hôpitaux temporaires du territoire dont la gestion est assurée par le service de santé de l'armée.

A. — *Hôpitaux temporaires du territoire dont la date d'ouverture est fixée dès le temps de paix.*
(8 feuillets.)

B. — *Hôpitaux temporaires du territoire dont la date d'ouverture reste indéterminée en temps de paix.*
(8 feuillets.)

C. — *Etablissements signalés dans les villes dépourvues de garnison, comme susceptibles d'être utilisés pour l'installation des hôpitaux temporaires du territoire et qui n'ont pas été étudiés dès le temps de paix.*
(4 feuillets.)

A.

Hôpitaux temporaires du territoire dont la date d'ouverture est fixée dès le temps de paix.

DATE de la DÉCISION ministérielle autorisant la création de l'hôpital.	NUMÉRO DE L'HÔPITAL.	SIÈGE DE L'HÔPITAL. — Ville, rue et numéro.	ETABLISSEMENT affecté pour L'INSTALLATION de l'hôpital (Le désigner par sa destination normale).	NOMBRE DE LITS prévus dans l'hôpital.	JOUR DE LA MOBILISATION fixé pour l'ouverture de l'hôpital.	OBSERVATIONS

B.

Hôpitaux temporaires du territoire dont la date d'ouverture reste indéterminée en temps de paix.

DATE de la DÉCISION ministérielle autorisant la création de l'hôpital.	NUMÉRO DE L'HÔPITAL.	SIÈGE DE L'HÔPITAL. — Ville, rue et numéro.	ETABLIS - SEMENT affecté pour L'INSTAL- LATION de l'hôpital (Le désigner par sa destination normale).	NOMBRE DE LITS prévus dans l'hôpital.	JOUR DE LA MOBILISATION fixé pour l'ouverture de l'hôpital (a).	OBSERVATIONS
						(a) Cette colonne sera remplie au cours des opérations de guerre.

C.

Établissements signalés dans les villes dépourvues de garnison comme susceptibles d'être utilisés pour l'installation des hôpitaux temporaires du territoire et qui n'ont pas été étudiés dès le temps de paix.

(Article 31 de l'Instruction.)

SIÈGE DE L'ÉTABLISSEMENT susceptible d'être utilisé pour l'installation d'un hôpital temporaire du territoire. — Ville, rue et numéro.	DÉSIGNATION DE L'ÉTABLISSEMENT. — Le désigner par sa destination normale.	NOMBRE de lits que l'établissement pourrait contenir.	OBSERVATIONS.

IIe PARTIE.
(40 feuillets.)

Hôpitaux temporaires du territoire (hôpitaux auxiliaires) dont la gestion est assurée par les sociétés d'assistance aux malades et blessés des armées de terre et de mer.

A. — *Hôpitaux auxiliaires du territoire classés en 1re série.*
(10 feuillets.)

B. — *Hôpitaux auxiliaires du territoire classés en 2e série.*
(15 feuillets.)

C. — *Hôpitaux auxiliaires du territoire classés en 3e série.*
(15 feuillets.)

DÉSIGNATION de la SOCIÉTÉ D'ASSISTANCE.	SIÈGE DU COMITÉ LOCAL QUI A PRIS CHARGE DE L'HÔPITAL. — Ville, rue et numéro.	DATE DE LA DÉCISION ministérielle autorisant la création de l'hôpital.	NUMÉRO DE L'HÔPITAL.

A.

territoire classés en 1re série.

SIÈGE DE L'HOPITAL. — Ville, rue et numéro.	ÉTABLISSE-MENT concédé pour L'INSTALLATION de l'hôpital. (Le désigner par sa destination normale.)	NOMBRE DE LITS prévus dans l'hôpital.	JOUR DE LA MOBILISATION fixé pour l'ouverture de l'hôpital.	OBSERVATIONS.

DÉSIGNATION de la SOCIÉTÉ D'ASSISTANCE.	SIÈGE DU COMITÉ LOCAL QUI A PRIS CHARGE DE L'HÔPITAL. — Ville, rue et numéro.	DATE DE LA DÉCISION ministérielle autorisant la création de l'hôpital.	NUMÉRO DE L'HÔPITAL.

B.

territoire classés en 2e série.

SIÈGE DE L'HOPITAL. — Ville, rue et numéro.	ÉTABLISSE-MENT concédé pour L'INSTALLATION de l'hôpital. (Le désigner par sa destination normale.)	NOMBRE DE LITS prévus dans l'hôpital.	JOUR DE LA MOBILISATION fixé pour l'ouverture de l'hôpital.	OBSERVATIONS.

DÉSIGNATION de la SOCIÉTÉ D'ASSISTANCE.	SIÈGE DU COMITÉ LOCAL QUI A PRIS CHARGE DE L'HÔPITAL. — Ville, rue et numéro.	DATE DE LA DÉCISION ministérielle autorisant la création de l'hôpital.	NUMÉRO DE L'HÔPITAL.

C.

territoire classés en 3e série.

SIÈGE DE L'HOPITAL. — Ville, rue et numéro.	ÉTABLISSE-MENT concédé pour L'INSTALLATION de l'hôpital. (Le désigner par sa destination normale.)	NOMBRE DE LITS prévus dans l'hôpital.	JOUR DE LA MOBILISATION fixé pour l'ouverture de l'hôpital (a).	OBSERVATIONS.
				(a) Cette colonne sera remplie au cours des opérations de guerre.

ᵉ RÉGION
DE CORPS D'ARMÉE.

MODÈLE Nº 2.

Art. 17 de l'instruction
du 5 mai 1899.

DIMENSIONS :

Hauteur........ 0ᵐ,360
Largeur........ 0ᵐ,250

SERVICE DE SANTÉ EN CAMPAGNE.

SITUATION SEMESTRIELLE

DES HOPITAUX TEMPORAIRES DU TERRITOIRE.

OBSERVATIONS :

Cette situation est adressée au Ministre de la guerre (7ᵉ Direction) le
1ᵉʳ février et le 1ᵉʳ août de chaque année.

Nº 83 *bis*.

3

Hôpitaux temporaires du territoire dont la gestion

NUMÉRO DE L'HOPITAL TEMPORAIRE du territoire.	SIÈGE DE L'HOPITAL TEMPORAIRE du territoire. — VILLE, RUE ET NUMÉRO.	BATIMENT affecté pour L'INSTALLATION de l'hôpital temporaire du territoire. (Le désigner par sa destination normale.)	DÉSIGNATION du PROPRIÉTAIRE de l'établissement affecté. [Etat, département, commune ou particulier (nom et prénoms de ce dernier.)]	NOMBRE de lits prévus dans l'hôpital temporaire du territoire	PERSONNEL		
					PERSONNEL SU		
					Médecin chef et médecins traitants.		
					Médecins de réserve ou de l'armée territoriale.	Docteurs en médecine des services auxiliaires de l'armée.	Aides-médecins.

(A) Si la date d'ouverture reste indéterminée en temps de paix, on écrira dans la colonne le mot

TIE.

est assurée par le service de santé de l'armée.

CONSTITUÉ.					MATÉRIEL CONSTITUÉ.		MONTANT DU MANDAT D'AVANCES qui devra être délivré à la mobilisation par le directeur du service de santé de la région de corps d'armée.	JOUR de la MOBILISATION fixé pour l'ouverture de l'hôpital. (A)
PÉRIEUR.		PERSONNEL SECONDAIRE.						
Pharmaciens de 1re ou 2e classe.	Officiers d'administration du service des hôpitaux de réserve ou de l'armée territoriale	Infirmiers de la section	Infirmiers prélevés sur les services auxiliaires de l'armée ou la réserve de l'armée territoriale	Total des infirmiers.	Complet.	Incomplet.		

« indéterminé ».

IIᵉ PAR

Hôpitaux temporaires du territoire dont la ges.

Hôpitaux auxiliaires du ter

NUMÉRO DE L'HOPITAL AUXILIAIRE du territoire.	SIÈGE de L'HOPITAL auxiliaire du territoire. — VILLE, RUE ET NUMÉRO.	BATIMENT concédé pour l'installation DE L'HOPITAL auxiliaire du territoire. (Le désigner par sa destination normale.)	DÉSIGNATION du PROPRIÉTAIRE de l'établissement concédé. [Etat, département, commune ou particulier (nom et prénom de ce dernier.)]	NOMBRE DE LITS prévus dans l'hôpital auxiliaire du territoire.	PERSONNEL CON... PERSONNEL SUPÉRIEUR.				
					Médecins traitants, y compris le médecin chef. — (Docteurs en médecine.)	Aides-Médecins.	Pharmaciens de 1ʳᵉ ou 2ᵉ classe.	Administrateur. (Homme ou dame.)	Comptables. (Hommes ou dames.)
					SOCIÉTÉ FRANÇAISE DE				
					UNION DES FEM				
					ASSOCIATION DES DA				

(A) Ecrire dans la colonne le mot « totalité ».

TIE.

tion est assurée par les sociétés d'assistance.

ritoire classés en 1re série.

STITUÉ.			MATÉRIEL constitué. — (Totalité du matériel nécessaire.) (A)	FONDS RÉSERVÉS en vue DU FONCTIONNEMENT de l'hôpital auxiliaire du territoire.		SIÈGE du COMITÉ LOCAL qui a pris charge de l'hôpital auxiliaire du territoire. — VILLE, RUE ET NUMÉRO.	NOMBRE des membres du comité local.	PRODUIT des cotisations versées annuellement par les membres du comité local.	TOTALITÉ DES FONDS capitalisés par le comité local.
PERSONNEL SECONDAIRE.									
Infirmiers dégagés de toute obligation militaire (y compris les dames).	Infirmiers appartenant à l'armée.	Total des infirmiers. (Hommes ou dames.)		MONTANT DES FONDS.	DÉSIGNATION et adresse du dépositaire des fonds (Personne ou établissement.)				
SECOURS AUX BLESSÉS.									
MES DE FRANCE.									
MES FRANÇAISES.									

IIIᵉ PAR

Hôpitaux temporaires du territoire dont la ges

Hôpitaux auxiliaires du ter

NUMÉRO DE L'HOPITAL AUXILIAIRE du territoire.	SIÈGE de L'HOPITAL auxiliaire du territoire — VILLE, RUE ET NUMÉRO.	BATIMENT concédé pour l'installation DE L'HOPITAL auxiliaire du territoire. (Le désigner par sa destination normale.)	DÉSIGNATION du PROPRIÉTAIRE de l'établissement concédé. [Etat, département, commune ou particulier (nom et prénoms de ce dernier.]	NOMBRE DE LITS prévus dans l'hôpital auxiliaire du territoire.	PERSONNEL CON				
					PERSONNEL SUPÉRIEUR.				
					Médecins traitants, y compris le médecin chef. — (Docteurs en médecine.)	Aides-médecins.	Pharmaciens de 1ʳᵉ ou 2ᵉ classe.	Administrateur. (Homme ou dame.)	Comptables. (Hommes ou dames.)
					SOCIÉTÉ FRANÇAISE DE				
					UNION DES FEM				
					ASSOCIATION DES DA				

(A) Mettre dans cette colonne, suivant les cas, les mots « totalité », « plus de la moitié », « moitié ».

TIE.

tion est assurée par les sociétés d'assistance.

ritoire classés en 2ᵉ série.

STITUÉ.			MATÉRIEL constitué. — (Totalité du matériel nécessaire, plus de la moitié ou moitié du matériel nécessaire.) (A)	FONDS RÉSERVÉS en vue DU FONCTIONNEMENT de l'hôpital auxiliaire du territoire.		SIÈGE du COMITÉ LOCAL qui a pris charge de l'hôpital auxi- liaire du territoire. — VILLE, RUE ET NUMÉRO.	NOMBRE des membres du comité local.	PRODUIT des cotisa- tions versées annuelle- ment par les membres du comité local.	TOTALITÉ DES FONDS capitalisés par le comité local.
PERSONNEL SECONDAIRE.				MONTANT DES FONDS.	DÉSIGNATION et adresse du dépositaire des fonds (Personne ou établissement.)				
Infir- miers dégagés de toute obliga- tion militaire (y compris les dames).	Infirmiers appartenant à l'armée.	Total des infirmiers. (Hommes ou dames.)							
SECOURS AUX BLESSÉS.									
MES DE FRANCE.									
MES FRANÇAISES.									

IVe PAR

Hôpitaux temporaires du territoire dont la ges

Hôpitaux auxiliaires du territoire

NUMÉRO DE L'HOPITAL AUXILIAIRE du territoire.	SIÈGE de L'HOPITAL auxiliaire du territoire. — VILLE, RUE ET NUMÉRO.	BATIMENT concédé pour L'INSTALLA-TION de l'hôpital auxiliaire du territoire (Le désigner par sa destination normale.)	DÉSIGNATION du propriétaire de l'établisse-ment concédé. [Etat, départe-ment, commu-ne ou particu-lier (nom et prénoms de ce dernier.)]	NOMBRE DE LITS prévus dans l'hôpital auxiliaire du territoire.	PERSONNEL CONSTITUÉ.							
					PERSONNEL SUPÉRIEUR.					PERSONNEL SECONDAIRE.		
					Médecins traitants y compris le médecin chef. (Docteurs en médecine.)	Aides-médecins.	Pharmaciens de 1re ou 2e classe.	Administrateur. (Homme ou dame.)	Comptables. (Hommes ou dames.)	Infirmiers dégagés de toute obligation militaire (y compris les dames).	Infirmiers appartenant à l'armée.	Total des infirmiers. (Hommes ou dames.)
					SOCIÉTÉ FRANÇAISE DE							
					UNION DES FEM							
					ASSOCIATION DES DA							

(A) Le lit complet est composé de : 1 couchette ou un châlit, 1 sommier ou 1 paillasse, 1 matelas,

TIE.

tion est assurée par les sociétés d'assistance.

classés en 3ᵉ série ou en formation.

MATÉRIEL CONSTITUÉ.						FONDS RÉSERVÉS en vue DU FONCTIONNEMENT de l'hôpital auxiliaire du territoire.		SIÈGE du COMITÉ LOCAL qui a pris charge de l'hôpital auxiliaire du territoire. — VILLE, RUE ET NUMÉRO.	NOMBRE des membres du comité local.	PRODUIT des cotisations versées annuellement par les membres du comité local.	TOTAL DES FONDS capitalisés par le comité local.
NOMBRE de lits complets (A)		MATÉRIEL d'exploitation correspondant aux besoins de malades		APPAREILS OU OBJETS de pansement correspondant aux besoins de malades.	INSTRUMENTS DE CHIRURGIE.	MONTANT DES FONDS.	DÉSIGNATION et adresse du dépositaire des fonds (Personne ou établissement.)				
par achat effectué.	par promesse écrite.	par achat effectué	par promesse écrite.								
SECOURS AUX BLESSÉS.											
MES DE FRANCE.											
MES FRANÇAISES.											

1 traversin, 2 couvertures, 6 draps de lit.

Vᵉ PARTIE.

RÉCAPITULATION des hôpitaux temporaires du territoire à gérer, soit par le service de santé de l'armée, soit par les sociétés d'assistance.

1° Hôpitaux temporaires du territoire dont la date d'ouverture est fixée dès le temps de paix.

DÉSIGNATION DES HOPITAUX.	NOMBRE TOTAL des hôpitaux.	NOMBRE TOTAL des lits qu'ils contiennent	OBSERVATIONS.
A Hôpitaux temporaires du territoire du service de santé de l'armée.........			(A) Ne compter que la moitié du nombre total de lits prévus dans les hôpitaux de 2ᵉ série.
B Hôpitaux temporaires du territoire des sociétés d'assistance (hôpitaux auxiliaires) classés en : 1° 1ʳᵉ série............... 2° 2ᵉ série...............		(A)	
TOTAUX GÉNÉRAUX..			

2° Hôpitaux temporaires du territoire dont la date d'ouverture reste indéterminée en temps de paix.

DÉSIGNATION DES HOPITAUX.	NOMBRE TOTAL des hôpitaux.	NOMBRE TOTAL des lits qu'ils contiennent	OBSERVATIONS.
A Hôpitaux temporaires du territoire du service de santé de l'armée.........			
B Hôpitaux temporaires du territoire des sociétés d'assistance (hôpitaux auxiliaires) classés en 3ᵉ série ou en formation.........			
TOTAUX GÉNÉRAUX..			

VIᵉ PARTIE.

OBSERVATIONS.

Signaler les principales modifications survenues depuis l'établissement du dernier état semestriel, dans la constitution des ressources affectées aux hôpitaux temporaires du territoire.

(Y compris les hôpitaux auxiliaires du territoire.)

A   , le   1   .

Le Directeur du service de santé
de la   région de corps d'armée,

A   , le   1   .

Le Général commandant
la   région de corps d'armée,

NOTICE N° 3.

Art. 21 de l'Instruction
du 5 mai 1899.

LOCAUX

des hôpitaux temporaires du territoire gérés par le service de santé
de l'armée.

NATURE DES LOCAUX.	NOMBRE MINIMUM DES PIÈCES NÉCESSAIRES.		OBSERVATIONS.
	Hôpitaux contenant de 20 à 49 lits.	Hôpitaux contenant 50 lits ou plus.	
1° Local pour le concierge....	1	1	
2° Chambre de garde des médecins.................	»	1	(N'est pas à prévoir dans les hôpitaux de convalescents.
3° Chambre de garde des officiers d'administration....	»	1 (a)	
4° Local pour l'infirmier-major de garde.................	1	1	
5° Cabinet pour le médecin-chef....................	1	1	
6° Bureau pour l'officier d'administration gestionnaire.	1	1	
7° Bureau des entrées........	1	1	
8° Vestiaire pour les entrants.	1	1	
9° Magasin pour les effets des malades entrants........	1	1	
10° Salles communes de malades ou de blessés........	Variable (b).	Variable (b).	
11° Salles ou cabinets d'isolement pour les contagieux.	1	1 par 50 lits.	
12° Salles d'officiers..........	»	1 à 4 (a)	
13° Salles de sous-officiers.....	1 (a)	1 à 4 (a)	
14° Réfectoire à l'usage des malades..................	Variable (a).	Variable (a).	
15° Salle d'opérations et de pansements..............	1 (c)	1 (c)	
16° Pharmacie-tisancrie.......	1	1 à 3	
17° Salle de bains...........	1	1 à 4 (d)	

(a) Autant que possible.
(b) Accorder 40 mètres cubes d'air par lit; séparer les malades des blessés.
(c) N'est pas à prévoir dans les hôpitaux destinés exclusivement aux malades, y compris les contagieux, ou aux convalescents.
(d) Séparer, autant que possible, les salles des officiers de celles de la troupe.

NATURE DES LOCAUX.	NOMBRE MINIMUM DES PIÈCES NÉCESSAIRES.		OBSERVATIONS.
	Hôpitaux contenant de 20 à 49 lits.	Hôpitaux contenant 50 lits ou plus.	
18° Dépense (locaux pour la boucherie et les approvisionnements de denrées).	1 à 2 (e)	2 à 3 (e)	
19° Magasin de combustible ou bûcher.................	1	1	
20° Cuisine.................	1	1 à 4 (f)	
21° Lingerie.................	1	1 à 4 (g)	
22° Magasin pour le linge sale.	1	1	
23° Locaux pour la désinfection.	3 (h)	3 (h)	
24° Buanderie avec séchoirs....	Variable (i).	Variable (i)	
25° Casernement pour les infirmiers.................	Variable (j).	Variable (j).	
26° Réfectoire pour les infirmiers.................	Variable (k).	Variable (k).	
27° Greniers et caves..........	Variable.	Variable.	
28° Latrines et urinoirs........	Variable (l).	Variable (l).	

(e) Pièces séparées, autant que possible, pour : 1° la boucherie ; 2° les approvisionnements de denrées ; 3° un bureau pour officier d'administration dans les hôpitaux ayant 50 lits ou plus.

(f) Pièces séparées, autant que possible, pour un lavoir, un bûcher et une office.

(g) Pièces séparées, autant que possible, pour la conservation des effets en laine, le pliage et la conservation du linge, l'atelier des réparations.

(h) Les pièces sont affectées : Une pour le dépôt du linge à désinfecter ; une pour l'opération de la désinfection ; une pour le séchage du linge désinfecté.
Si la désinfection a lieu en dehors de l'hôpital, il suffit de prévoir dans l'établissement le premier des locaux visés ci-dessus.

(i) Ces locaux ne sont pas à prévoir si le blanchissage a lieu en dehors de l'hôpital.

(j) Accorder 12 mètres cubes d'air au minimum à chaque infirmier ; le casernement des infirmiers est établi au besoin en dehors de l'établissement réservé pour l'installation de l'hôpital.

(k) Autant que possible.

(l) Utiliser, autant que possible, les latrines existantes en les modifiant, s'il y a lieu.
Si elles sont à créer, les établir de préférence en dehors et à proximité des bâtiments habités en les reliant à ces bâtiments par un passage couvert.
Les latrines doivent posséder dans tous les cas, un ou plusieurs sièges pour la défécation dans la position assise.

Nota. — Les diverses pièces visées dans cette notice doivent avoir des dimensions en rapport avec les besoins du service auquel elles sont affectées.
Les mots « autant que possible » portés en notes signifient que les pièces auxquels ils s'appliquent doivent toujours être utilisées, si elles existent, conformément aux indications de la notice ; mais il n'y aura lieu de créer ces pièces qu'autant qu'elles pourront l'être rapidement et à peu de frais.

État numérique du personnel affecté aux hôpitaux tempo

DÉSIGNATION des CATÉGORIES DE PERSONNEL.	HOPITAUX GÉNÉRAUX OU DESTINÉS EXCLUSIVEMENT AU TRAITEMENT des malades ou des contagieux.		HOPI DESTINÉS EXCLU des
	Hôpitaux contenant de 20 à 49 lits.	Hôpitaux contenant 50 lits ou plus.	Hôpitaux contenant de 20 à 49 lits.
A PERSONNEL SUPÉRIEUR.			
Médecin-chef. (Médecin de la réserve ou de l'armée territoriale.)	1		1
Médecins traitants. (Médecins de la réserve ou de l'armée territoriale, ou docteurs en médecine.)	Le médecin-chef	1 par hôpital de 50 à 130 lits. 2 par hôpital de 131 à 200 lits. Au delà de 200 lits augmenter de 1 médecin par série de 80 lits ou fraction de série de 40 lits au moins.	Le médecin-chef
Aides-médecins. (Médecins auxiliaires, officiers de santé, ou étudiants en médecine pourvus de 12 inscriptions de doctorat.)	1 (a)	1 par hôpital de 50 à 100 lits. 2 par hôpital contenant 101 lits ou plus.	1 (a)
Pharmaciens. (Pharmaciens de la réserve ou de l'armée territoriale, pharmaciens auxiliaires, pharmaciens diplômés de 1re ou de 2e classe.	1	1 par hôpital de 50 à 100 lits. 2 par hôpital de 101 à 200 lits. 3 par hôpital contenant 201 lits ou plus.	1
Officier d'administration gestionnaire. (De la réserve ou de l'armée territoriale.)	1	1	1
Officiers d'administration. (De la réserve ou de l'armée territoriale.)	L'officier d'administration gestionnaire.	1 par hôpital de 50 à 150 lits. 2 par hôpital contenant 151 lits ou plus.	L'officier d'administration gestionnaire.

Nº 4.

raires du territoire gérés par le service de santé de l'armée.

| TAUX ...SIVEMENT AU TRAITEMENT blessés. | HOPITAUX DESTINÉS EXCLUSIVEMENT AU TRAITEMENT des convalescents. | | OBSERVATIONS. |
Hôpitaux contenant 50 lits ou plus.	Hôpitaux contenant de 20 à 49 lits.	Hôpitaux contenant 50 lits ou plus.	
1	1	1	
1 par hôpital de 50 à 120 lits. 2 par hôpital de 121 à 180 lits. Au delà de 180 lits, augmenter de 1 médecin par série de 60 lits ou fraction de série de 30 lits au moins.	Le médecin-chef	Le médecin chef de 50 à 200 lits. 1 par hôpital contenant plus de 200 lits.	
1 par hôpital de 50 à 100 lits. 2 par hôpital de 101 à 200 lits. 3 par hôpital de 201 ou plus.	»	›	(a) Si les ressources en personnel le permettent.
1	1	1	
1	1	1	
1 par hôpital de 50 à 150 lits. 2 par hôpital contenant 151 lits ou plus.	L'officier d'administration gestionnaire.	1 par hôpital de 50 à 150 lits. 2 par hôpital contenant 151 lits ou plus.	

DÉSIGNATION des CATÉGORIES DE PERSONNEL.	HOPITAUX GÉNÉRAUX OU DESTINÉS EXCLUSIVEMENT AU TRAITEMENT des malades ou des contagieux.		HOP. DESTINÉS EXCLU. des
	Hôpitaux contenant de 20 à 49 lits.	Hôpitaux contenant 50 lits ou plus.	Hôpitaux contenant de 20 à 49 lits.
B PERSONNEL SECONDAIRE.			
Infirmier-major pour le service des salles de malades.	1	1 par division de malades ou de blessés (a).	1
Infirmier pour les salles de malades.	2 à 5 (1 par 10 lits).	5 à..... (1 par 10 lits).	2 à 5 (1 par 10 lits).
Infirmier pour la salle de chirurgie.	»	1 (b)	1
Infirmiers pour la cuisine et la dépense.	2	3 par hôpital de 50 à 150 lits. Au delà de 150 lits, augmenter de 1 par 50 lits en plus.	2
Infirmiers pour la pharmacie.	1	1 par hôpital de 50 à 100 lits. 2 par hôpital contenant 101 lits ou plus.	1
Infirmiers pour la lingerie-buanderie.	1 (c)	2 par hôpital de 50 à 100 lits. Au delà de 100 lits, augmenter de 1 par série de 100 lits ou fraction de série de 50 lits au moins (c).	1 (c)
Infirmiers commis aux écritures.	2	3 par hôpital de 50 à 100 lits. Au delà de 100 lits, augmenter de 1 par série de 100 lits ou fraction de série de 50 lits au moins.	2
Infirmiers pour la propreté et l'entretien de l'établissement.	2 (d)	3 par hôpital de 50 à 100 lits. Au delà de 100 lits, augmenter de 1 par série de 100 lits ou fraction de série de 50 lits au moins (d).	2 (d)
Sergent (ou caporal) infirmier surveillant.	»	1 (e)	»
Concierge (sergent ou caporal).	1 (f)	1	1 (f)

TAUX ...IVEMENT AU TRAITEMENT blessés. Hôpitaux contenant 50 lits ou plus.	HÔPITAUX DESTINÉS EXCLUSIVEMENT AU TRAITEMENT des convalescents. Hôpitaux contenant de 20 à 49 lits.	Hôpitaux contenant 50 lits ou plus.	OBSERVATIONS.
1 par division de malades ou de blessés (a).	1	1 par division de convalescents (a).	(a) La division comprend, en principe, tous les malades ou les blessés traités par le même médecin.
5 à..... (1 par 10 lits).	2 à 4	4 à..... (1 par 20 lits au delà de 50 lits).	
1	»	»	(b) N'est pas à prévoir si l'hôpital ne contient pas de division de blessés.
3 par hôpital de 50 à 150 lits. Au delà de 150 lits, augmenter de 1 par 50 lits en plus.	2	3 par hôpital de 50 à 150 lits. Au delà de 150 lits, augmenter de 1 par 50 lits en plus.	
1	1	1	
2 par hôpital de 50 à 100 lits. Au delà de 100 lits, augmenter de 1 par série de 100 lits ou fraction de série de 50 lits au moins (c).	1 (c)	2 par hôpital de 50 à 100 lits. Au delà de 100 lits, augmenter de 1 par série de 100 lits ou fraction de série de 50 lits au moins (c).	(c) Pour les réparations de lingerie et le service du blanchissage, l'officier gestionnaire aura recours, s'il y a lieu, à la main d'œuvre civile conformément aux prescriptions du règlement sur le service de santé de l'armée à l'intérieur.
3 par hôpital de 50 à 100 lits. Au delà de 100 lits, augmenter de 1 par série de 100 lits ou fraction de série de 50 lits au moins.	2	3 par hôpital de 50 à 100 lits. Au delà de 100 lits, augmenter de 1 par série de 100 lits ou fraction de série de 50 lits au moins.	
3 par hôpital de 50 à 100 lits. Au delà de 100 lits, augmenter de 1 par série de 100 lits ou fraction de série de 50 lits au moins (d).	2 (d)	3 par hôpital de 50 à 100 lits. Au delà de 100 lits, augmenter de 1 par série de 100 lits ou fraction de série de 50 lits au moins.	(d) Un de ces hommes pourra être utilisé pour le service d'ordonnance des officiers (médecins, pharmaciens, officiers d'administration de l'hôpital).
1 (e)	»	1 (e)	(e) Remplit, en outre, les fonctions de vaguemestre.
1	1 (f)	1	(f) Dans les hôpitaux de 20 à 49 lits, le concierge remplit en même temps les fonctions de surveillant et de vaguemestre

Art. 33 de l'instruction
du 5 mai 1899.

NOTICE N° 5.

TABLEAU indiquant le matériel nécessaire pour assurer le fonctionnement des hôpitaux temporaires du territoire (villes ouvertes) gérés par le service de santé de l'armée.

Ce matériel sera constitué conformément aux indications contenues dans l'instruction du 5 mai 1899 sur l'utilisation en temps de guerre des ressources du territoire national pour l'hospitalisation des malades et des blessés de l'armée au moyen :

1° Des ressources locales ;

2° D'un approvisionement variable de matières et objets qui ne pourraient être assurés au moyen des ressources locales et dont l'importance sera déterminée pour chaque hôpital temporaire par le Ministre.

Les objets de matériel constitués au moyen des ressources locales (achat ou réquisition) ne doivent pas necessairement remplir toutes les conditions de forme, de dimensions ou de composition indiquées sur la présente notice.

L'acquisition de ces objets sera justifiée pourvu que leur emploi permette d'atteindre le but visé par la notice.

NUMÉROS de la nomenclature		DÉNOMINATION DES MATIÈRES ET OBJETS.	UNITÉ RÉGLEMENTAIRE.
sommaire.	détaillée.		
		Instruments de chirurgie et matériel de pansement.	
1	2	Boîte n° 2 : Aspirateur de Potain........................	Nombre.
2	3	— n° 3 : Amputations, résections, trépanation, petite boîte (modifiée)........................	Id.
	4	— n° 4 : Boîte complémentaire de la boîte n° 3 (modifiée)	Id.
	5	— n° 5 : Couteaux et bistouris de rechange (modifiée)..	Id.
	16	— n° 16 : Thermocautère........................	Id.
	19	— n° 19 : Autopsies, petite boîte........................	Id.
	26	— n° 26 : Trousse d'infirmier........................	Id.
4	14	Aiguille à suture, ordinaire........................	Id.
	57	Bougie en gomme........................	Id.
	69	Canule pour lavements, en gomme........................	Id.
	97	Clef de Garengeot........................	Id.
	125	Davier pour extraction des dents........................	Id.
	211	Pierre à affiler, pour instruments tranchants........................	Id.
	286	Seringue pour injections hypodermiques, en argent (de Pravaz), à serrage........................	Id.
	288	— en caoutchouc durci, pour injections hypodermiques........................	Id.
	289	— en caoutchouc durci, grande, modèle n° 5........	Id.
	297	— stérilisable pour sérothérapie, avec accessoires..	Id.
	315	Sonde en caoutchouc rouge, à œil travaillé, de 0ᵐ,32, de Nélaton........................	Id.
	317	— en gomme........................	Id.
	348	Thermomètre à mercure, pour les salles........................	Id.
	350	— médical ordinaire........................	Id.
	367	Tube de Faucher, sans entonnoir........................	Id.
5	1	Appareil de chirurgie........................	Id.
	3	— pour l'examen des urines, complet........	Id.
	17	Cuvette à pansement, en fer battu étamé, grande........	Id.
	18	— — petite	Id.
	20	Irrigateur Eguisier de 1 litre........................	Id.
6	10	Attelle en bois palette palmaire........................	Id.
	11	— pour l'avant-bras........................	Id.
	12	— pour bras........................	Id.
	13	— pour cuisse, grande, externe........................	Id.
	14	— — interne........................	Id.

PRIX de L'UNITÉ.	QUANTITÉ DE MATÉRIEL ET OBJETS par hôpital temporaire du territoire			OBSERVATIONS.
	de 101 malades et au-dessus.	de 51 à 100 malades.	de 20 à 50 malades.	
37 80	1	1	1	
415 90	1	1	1	Ne seront pas constitués dans les hôpitaux destinés exclusivement au traitement des malades, des contagieux ou des convalescents.
245 80	1	1	1	
9.ô 50	1	1	»	
87 »	1	1	1	
84 »	1	1	1	
15 »	6	4	2	
» 20	48	36	24	Nᵒˢ 6, 8, 10, 12, 14, 16. 18, 20, 22 et 24.
1 50	10	10	10	Les bougies en gomme ne seront pas constituées dans les hôpitaux destinés exclusivement au traitement des malades, des contagieux ou des convalescents.
1 »	4	1	1	
13 50	1	1	1	
5 »	2	2	2	1 courbe, 1 droit.
15 »	1	1	1	Dans une boîte en fer-blanc.
10 »	2	1	1	Avec deux aiguilles droites et une courbe pour le point lacrymal dans une boîte en gaînerie.
6 »	2	1	1	Dans une boîte avec trois aiguilles.
8 ,	2	1	1	Avec deux canules. La seringue modèle n° 5 ne sera pas constituée dans les hôpitaux destinés exclusivement au traitement des malades, des contagieux ou des convalescents.
10 10	1	1	1	
1 »	4	4	2	Des numéros 14, 15, 16 et 17.
1 ô0	10	10	10	Nᵒˢ 6, 8, 10, 12, 14, 16, 18, 20, 22 et 24. Les sondes en gomme ne seront pas constituées dans les hôpitaux destinés exclusivement au traitement des malades, des contagieux ou des convalescents.
3 ⁊	4	3	2	
1 50	12	8	4	Gradué au 10ᵉ de 32° à 44°. Dans un étui nickelé.
4 50	2	1	1	
12 »	1	1	1	Ne sera pas constitué dans les hôpitaux destinés exclusivement au traitement des malades, des contagieux ou des convalescents.
30 80	1	1	1	
» 50	6	4	3	
» 30	6	4	3	
10 »	6	4	2	Avec un tube et une canule de rechange.
» 20	10	6	4	
» 10	20	12	8	Ne seront pas constitués dans les hôpitaux destinés exclusivement au traitement des malades, des contagieux ou des convalescents.
» 10	20	12	8	
» 50	10	8	4	
» 5ʻ0	10	8	4	

NUMÉROS de la nomenclature		DÉNOMINATION DES MATIÈRES ET OBJETS.	UNITÉ RÉGLEMENTAIRE.
sommaire.	détaillée.		
6	17	Attelle en bois pour la jambe, grande...................	Nombre.
	18	— — petite..............	Id.
	28	Cerceau à fracture, grand	Id.
	29	— moyen.......................	Id.
	30	— petit........................	Id.
	34	Gouttière en fil de fer, de Bonnet, matelassée, pour adulte, petite	Id.
	36	— pour bras et avant-bras, côté droit.	Id.
	37	— — côté gauche.	Id.
	48	— pour cuisse et jambe, côté droit, grande...................	Id.
	49	— pour cuisse et jambe, côté droit, petite...................	Id.
	50	— pour cuisse et jambe, côté gauche, grande...................	Id.
	51	— pour cuisse et jambe, côté gauche, petite...................	Id.
	57	— pour jambe...............	Id.
	74	Poulie mobile pour tractions continues...............	Id.
8	4	Bouilleur pour stériliser les instruments.............	Id.

Bactériologie physique et chimie.

11	5	Alcoomètre centésimal.......................	Nombre.
	33	Ballon non tubulé de 25 centilitres et au-dessous.........	Id.
	66	Capsule en porcelaine ordinaire, de 50 centilitres........	Id.
	67	— — de 25 centilitres.........	Id.
	68	— — de 12 cent. et au-dessous.	Id.
	176	Lampe à alcool, en cristal, moyenne.................	Id.
	212	Pince en bois, pour matras......................	Id.

Matériel de pharmacie.

12	7	Appareil de pharmacie, en hêtre...................	Nombre.
	14	Bassine à cul-de-poule, avec couvercle, de 50 litres.......	Id.
	15	— — de 20 litres.......	Id.
	51	Carré à étamine, simple, grand...................	Id.
	54	Compte-gouttes, normal......................	Id.
	55	Couloire en étain de 2 litres	Id.
	59	Couteau de pharmacie.......................	Id.
	63	Cuiller à distribuer les tisanes, en fer battu étamé........	Id.
	66	Densimètre pèse-sirop.......................	Id.
	68	Entonnoir en fer battu, de 2 litres.................	Id.
	70	— en verre double, de 1 litre...............	Id.
	71	— — de 50 centilitres............	Id.
	72	— — de 25 —	Id.
	73	— — de 12 — et au-dessous.	Id

PRIX de L'UNITÉ.	QUANTITÉ DE MATÉRIEL ET OBJETS par hôpital temporaire du territoire			OBSERVATIONS.
	de 101 malades et au-dessus.	de 51 à 100 malades.	de 20 à 50 malades.	
» 50	20	16	10	
» 50	20	16	10	
1 50	10	5	4	
1 30	10	5	4	
1 »	5	3	2	
80 »	1	1	»	
1 50	10	8	4	
1 50	10	8	4	
3 »	10	8	4	Ne seront pas constitués dans les hôpitaux destinés exclusivement au traitement des malades, des contagieux ou des convalescents.
2 75	5	3	2	
3 »	10	8	4	
2 75	5	3	2	
2 »	20	15	8	
6 »	2	1	1	
3 »	1	1	1	
6 »	1	1	1	
» 20	4	2	2	
2 »	1	1	1	
1 50	2	1	1	
1 »	2	1	1	
1 75	1	1	1	
» 80	1	1	1	
9 »	4	2	1	
70 »	2	1	1	
45 »	»	1	1	
2 80	2	2	1	
» 50	6	4	4	
8 50	1	1	1	
» 90	1	1	1	
1 20	2	2	1	
2 50	1	1	1	
2 50	1	1	1	
» 30	1	1	1	
» 20	2	1	1	
» 15	2	1	1	
» 10	2	1	1	

NUMÉROS de la nomenclature		DÉNOMINATION DES MATIÈRES ET OBJETS.	UNITÉ RÉGLEMENTAIRE.
sommaire.	détaillée.		
12	74	Éprouvette à pied, en verre, avec ou sans bec, de 2 litres.	Nombre.
	75	— — de 1 litre..	Id.
	76	— — de 50 cent.	Id.
	77	— — de 20 cent.	Id.
	143	Mortier en cristal, de 25 centilitres..	Id.
	147	— en fonte, tournée et polie, de 1 litre	Id.
	155	— en porcelaine biscuitée, de 1 litre	Id.
	159	— — émaillée, de 1 litre	Id.
	160	— — — de 50 centilitres.	Id.
	165	Pilulier de 25 cannelures (ouverture de 6 millimètres)	Id.
	167	Poêlon en cuivre de 2 litres.	Id.
	187	Seau gradué de 15 litres, en fer battu étamé.	Id.
	188	Spatule en acier flexible, avec manche en bois.	Id.
	195	— en fer à grain et à poudre.	Id.
	197	— — ordinaire de 30 centimètres	Id.
	198	— — — de 15 —	Id.
	199	— en os, de 16 centimètres.	Id.
	200	— — de 11 —	Id.
	220	Verre gradué, de 125 grammes.	Id.
	221	— de 60 —	Id

Couchage, habillement, lingerie et chaussure.

14	5	Couverture de laine grise.	Nombre.
	9	Drap de lit en toile.	Id.
	10	Enveloppe à matelas, pour lit, avec paillasse	Id.
	13	— pour paillasse.	Id.
	15	— traversin.	Id.
15	2	Bonnet de coton.	Id.
	3	Bretelles (paire de)	Id.
	4	Caleçon en cretonne de coton	Id.
	6	Capote en drap beige, pour soldats.	Id.
	10	Chaussettes de laine (paire de)	Id.
	12	Chemise de coton	Id.
	14	Corset de force	Id.
	15	Cravate de coton	Id.
	20	Gilet de flanelle.	Id.
	22	Pantalon de corvée, en toile bleue ou grise.	Id.
	23	— en drap beige, pour soldats.	Id.
	25	Pantoufles (paire de) sans contrefort	Id.
	29	Sarrau de médecin	Id.
	30	Tablier d'infirmier.	Id.
	31	— de médecin.	Id.
	34	Veste de corvée, en toile bleue ou grise.	Id.
16	2	Mouchoir en toile	Id.
	5	Serviette de toile, pour la table.	Id.
	6	— en coton, pour la toilette.	Id.
	7	Torchon.	Id.

PRIX de L'UNITÉ.	QUANTITÉ DE MATÉRIEL ET OBJETS par hôpital temporaire du territoire			OBSERVATIONS.
	de 101 malades et au-dessus.	de 51 à 100 malades.	de 20 à 50 malades.	
3 »	1	1	1	
2 »	1	1	1	
1 30	1	1	1	
» 60	2	1	1	
2 »	1	1	1	
25 »	1	1	1	
6 »	1	1	1	Avec pilon assorti.
6 »	1	1	1	
4 »	1	1	1	
23 »	1	1	1	En noyer, avec tablette en marbre.
4 »	1	1	1	
5 »	2	2	1	Avec couvercle.
3 »	2	2	1	
3 »	1	1	1	
1 »	1	»	»	
» 50	1	1	1	
» 70	1	1	»	
» 60	1	1	1	
1 »	2	1	1	Pour eau distillée ou pour sirop simple.
» 75	2	2	1	
15 »	A raison de 2 par malade.			
7 »	A raison de 6 par malade.			
3 »				
4 »	A raison de 1 1,2 par malade.			
» 70				
» 50	A raison de 1 par malade.			
1 »	50	20	10	
1 50	A raison de 2 par malade.			
20 »	A raison de 1 2 par malade.			
1 20	A raison de 2 paires par malade			
2 »	A raison de 4 par malade.			
15 »	1	1	1	
» 50	125	50	25	
4 »	25	10	5	
3 »	25	10	5	
8 »	A raison de 1,2 par malade.			
4 »	A raison de 1 par malade.			
5 »	10	6	4	
1 40	100	80	50	
2 »	25	10	5	
3 50	25	10	5	
» 80	A raison de 3 par malade.			
1 »	25	15	10	
» 50	A raison de 1 par malade.			
» 50	500	200	100	

NUMÉROS de la nomenclature		DÉNOMINATION DES MATIÈRES ET OBJETS.	UNITÉ RÉGLEMENTAIRE.
sommaire.	détaillée.		
		Matériel affecté à divers services spéciaux.	
18	11	Seau d'aisance inodore, en cuivre	Nombre.
	14	Vase de nuit, en porcelaine	Id.
19	7	Baignoire de bras, en zinc	Id.
	10	— de corps, en zinc	Id.
	12	— de pied, en zinc	Id.
	14	— de siège, en zinc	Id.
20	6	Buanderie portative, pour 100 kilogr. de linge	Id.
	7	— 50 —	Id.
	21	Lessiveuse avec foyer, pour 6 kilogr. de linge	Id.
21	1	Appareil à distribution, en hêtre	Id.
	5	Bassine à fond plat avec couvercle, en cuivre, de 30 litres	Id.
	6	— — 15 —	Id.
	7	— de 9 litres, en fer battu étamé	Id.
	12	Boîte à sel en hêtre	Id.
	13	Bouilloire en cuivre, de 2 litres	Id.
	14	— de 1 litre	Id.
	15	Cafetière à filtre, en fer-blanc, de 40 litres	Id.
	17	— — de 20 —	Id.
	18	— — de 10 —	Id.
	19	— — de 4 —	Id.
	20	— — de 2 —	Id.
	32	Casserole en fer battu étamé, avec couvercle, de 10 litres	Id.
	33	— — de 5 —	Id.
	35	— — de 3 —	Id.
	37	— — de 1 —	Id.
	46	Couperet grand	Id.
	50	Couteau de boucherie	Id.
	51	— de cuisine, à abattre, grand	Id.
	52	— — à émincer, grand	Id.
	53	— — — moyen	Id.
	54	— — — petit	Id.
	56	Crochet de boucherie à crans et à mailles	Id.
	60	Cuiller à bouillon, en fer battu, de 50 centilitres	Id.
	65	Ecumoire en fer battu étamé, grande	Id.
	66	— petite	Id.
	68	Egouttoir pour poêlon à friture, en fer-blanc, grand	Id.
	69	— — — moyen	Id.
	71	Feuille de boucherie	Id.
	72	Fourchette à distribution	Id.
	73	— de cuisine, en fer, grande	Id.
	74	— — moyenne	Id.
	75	— — petite	Id.
	77	Fusil de boucherie	Id.
	78	Garde manger en tôle galvanisée	Id

PRIX de L'UNITÉ.	QUANTITÉ DE MATÉRIEL ET OBJETS par hôpital temporaire du territoire			OBSERVATIONS.
	de 101 malades et au-dessus.	de 51 à 100 malades.	de 20 à 50 malades.	
45 »	5	3	2	
1 50	A raison de 1/2 par malade.			
8 »	4	3	2	
55 »	4	3	2	
5 »	4	3	2	
14 »	4	3	2	
140 »	1	»	»	
60 »	»	1	1	
15 »	1	1	1	
8 »	4	2	1	
50 »	1	1	»	
33 »	1	»	1	
5 »	1	1	1	
» 70	1	1	1	
5 »	2	1	1	
3 »	1	1	»	
35 »	1	»	»	
18 »	»	1	»	Avec robinet.
9 »	»	»	1	
4 »	1	1	1	
2 »	»	»	1	
6 »	4	2	1	
4 »	4	3	2	
2 »	4	3	2	
1 »	2	2	1	
9 »	2	1	1	
1 50	2	1	1	
1 50	2	1	»	
1 50	1	1	1	
1 »	2	1	1	
» 80	2	2	1	
1 »	5	3	2	A trois crans.
» 75	3	2	1	
2 »	1	1	1	
« 60	2	1	1	
3 »	1	1	»	
2 50	»	»	1	
3 »	1	1	1	
2 »	5	3	1	
3 »	1	»	»	
2 50	»	1	»	
2 »	»	»	1	
4 »	1	1	1	
12 »	1	1	1	

| NUMÉROS de la nomenclature | | DÉNOMINATION DES MATIÈRES ET OBJETS. | UNITÉ RÉGLEMENTAIRE. |
sommaire.	détaillée.		
21	79	Gril à côtelettes, grand	Nombre.
	80	— moyen	Id.
	90	Marmite ou chaudière, avec couvercle en cuivre, de 200 lit.	Id.
	91	— — de 100 lit.	Id.
	93	— — de 50 lit.	Id.
	94	— avec couvercle en cuivre, de 30 litres	Id.
	95	— — de 20 —	Id.
	100	Passoire de 3 litres, en fer battu étamé	Id.
	104	— en fer-blanc, petite	Id.
	111	Poêle à frire, grande	Id.
	112	— moyenne	Id.
	114	Poêlon à friture, grand	Id.
	115	— moyen	Id.
	121	Scie de boucherie	Id.
	124	Seau à bouillon, avec couvercle, en fer battu étamé, de 15 litres	Id.
	126	Tamis en toile métallique, pour bouillon	Id.
22	3	Brûloir à café, de 4 kilogrammes	Id.
	4	— de 2 —	Id.
	7	Burette pour l'huile à brûler de 2 litres	Id.
	22	Couteau de dépense	Id.
	24	Entonnoir ordinaire, en fer-blanc, de 3 litres	Id.
	25	— — de 2 —	Id.
	26	— — de 1 —	Id.
	29	Foret de tonnelier	Id.
	34	Moulin à café, en fonte de fer	Id.
	47	Robinet en cuivre, de $0^m,028$ de diamétre	Id.
	48	— de $0^m,0250$ —	Id.
	49	— de $0^m,0225$ —	Id.
	50	— de $0^m,011$ —	Id.
	52	Sac à denrées de 9 kilogrammes	Id.
	53	— de 6 —	Id.
	55	— ordinaire	Id.
23	17	Couteau de table pour sous-officiers et soldats	Id.
	23	Cuiller à soupe, en fer battu étamé	Id.
	27	Fourchette ordinaire, en fer battu étamé	Id.
24	3	Aiguille de matelassier	Id.
	23	Cardes pour la laine (paire de)	Id.
	28	Cisaille de ferblantier, petite	Id.
	30	Ciseau à froid	Id.
	31	— ordinaire	Id.
	76	Hachette	Id.
	109	Marteau ordinaire, grand	Id.
	110	— petit	Id.
	114	Mèche anglaise de vilebrequin	Id.
	125	Pierre à repasser et à aiguiser	Id.
	131	Pince plate ou ronde	Id.
	145	Scie à bûches	Id.

PRIX de L'UNITÉ.	QUANTITÉ DE MATÉRIEL ET OBJETS par hôpital temporaire du territoire			OBSERVATIONS.
	de 101 malades et au-dessus.	de 51 à 100 malades.	de 20 à 50 malades.	
4 »	1	1	»	
2 »	1	1·	1	
160 »	Suivant les besoins, d'après l'effectif des malades.			
120 »	1	1	»	
60 »	»	1	1	
40 »	1	»	1	
30 »	1	1	1	
1 50	1	1	1	Pour servir de presse-purée avec le pilon en frêne.
» 70	2	1	1	
2 »	1	1	1	
1 50	1	1	»	
5 »	1	1	»	
3 50	»	»	1	
5 »	1	1	1	
1 50	8	5	3	
1 50	1	1	1	
28 »	1	1	»	
25 »	»	»	1	
5 »	1	1	1	Avec couvercle à charnière.
10 »	1	1	1	
1 »	2	1	1	
» 75	3	3	2	
» 50	1	1	1	
1 50	1	1	1	
20 »	1	1	1	
6 »	1	»	»	
4 »	1	1	1	
3 »	1	1	1	
2 »	2	1	1	
» 50	3	2	1	
» 40	3	2	1	
2 »	8	5	3	
» 50	À raison de 1/5 par malade.			
» 15	À raison de 1 et 1/10 par malade.			
» 15				
» 20	5	3	2	
5 »	1	1	1	
3 50	1	1	1	
1 50	1	1	1	
1 »	1	1	1	
2 50	1	1	1	
2 50	2	1	1	
2 »	2	2	1	
» 30	2	2	2	
4 »	1	1	1	Dans un étui en fer-blanc.
1 25	1	1	1	
2 »	1	1	1	

| NUMÉROS de la nomenclature | | DÉNOMINATION DES MATIÈRES ET OBJETS. | UNITÉ RÉGLEMENTAIRE. |
sommaire.	détaillée.		
24	165	Tenaille de menuisier	Nombre.
	166	Tiers-point	Id.
	171	Tournevis	Id.
	183	Vilebrequin	Id.
	184	Vrille	Id.
25	21	Pelle de terrassier	Id.
	22	Pioche	Id.

Matériel d'usage général.

28	7	Balance dite Roberval, de la portée de 5 kilogrammes	Nombre.
	8	— 2 —	Id.
	12	Boîte de poids, de 2^k,001 en cuivre	Id.
	13	— de 1^k,001 —	Id.
	14	Cuiller à distribution, en fer battu étamé, de 0^l,40	Id.
	15	— — de 0^l,25	Id.
	16	— — de 0^l,20	Id.
	17	— — de 0^l,125	Id.
	18	Jauge en fer pour le vin	Id.
	19	Jeu de poids pour le pain	Id.
	28	Mesure en fer-blanc, double litre	Id.
	29	— litre	Id.
	30	— demi-litre	Id.
	32	— décilitre	Id.
	36	— pour distribuer le vin, de 25 centilitres.	Id.
	37	— — de 20 —	Id.
	38	— — de 15 —	Id.
	39	— — de 10 —	Id.
	40	Mètre articulé en cuivre	Id.
	55	Poids en fonte de fer, de 10 kilogrammes	Id.
	56	— de 5 —	Id.
	57	— de 2 —	Id.
	58	— de 1 —	Id.
	59	— de 500 grammes	Id.
29	4	Applique pour lampe-veilleuse, avec réflecteur	Id.
	8	Bougeoir en cuivre	Id.
	21	Fourneau de cuisine (de dimensions en rapport avec les besoins)	Id.
	30	Godet de veilleuse en verre	Id.
	39	Lanterne-applique, avec lampe et réflecteur	Id.
	40	— carrée portative, avec lampe et porte-bougie	Id.
	48	Pelle pour fourneau	Id.
	53	Pincette pour fourneau	Id.
	64	Réchaud ordinaire en tôle	Id.

PRIX de L'UNITÉ.	QUANTITÉ DE MATÉRILL ET OBJLTS par hôpital temporaire du territoire			OBSERVATIONS.
	de 101 malades et au-dessus.	de 51 à 100 malades.	de 20 à 50 malades.	
2 »	1	1	1	
» 50	2	2	2	
» 70	1	1	1	
2 50	1	1	1	
» 30	2	2	1	
2 »	2	1	1	
6 »	2	1	1	
9 »	2	1	1	
8 »	3	2	2	
10 »	4	2	2	
7 »	1	1	1	
1 50	5	3	2	
1 20	5	3	2	
1 »	5	3	2	
» 90	5	3	2	
6 »	1	1	1	
2 50	1	1	1	
1 »	2	2	2	
» 80	2	2	2	
» 60	2	2	2	
» 40	2	2	2	
» 40	5	3	2	
» 30	5	3	2	
» 25	5	3	2	
» 20	5	3	2	
» 40	3	2	2	
2 50	1	1	1	
1 50	2	1	1	
1 »	2	2	1	
» 60	2	2	1	
»·50	2	2	1	
3 »	50	20	10	
2 »	10	6	4	
A décompter au prix d'achat.	1	1	1	
» 30	50	20	10	
5 »	5	3	2	
1 »	5	3	2	
8 »	2	2	2	
1 »	2	2	2	
3 »	4	3	2	

NUMÉROS de la nomenclature		DÉNOMINATION DES MATIÈRES ET OBJETS.	UNITÉ RÈGLEMENTAIRE.
sommaire.	détaillée.		
34	1	Armoire à double battant, en chêne, grande..............	Nombre.
	6	Armoire vitrée pour arsenal chirurgical (A)..............	Id.
	10	Banc ordinaire, en chêne, grand........................	Id.
	17	Bureau, en chêne......................................	Id.
	23	Chaise en frêne verni, foncée en canne ou en paille........	Id.
	29	Fauteuil-brancard pour transport des malades............	Id.
	33	— de bureau, en frêne verni, foncé en canne ou en paille...	Id.
	56	Table de nuit pour soldats.............................	Id.
	58	Table ordinaire en chêne poli, de 2 mètres..............	Id.
	59	— de 1m,40.................	Id.
	60	— de 1 mètre................	Id.
35	1	Boîte à tampon avec accessoires........................	Id.
	2	Cachet du médecin-chef...............................	Id.
	16	Timbre humide pour dater les billets d'hôpital, avec accessoires................	Id.
38	5	Cadenas en fer, grand.................................	Id.
	6	— moyen.................	Id.
	7	— petit.................	Id.
	10	Ciseaux moyens (paire de).............................	Id.
	24	Numéros pour les effets des entrants, en zinc............	Id.
	34	Seau ordinaire, sans couvercle, en fer battu, de 15 litres...	Id.
	37	Tire-bouchon ordinaire................................	Id.

Bibliothèque.

1° RÈGLEMENTS.

Service de santé.

48	»	Règlement du 25 novembre 1889, sur le service de santé à l'intérieur....................	Id.
	»	— du 31 octobre 1892, sur le service de santé en campagne....................	Id.
	»	Instruction du 5 mai 1899 sur l'utilisation, en temps de guerre, des ressources du territoire national pour l'hospitalisation des malades et des blessés de l'armée..........	Id.
	»	Nomenclature générale du matériel (rectifiée)............	Id.
	»	Formulaire pharmaceutique............................	Id.

(A) Cette armoire à étagère en glace sans tain est enduite intérieurement au vermillon de
Elle ne sera demandée que si les armoires existantes ne peuvent être appropriées à ce but

PRIX de L'UNITÉ.	QUANTITÉ DE MATÉRIEL ET OBJETS par hôpital temporaire du territoire			OBSERVATIONS.
	de 101 malades et au-dessus.	de 51 à 100 malades.	de 20 à 50 malades.	
160 »	5	3	2	Avec corniche de 10 centimètres de hauteur et pieds de 5 centimètres, portes et côtés formant panneaux, et 4 rayons en sapin alaisis en chêne, posés sur crémaillère.
A décompter au prix d'achat.	1	1	1	Ne sera pas constituée dans les hôpitaux destinés exclusivement au traitement des malades, des contagieux ou des convalescents.
15 »	10	6	4	
100 »	2	2	2	A pieds tournés avec trois tiroirs, dont un à double fond et à compartiments et un cartonnier.
6 »	30	15	10	
70 »	3	2	1	En hêtre, fond et dossier cannés, pieds, bras et hampes articulés.
15 »	3	2	2	
25 »	A raison de 1/2 par malade.			
55 »	5	3	2	
45 »	3	2	1	
35 »	3	2	1	
1 »	1	1	1	
4 »	1	1	1	
8 »	1	1	1	Accessoires : 1 boîte vide, 1 flacon d'encre, 1 tampon et 1 brosse.
1 »	Suivant les besoins.			
» 80				
» 50				
1 50	5	3	2	
» 05	A raison de 2 par malade.			
2 »	15	8	5	
» 60	4	3	3	
5 »	2	2	2	
2 50	1	1	1	
»	1	1	1	
1 50	1	1	1	
1 50	2	2	2	

Chine et doit renfermer en permanence un vase contenant du chlorure de calcium desséché par la pose d'étagères en glace sans tain.

NUMÉROS de la nomenclature		DÉNOMINATION DES MATIÈRES ET OBJETS.	UNITÉ RÉGLEMENTAIRE.
sommaire.	détaillée.		
48		Ecole de l'infirmier militaire Iʳᵉ et IIᵉ parties...............	Nombre.
		— IIIᵉ partie....................	Id.
		Cahier des charges du 21 avril 1897......................	Id.
		Service général.	
		Règlement sur le service intérieur (infanterie).............	Id.
		— des places......................	Id.
		— des armées en campagne.........	Id.
		— sur la comptabilité-matières, 9 septembre 1888 (nouvelle édition).....................	Id.
		Instruction sur la comptabilité-matières, 23 décembre 1888 (nouvelle édition).....................	
		— sur les adjudications publiques..................	Id.
		Code de justice militaire (9 juin 1857) (édition mise à jour)..	Id.
		Instruction sur l'alimentation en campagne.................	Id.
		Matières premières pour confections.	
54	1	Crin pur..	Kilogr.
	2	Laine pure...	Id.
		Matériel employé spécialement pour le service en campagne.	
62	4	Assiette en fer battu étamé........................	Nombre.
	6	Baril à denrées, cerclé en fer, peint à l'huile, grand......	Id.
	7	— — moyen......	Id.
	8	— — petit........	Id.
	9	Bassin de lit en étain............................	Id.
	12	Bassin rectangulaire, en tôle émaillée, nᵒ 2..............	Id.
	14	— — nᵒ 4.............	Id.
	15	— — nᵒ 5.............	Id.
	16	Bassine à distribution en fer battu étamé...............	Id.
	17	— en tôle émaillée, grande............	Id.
	19	— — petite............	Id.
	20	Biberon en étain................................	Id.
	33	Brancard avec bretelles............................	Id.
	35	Brassard de neutralité pour sous-officiers et soldats......	Id.
	47	Ciseaux à lampe, petits...........................	Id.
	48	Couchette en fer, articulée........................	Id.
	51	Crachoir en fer battu étamé.......................	Id.

PRIX de L'UNITÉ	QUANTITÉ DE MATÉRIEL ET OBJETS par hôpital temporaire du territoire			OBSERVATIONS.
	de 101 malades et au-dessus.	de 51 à 100 malades.	de 20 à 50 malades.	
1 50	1	1	1	
1 50	1	1	1	
» 60	1	1	1	
1 50	1	1	1	
» 80	1	1	1	
» 80	1	1	1	
2 30	1	1	1	
» 20	1	1	1	
» 60	1	1	1	
» 60	1	1	1	
3 50	A raison de 3 kil. 500 par malade.			Soit 3k,500 par matelas.
2 50	A raison de 12 kil. par malade.			Soit 9k,500 par matelas et 2k,500 par traversin.
» 30	A raison de 1 et 1/10 par malade			
20 »	2	1	»	
18 »	1	1	1	
16 »	1	1	1	
8 »	15	10	5	
5 50	3	2	2	Ne seront pas constitués dans les hôpitaux destinés exclusivement au traitement des malades, des contagieux ou des convalescents.
3 50	3	2	1	
3 »	3	2	1	
12 »	4	2	1	
4 »	1	1	1	
2 50	1	1	1	Id.
3 50	15	10	5	
25 »	5	3	2	
» 30	Nombre égal à l'effectif (hommes du personnel de l'hôpital).			
1 »	2	2	1	
50 »	A raison de 1 par malade.			
» 50	20	10	5	

NUMÉROS de la nomenclature		DÉNOMINATION DES MATIÈRES ET OBJETS.	UNITÉ RÉGLEMENTAIRE.
sommaire.	détaillée.		
62	54	Cuiller à bouillon, en fer battu étamé, de 2 litres	Nombre.
	55	— — de 1 litre	Id.
	66	Fanion de neutralité..............	Id.
	67	— tricolore......................	Id.
	»	— jaune.......................	Id.
	99	Gamelle de 1 litre, en fer battu étamé	Id.
	101	Gobelet de 30 centilitres, en fer battu étamé..............	Id.
	130	Pot à tisane, en fer battu étamé, de 1 litre	Id.
	135	Réservoir à tisane, en fer battu étamé, de 110 litres.......	Id.
	136	— — de 90 —	Id.
	137	— — de 70 —	Id.
	138	— — de 50 —	Id.
	139	— — de 30 —	Id.
	140	— — de 20 —	Id.
	141	— — de 10 —	Id.
	142	— — de 5 —	Id.
	145	Romaine de la portée de 200 kilogrammes.................	Id.
	166	Trébuchet ordinaire, à plateaux mobiles, avec série de poids de 30 grammes divisés	Id.
	168	Truelle pour plâtre, petite..........................	Id.
	170	Urinal en étain...........................	Id.

Médicaments, réactifs et objets de pansement.

NUMÉROS de la nomenclature		DÉNOMINATION DES MATIÈRES ET OBJETS.	UNITÉ RÉGLEMENTAIRE.
sommaire.	détaillée.		
66	2	Acide acétique cristallisable..........................	Kilogr.
	7	— borique cristallisé	Id.
	13	— phénique cristallisé......................	Id.
	21	— tartrique purifié	Id
	24	Alcool à 95 degrés..............................	Id.
	40	Alcoolé de cannelle.............................	Id.
	44	— d'extrait d'opium......................	Id.
	47	— de Jalap composé (eau-de-vie allemande)..........	Id
	53	— de quinquina gris.....................	Id.
	61	Alumine. — Alun pulvérisé........................	Id.
	66	Ammoniaque. — Ammoniaque liquide..................	Id.
	71	Analgésine. — Antipyrine	Id.
	74	Antimoine. Émétique pulvérisé....................	Id.
	75	— Kermès officinal (Cluzel)....................	Id.
	79	Argent. — Azotate d'argent cristallisé................	Id.
	85	Atropine. — Sulfate......................	Id.
	97	Bismuth. — Sous-azotate......................	Id.
	104	Caféine	Id.
	106	Camphre............................	Id.
	110	Caustique à l'azotate d'argent fondu (pierre infernale).....	Id.
	122	Chloral hydraté	Id.

PRIX de L'UNITÉ.	QUANTITÉ DE MATÉRIEL ET OBJETS par hôpital temporaire du territoire.			OBSERVATIONS.
	de 101 malades et au-dessus.	de 51 à 100 malades.	de 20 à 50 malades.	
4 »	1	1	1	
2 »	2	1	1	
1 »	1	1	1	
1 »	1	1	1	
1 »	1	1	1	Pour les hôpitaux de contagieux.
» 70				
» 30	A raison de 1 et 1/10 par malade.			
» 70				
45 »	1	»	»	
35 »	1	»	»	
30 »	»	1	»	
25 »	1	1	1	
20 »	»	»	1	
15 »	1	1	»	
10 »	»	1	1	
8 »	»	»	1	
20 »	1	1	1	
18 »	1	1	1	Tablette en bois.
2 »	2	1	1	Ne sera pas constituée dans les hôpitaux destinés exclusivement au traitement des malades, des contagieux ou des convalescents.
5 »	A raison de 1/5 par malade.			
5 »	0 500	0 200	0 100	
1 »	10 000	5 000	2 500	
3 »	20 000	10 000	5 000	
4 »	8 000	4 000	2 000	
5 »	20 000	10 000	5 000	
6 »	2 400	1 000	0 500	
10 »	1 800	0 900	0 450	
4 20	0 450	0 200	0 100	
3 50	5 000	2 000	1 000	
» 40	0 500	0 200	0 100	
» 50	0 900	0 400	0 200	
20 »	1 000	0 500	0 200	
4 »	0 020	0 010	0 005	
6 »	0 100	0 050	0 020	
90 »	0 050	0 025	0 010	
450 »	0 002	0 001	0 0005	
15 »	6 000	3 000	1 000	
60 »	0 200	0 100	0 050	
5 50	1 000	0 500	0 250	
100 »	0 100	0 050	0 020	
10 »	0 250	0 100	0 050	

NUMÉROS de la nomenclature		DÉNOMINATION DES MATIÈRES ET OBJETS.	UNITÉ RÉGLEMENTAIRE.
sommaire.	détaillée.		
66	123	Chloroforme anesthésique	Kilogr.
	125	Cocaïne. — Chlorhydrate	Id.
	131	Copahu	Id.
	139	Cuivre. — Sulfate de cuivre	Id.
	147	Eau distillée	Id.
	158	Eponge fine (pour la chirurgie)	Id.
	166	Ether sulfurique rectifié	Id.
	169	Extrait de belladone	Id.
	173	— d'opium	Id.
	174	— de quinquina gris	Id.
	176	— de ratanhia	Id.
	186	Fer. — Tartrate de fer et de potasse	Id.
	195	Glycérine officinale	Id.
	196	Glyzine	Id.
	200	Gomme du Sénégal	Id.
	217	Huile de ricin	Id.
	228	Iode sublimé	Id.
	229	Iodoforme pulvérisé	Id.
	230	Ipécacuanha annelé (racine)	Id.
	244	Magnésie. — Magnésie décarbonatée	Id.
	254	Mercure. — Calomel à la vapeur	Id.
	255	— Mercure métallique	Id.
	259	— Sublimé corrosif	Id.
	263	Morphine. — Chlorhydrate	Id.
	285	Pilules de quinine (chlorhydrate) à 1 décigramme	Id.
	302	Potassium. — Azotate de potasse	Id.
	304	— Bromure de potassium	Id.
	305	— Carbonate de potasse purifié	Id.
	306	— Chlorate de potasse	Id.
	308	— Iodure de potassium	Id.
	309	— Permanganate de potasse	Id.
	326	Poudre d'ipécacuanha	Id.
	335	— de quinquina gris, n° 2	Id.
	338	— de réglisse, n° 1	Id.
	340	— de rhubarbe	Id.
	346	Quinine. — Chlorhydrate basique	Id.
	358	Salol	Id.
	365	Séné (feuille)	Id.
	367	Sinapisme liquide	Id.
	376	Sodium. — Benzoate de soude	Id.
	377	— Bicarbonate de soude	Id.
	378	— Borate de soude	Id.
	380	— Chlorure de sodium pur	Id.
	382	— Salicylate de soude	Id.
	396	Soufre sublimé	Id.
	403	Tanin	Id.
	407	Thé de Chine	Id.

PRIX de L'UNITÉ.	QUANTITÉ DE MATÉRIEL ET OBJETS par hôpital temporaire du territoire.			OBSERVATIONS.
	de 101 malades et au-dessus.	de 51 à 100 malades.	de 20 à 50 malades.	
7 »	5 000	2 000	1 000	
600 »	0 050	0 020	0 010	
5 »	2 000	1 000	0 500	
» 60	50 000	20 000	10 000	
» 10	2 000	1 000	0 500	
45 »	0 150	0 100	0 050	Ne sera pas constituée dans les hôpitaux destinés exclusivement au traitement des malades, des contagieux ou des convalescents.
3 »	1 000	0 500	0 250	
20 »	0 100	0 050	0 020	
70 »	1 000	0 500	0 200	
12 »	2 000	1 000	0 500	
15 »	1 000	0 500	0 200	
5 »	0 500	0 200	0 100	
1 50	2 500	1 000	0 500	
7 »	16 000	8 000	4 000	
2 50	10 000	5 000	2 000	
1 »	1 000	0 500	0 250	
40 »	0 400	0 200	0 100	
45 »	2 000	1 000	0 500	
20 »	0 300	0 200	0 100	
2 50	15 000	10 000	5 000	
7 »	0 250	0 100	0 050	
6 »	1 000	0 500	0 200	
6 »	5 000	3 000	2 000	
250 »	0 050	0 020	0 010	
70 »	0 100	0 050	0 020	
» 70	1 000	0 500	0 200	
6 »	0 500	0 200	0 100	
» 60	1 000	0 500	0 200	
1 50	1 000	0 500	0 200	
30 »	1 000	0 500	0 200	
2 50	2 000	1 000	0 500	
25 »	0 500	0 200	0 100	
1 30	10 000	5 000	2 000	
1 »	0 250	0 100	0 050	
4 »	0 250	0 100	0 050	
60 »	2 000	1 000	0 500	
12 »	1 000	0 500	0 250	
3 »	0 500	0 200	0 100	
10 »	0 300	0 100	0 050	
8 »	0 500	0 200	0 100	
» 40	1 000	0 500	0 250	
» 60	0 500	0 200	0 100	
2 »	0 200	0 100	0 050	
10 »	1 000	0 500	0 250	
» 30	2 000	1 000	0 500	
6 »	0 250	0 100	0 050	
6 »	5 000	3 000	2 000	

NUMÉROS de la nomenclature		DÉNOMINATION DES MATIÈRES ET OBJETS.	UNITÉ RÉGLEMENTAIRE.
sommaire.	détaillée.		
66	413	Vaseline blanche...	Kilogr.
	423	Zinc. — Chlorure de zinc fondu pur.	Id.
	427	— Sulfate de zinc officinal.	Id.
67	11	Granule de digitaline amorphe à 1/2 milligramme.	Nombre.
68	3	Sparadrap caoutchouté mercuriel en $0^m,20$.	Mètre.
	6	— — simple en $0^m,20$.	Id.
	10	— vésicant sur toile cirée de $0^m.22$.	Id.
70	2	Bouchon de liège, grand.	Nombre.
	3	— petit.	Id.
	10	Etiquettes pour les poisons.	Id.
	11	Etui en fer-blanc, pour pilules.	Id.
	12	— pour 4 mètres de sparadrap en $0^m,20$.	Id.
	15	Fiole à médecine, verre blanc ou jaune, à ouverture étroite ou large, de — 250 millilitres	Id.
	16	— 125	Id.
	17	— 60	Id.
	18	— 30	Id.
	23	Papier à filtrer ordinaire, blanc ou gris (la main).	Id.
72	76	Indigo. — Carmin desséché.	Kilogr.
	125	Tournesol d'orcine, cristallisé.	Id.
73	1	Agitateur en verre.	Nombre.
	20	Papier tournesol, bleu ou rouge (le cahier).	Id.
	26	Valet de paille tressée.	Id.
74	1	Bandage carré.	Id.
	2	— de corps.	Id.
	3	— en T.	Id.
	4	— triangulaire.	Id.
	6	Bande roulée en coton, tissu fin, bichlorurée, de 5 mètres, sur — $0^m,05$	Id.
	7	— $0^m,065$	Id.
	8	— $0^m,085$	Id.
	9	Bande roulée, en flanelle, de 3 mètres sur $0^m,05$	Id.
	10	— — de 5 mètres sur $0^m,07$	Id.
	11	Bande roulée en gaze à pansement apprêtée — de 5 mètres, sur $0^m,07$	Id.
	12	de 5 — sur $0^m,10$	Id.
	13	de 8 — sur $0^m,15$	Id.
	14	de 10 — sur $0^m,20$	Id.
	18	Bande roulée en toile, de 3 mètres, sur $0^m.05$	Id.
	20	— de 3 — sur $0^m,06$	Id.
	21	— de $4^m,50$ sur $0^m,085$.	Id.

PRIX de L'UNITÉ.	QUANTITÉ DE MATÉRIEL ET OBJETS par hôpital temporaire du territoire.			OBSERVATIONS.
	de 101 malades et au-dessus.	de 15 à 100 malades.	de 20 à 50 malades.	
2 »	10 000	5 000	2 000	
3 »	0 500	0 200	0 100	
1 »	0 050	0 020	0 010	
» 01	200	100	50	
1 50	2	1	0 50	
1 »	10	4	2	
2 30	1	1	0 50	
2 80 }le cent.{	200	100	·50	
1 » }le cent.{	500	200	100	
» 30 }le cent.{	100	50	20	
» 10	10	5	2	
» 25	5	2	1	
» 10	100	50	20	
» 08	500	250	100	
» 06	50	20	10	
» 05	50	20	10	
» 60	8	4	2	
75 »	0 025	0 010	0 005	
700 »	0 010	0 005	0 002	
» 10	10	5	3	
» 15	6	4	2	
» 50	2	1	1	
» 30	25	15	10	Les bandages carrés ne seront pas constitués dans les hôpitaux destinés exclusivement au traitement des malades, des contagieux ou des convalescents.
» 70	50	30	20	
» 45	20	15	10	
» 25	20	15	10	Ne seront pas constitués dans les hôpitaux destinés exclusivement au traitement des malades, des contagieux ou des convalescents.
» 15	100	80	40	
» 15	100	80	40	
» 20	100	80	50	
» 40	50	30	20	Les bandes de 3 mètres sur 0^m,05 ne seront pas constituées dans les hôpitaux destinés exclusivement au traitement des malades, des contagieux ou des convalescents.
» 80	50	30	20	
» 10	500	400	200	Les bandes de 5 mètres sur 0^m,07 et celles de 5 mètres sur 0^m,10 ne seront pas constituées dans les hôpitaux destinés exclusivement au traitement des malades, des contagieux ou des convalescents.
» 15	500	400	200	
» 25	500	400	200	
» 35	50	30	20	Les bandes en gaze de 10 mètres sur 0^m,20 et celles en toile de 3 mètres sur 0^m,05 ne seront pas constituées dans les hôpitaux destinés exclusivement au traitement des malades, des contagieux ou des convalescents.
» 20	100	80	60	
» 20	400	300	200	
» 30	100	50	30	Ne seront pas constituées dans les hôpitaux destinés exclusivement au traitement des malades, des contagieux ou des convalescents.

NUMÉROS de la nomenclature		DÉNOMINATION DES MATIÈRES ET OBJETS.	UNITÉ RÉGLEMENTAIRE.
sommaire.	détaillée.		
74	24	Compresse en gaze à pansement, bichlorurée ⎱ grandes (paquet de 10).........	Nombre.
	26	⎰ moyennes —	Id.
	28	⎱ petites —	Id.
	31	Compresse en toile, grande..................	Id.
	32	— moyenne..................	Id.
	33	— petite	Id.
	34	Coton cardé supérieur (paquet de 0ᵏ,500)	Id.
	38	— en bande (paquet de 0ᵏ,200).........	Id.
	39	— en nappes (paquet de 0ᵏ,500).........	Id.
	40	Coton pour rembourrage (paquet de 0ᵏ.500)..................	Id.
	41	Coton hydrophile (paquet de 0ᵏ,250)	Id.
	45	Crins de Florence purifiés (Flacon de)..................	Id.
	46	Drap en toile pour pansements, grand..................	Id.
	47	— petit (demi-drap).........	Id.
	48	Drap fanon en toile, pour cuisse	Id.
	49	— pour jambe..................	Id.
	50	Écharpe quadrilatère, en toile..................	Id.
	51	— triangulaire, en toile..................	Id.
	52	Épingles à pansement	Id.
	54	— à suture ordinaires..................	Id.
	55	— de sûreté (boîte de 12)..................	Id.
	63	Fil d'argent, gros (rouleau de 0ᵐ,50)..................	Id.
	64	— moyen (id.)..................	Id.
	65	— fin (id.)..................	Id.
	70	Gaze à pansement apprêtée, en 0ᵐ,65 de large (paquet de 20 mètres)..................	Id.
	71	Gaze à pansement non apprêtée, en 0ᵐ,70 de large (paquet de 10 mètres).....	Id.
	73	Ouate de tourbe en nappes (paquet de 0ᵏ,250)..................	Id.
	79	Soie tressée plate, pour ligatures ou pour sutures (Bobine de)	Id.
	83	Tube à drainage en caoutchouc, feuille makintosch (de 1 mètre de long)..................	Id.
75	3	Ruban de fil..................	Kilogr.
	4	Talc de Venise en poudre..................	Id.
76	4	Tissu imperméable pour alèzes, en 0ᵐ.80 de large.........	Mètre.
	5	— pour pansements, en 1ᵐ,20 de large.....	Id.
77	1	Brosse à antisepsie..................	Nombre.
	2	Compte-gouttes à tube en caoutchouc, pour instillation....	Id.

PRIX de L'UNITÉ	QUANTITÉ DE MATÉRIEL ET OBJETS par hôpital temporaire du territoire			OBSERVATIONS.
	de 101 malades et au-dessus.	de 51 à 100 malades.	de 20 à 50 malades.	
» 70	100	60	40	Ne seront pas constituées dans les hôpitaux destinés exclusivement au traitement des malades, des contagieux ou des convalescents.
» 45	100	60	40	
» 35	100	60	40	
» 20	200	150	100	
» 10	200	150	100	
» 05	200	150	100	
1 »	50	40	20	
» 70	50	30	20	Ne seront pas constituées dans les hôpitaux destinés exclusivement au traitement des malades, des contagieux ou des convalescents.
1 70	50	30	20	
» 75	60	40	20	
» 50	100	80	60	Dans les hôpitaux destinés exclusivement au traitement des malades, des contagieux ou des convalescents, il ne sera constitué que le quart du coton hydrophile prévu pour les hôpitaux généraux ou ceux de blessés.
1 20	15	10	5	Les crins de Florence ne seront pas constitués dans les hôpitaux destinés exclusivement au traitement des malades, des contagieux ou des convalescents.
3 »	10	8	6	
1 50	10	8	6	
» 75	10	8	6	Ne seront pas constitués dans les hôpitaux destinés exclusivement au traitement des malades, des contagieux ou des convalescents.
» 40	20	16	12	
» 80	50	30	20	
» 40	50	30	20	
» 10 le cent	5.000	3.000	2.000	
» 40 le cent	300	200	100	Les épingles à sutures et de sûreté ne seront pas constituées dans les hôpitaux destinés exclusivement au traitement des malades, des contagieux ou des convalescents.
» 15	20	15	10	
1 10	6	4	3	
» 70	6	4	3	
» 40	6	4	3	
2 40	20	10	8	
1 20	100	80	50	Ne seront pas constitués dans les hôpitaux destinés exclusivement au traitement des malades, des contagieux ou des convalescents.
» 40	100	80	60	
1 40	20	12	8	
» 80	20	10	4	
5 »	2 000	1 000	0 500	
» 50	3 000	2 000	1 000	
2 50	50 »	30 »	20 »	
2 50	100	80 »	60 »	Dans les hôpitaux destinés exclusivement au traitement des malades, des contagieux et des convalescents, il ne sera constitué que le quart du tissu pour pansements prévu pour les hôpitaux généraux ou ceux de blessés.
» 20	10	8	4	
» 10	2	1	1	

NUMÉROS de la nomenclature		DÉNOMINATION DES MATIÈRES ET OBJETS.	UNITÉ RÉGLEMENTAIRE.
sommaire.	détaillée.		
77	7	Lacs en treillis avec boucle	Nombre.
	12	Ruban métrique	Id.
	13	Seringue en verre pour injections, avec étui	Id.
	15	Ventouse en verre	Id.
78	1	Bandage à fracture, pour avant-bras	Id.
	2	— pour bras	Id.
	3	— pour cuisse	Id.
	4	— pour jambe	Id.
	5	Béquille à sabot mobile, en caoutchouc	Id.
	7	Carton (Bande de)	Id.
	9	Coussin à fracture en $1^m,05$ de longueur	Id.
	10	— en $0^m,85$ —	Id.
	11	— en $0^m,65$ —	Id.
	13	— en $0^m,32$ —	Id.
	15	Coussin matelassé { côté droit	Id.
	16	pour gouttière de bras et d'avant-bras { côté gauche	Id.
	23	Coussin matelassé { côté droit	Id.
	24	pour gouttière de cuisse et jambe { côté gauche	Id.
	28	Coussin matelassé pour gouttière de jambe	Id.
	29	— ordinaire, grand	Id.
	30	— — moyen	Id.
	31	— — petit	Id.
	32	Plâtre à mouler (Boîte en fer-blanc soudée de 5 kilogr.)	Id.
83	1	Aiguilles assorties	Id.
	16	Canif	Id.
	20	Crayon	Id.
	24	Encre noire (cruchon de 250 grammes)	Id.
	28	Épingles	Id.
	29	Étui à aiguilles	Id.
	34	Gomme élastique (Morceau de)	Id.
	35	Grattoir	Id.
	37	Papier à enveloppes (main)	Id.
	38	— à état, moyen format (main)	Id.
	40	— à lettres (main)	Id.
	42	— écolier (main)	Id.
	44	Plumes métalliques (Boîte de)	Id.
	47	Porte-plume	Id.
	49	Règle	Id.
84	1	Clous et pointes	Kilogr.
	14	Fil à coudre, blanc, bis ou rouge	Id.
	18	Mèche-veilleuse	Id.
	20	Porte-mèche	Id.

PRIX de L'UNITÉ.	QUANTITÉ DE MATÉRIEL ET OBJETS par hôpital temporaire du territoire			OBSERVATIONS.
	de 101 malades et au-dessus.	de 51 à 100 malades.	de 20 à 50 malades.	
» 10	150	100	50	Ne seront pas constitués dans les hôpitaux destinés exclusivement au traitement des malades, des contagieux ou des convalescents.
» 10	2	1	1	
» 20	10	8	6	
» 20	20	10	10	
2 »	10	8	4	
2 »	10	8	4	
10 »	10	8	4	
6 »	20	15	6	
5 »	15	8	8	
» 10	30	20	15	
» 70	30	20	10	
» 60	20	10	8	
» 50	30	20	10	Ne seront pas constitués dans les hôpitaux destinés exclusivement au traitement des malades, des contagieux ou des convalescents.
» 30	30	20	10	
1 »	10	8	4	
1 »	10	8	4	
1 80	10	8	4	
1 80	10	8	4	
1 30	15	10	5	
1 »	10	8	4	
» 60	10	8	4	
» 50	10	8	4	
3 50	10	6	4	
» 40 le cent.	50	25	25	
» 50	3	2	1	
» 05	12	8	6	
» 30	3	2	1	
» 10 le cent.	2.000	1.000	500	
» 10	2	1	1	
» 20	3	2	1	
» 50	3	2	1	
» 50	15	10	5	
» 40	3	2	1	
» 30	10	8	6	
» 20	10	10	8	
1 »	2	1	1	
» 05	12	8	6	
» 05	4	3	2	
» 30	1.000	1.000	1.000	
8 »	0 250	0 100	0 050	
6 »	1.000	0 500	0 500	
20 »	0 200	0 100	0 100	

NUMÉROS de la nomenclature des imprimés de la guerre.	DÉNOMINATION DES MATIÈRES ET OBJETS.	UNITÉ RÉGLEMENTAIRE.
	Pour mémoire.	
	DOCUMENTS ET IMPRIMÉS. *Contrôles et effectifs.*	
14	État d'effectif et de mutation des chevaux	Nombre.
74	— mensuel de mutation des officiers	Id.
	Imprimés divers.	
91	Certificat de vie	Id.
96	Situation numérique des officiers faisant ressortir le droit des vivres	Id.
97	État nominatif des officiers (vivres)	Id.
	Transports.	
164 *quat.*	Registre des expéditions mises en mouvement (feuille de tête)	Id.
	Fonds.	
172 *bis.*	Compte des avances de fonds (feuille de tête)	Id.
172 *ter.*	— (intercalaire)	Id.
	SERVICE DE SANTÉ. (Formules en usage dans l'intérieur employées en campagne.) *Personnel.*	
206 J	Bulletin de mutation d'un officier	Id.
	Service général.	
210	Rapport du médecin de garde	Id.
210 B	Situation-rapport des divisions	Id.
211	Rapport de l'officier d'administration de garde	Id.
212	Rapport particulier	Id.
213 A	Registre du vaguemestre	Id.
»	Feuille à température	Id.

PRIX de L'UNITÉ.	QUANTITÉ DE MATÉRIEL ET OBJETS par hôpital temporaire du territoire			OBSERVATIONS.
	de 101 malades et au-dessus.	de 51 à 100 malades.	de 20 à 50 malades.	
»	10	10	10	
»	10	10	10	
»	10	10	10	
»	10	10	10	
»	2	2	2	
»	10	10	10	
»	1	1	1	
»	5	5	5	
»	10	10	10	
»	100	100	100	
»	100	100	100	
»	100	100	100	
»	100	100	100	
»	1	1	1	
»	800	500	200	

NUMÉROS de la nomenclature des imprimés de la guerre.	DÉNOMINATION DES MATIÈRES ET OBJETS.	UNITÉ RÉGLEMENTAIRE.
	Contrôles effectifs, comptabilité en journées.	
221 A	Situation journalière des malades......................	Nombre.
221 B	— mensuelle des malades......................	Id.
221 C	Registre des militaires non catholiques	Id.
221 D	Billet d'hôpital......................	Id.
221 E	— d'admission d'urgence	Id.
223	Bulletin d'admission ou de sortie......................	Id.
225 A	Etat nominatif des sortants......................	Id.
225 F	Déclaration de décès......................	Id.
225 G	Registre de décès......................	Id.
225 H	Extrait du registre des décès	Id.
225 J	Feuille d'évacuation	Id.
225 JJ	— (intercalaire)......................	Id.
225 K	Registre des entrées des malades......................	Id.
225 L	— de l'effectif des malades......................	Id.
226 A	Compte trimestriel en journées	Id.
226 B	— annuel en journées......................	Id.
227 B	Registre-contrôle du personnel......................	Id.
	Dépôts et successions.	
230 A	Inventaire des effets et valeurs des militaires décédés au corps	Id.
230 B	Registre à souche des dépôts et valeurs	Id.
230 C	— des effets et armes en dépôt......................	Id.
230 F	Récépissé des mandats ou bons de poste	Id.
230 I	Etat des effets faisant partie de la succession	Id.
230 L	Procès-verbal de vente......................	Id.
230 M	Compte annuel de destination (feuille de tête)	Id.
230 MM	— (intercalaires)................	Id.
	Comptabilité en consommation.	
231 B	Bon d'aliments ou de médicaments......................	Id.
231 C	Cahier de visite (feuille de tête)......................	Id.
231 CC	— (intercalaires)......................	Id.
231 D	Relevé particulier des aliments......................	Id.
231 E	— général quotidien	Id.
231 F	Minute du relevé particulier......................	Id.
231 J	Carnet à souche des bons délivrés	Id.
231 L	Livret mensuel des entrées et sorties	Id.
	Comptabilité en deniers.	
232 B	Livret de blanchissage......................	Id.
232 C	Relevé du linge et des effets blanchis......................	Id.

PRIX de L'UNITÉ.	QUANTITÉ DE MATÉRIEL ET OBJETS par hôpital temporaire du territoire			OBSERVATIONS.
	de 101 malades et au-dessus.	de 51 à 100 malades.	de 20 à 50 malades.	
»	300	300	300	
»	10	10	10	
»	1	1	1	
»	500	200	100	
»	100	50	50	
»	50	50	50	
»	100	100	100	
»	50	50	50	
»	1	1	1	
»	100	100	100	
»	10	10	10	
»	10	10	10	
»	1	1	1	
»	2	2	2	
»	10	10	10	
»	2	2	2	
»	1	1	1	
»	100	100	50	
»	1	1	1	
»	1	1	1	
»	50	50	20	
»	20	20	20	
»	10	10	10	
»	2	2	2	
»	10	10	10	
»	200	100	100	
»	20	20	20	
»	1.000	1.000	500	
»	500	500	300	
»	100	100	100	
»	500	500	300	
»	1	1	1	
»	10	10	10	
»	1	1	1	
»	10	10	10	

NUMÉROS de la nomenclature des imprimés de la guerre.	DÉNOMINATION DES MATIÈRES ET OBJETS.	UNITÉ RÉGLEMENTAIRE.
232 D	Livret des réparations des meubles	Nombre.
232 E	Extrait du livret des réparations	Id.
232 F	Livret des réparations du linge	Id.
232 G	Extrait du livre des réparations de linge	Id.
232 H	Demande d'avance de fonds	Id.
232 I	Etat détaillé des télégrammes	Id.
232 J	— d'émargement	Id.
232 K	Registre-journal des recettes et dépenses	Id.
232 L	Compte trimestriel en deniers et en consommation	Id.
232 M	Bordereau trimestriel des mandats directs (feuille de tête)	Id.
232 M M	— — (intercalaire)	Id.
232 P	— des pièces et quittances remises au payeur	Id.
233	Carnet à souche des reçus délivrés	Id.
234 A	Relevé trimestriel décompté des bains, repas, etc	Id.
234 B	Extrait du registre-contrôle	Id.

Matériel

239	Demande de matériel	Id.
240 A	Carnet-inventaire permanent (feuille de tête)	Id.
240 B	— (intercalaire)	Id.
244	Procès-verbal de recensement	Id.

Statistique médicale.

263 C	Registre de statistique médicale	Id.

Comptabilité-matières.

362	Facture d'achat à talon	Id.
362 *bis.*	— (copie)	Id.
363	Bordereau des achats sur place	Id.
363 *bis.*	— (copie)	Id.
364	Certificat administratif (entrées)	Id.
365	Facture d'expédition (entrées)	Id.
367	Certificat administratif (déclassement) (entrées)	Id.
368	Procès-verbal de mutation des comptables	Id.
369	Facture de livraison (sorties)	Id.
370	Extrait de procès-verbal de sortie	Id.
371	Certificat administratif (sorties)	Id.
373	— (déclassement) (sorties)	Id.
373 B	Etat des sommes imputées	Id.

PRIX de L'UNITÉ.	QUANTITÉ DE MATÉRIEL ET OBJETS par hôpital temporaire du territoire			OBSERVATIONS.
	de 101 malades et au-dessus.	de 51 à 100 malades.	de 20 à 50 malades.	
»	1	1	1	
»	10	10	10	
»	1	1	1	
»	10	10	10	
»	10	10	10	
»	10	10	10	
»	10	10	10	
»	1	1	1	
»	4	4	4	
»	10	10	10	
»	50	50	50	
»	20	20	20	
»	1	1	1	
»	10	10	10	
»		10	10	
»	10	10	10	
»	20	20	20	
»	100	100	100	
»	10	10	10	
	1	1	1	
»	20	20	20	
»	10	10	10	
»	10	10	10	
»	10	10	10	
»	10	10	10	
»	20	20	20	
»	10	10	10	
»	10	10	10	
»	20	20	20	
»	10	10	10	
»	10	10	10	
»	10	10	10	
»	10	10	10	

° RÉGION

DE CORPS D'ARMÉE.

—

DÉPARTEMENT

d (1)

—

VILLE

d (1)

MODÈLE N° 6.

—

DIMENSIONS DU JOURNAL
DE MOBILISATION :

Hauteur.......... 0ᵐ.34
Largeur.......... 0ᵐ.25

Art. 16 et 25 de l'in-
struction du 5 mai 1899,
sur l'utilisation en temps
de guerre des ressour-
ces du territoire natio-
nal pour l'hospitalisation
des malades et des bles-
sés de l'armée.

SERVICE DE SANTÉ DE L'ARMÉE.

JOURNAL DE MOBILISATION

DE L'HÔPITAL TEMPORAIRE DU TERRITOIRE

N°

Destiné aux (2)
Comprenant   lits.
Devant ouvrir le   jour de la mobilisation.

(1) Indiquer le département et la ville où l'hôpital temporaire du territoire doit être
établi.
(2) Indiquer si l'hôpital temporaire du territoire doit recevoir à la fois des malades et
des blessés ou exclusivement soit des malades, soit des blessés, soit des convalescents.

TABLE DES MATIÈRES

Instruction pour la tenue du journal.

Le Journal de mobilisation est écrit d'abord à l'encre noire et seulement sur une des pages de chaque feuillet.

Les modifications qui y seront apportées ultérieurement seront inscrites à l'encre rouge, soit dans les interlignes des pages déjà remplies, soit sur les pages laissées en blanc.

Les noms, mots ou chiffres à rectifier ne seront pas effacés, mais simplement marqués d'un trait rouge.

Lorsque les surcharges deviendront trop nombreuses, le Journal de mobilisation devra être refait en entier.

Les pièces visées à l'article n° 41 de l'Instruction du 5 mai 1899 sont seules placées dans la poche du Journal de mobilisation.

Les autres pièces relatives à l'organisation de l'hôpital temporaire du territoire n°   sont réunies, suivant leur nature, dans des chemises en papier fort, marquées chacune d'une lettre spéciale, et ces chemises sont placées, avec le Journal de mobilisation, dans une chemise commune en carton.

CHAPITRE Ier.

DESCRIPTION DE L'ÉTABLISSEMENT RETENU POUR L'INSTALLATION DE L'HOPITAL TEMPORAIRE DU TERRITOIRE N°

A. — Destination normale de l'établissement : indication du propriétaire (Etat, département, commune, particulier avec nom et adresse) et, s'il y a lieu, du locataire (nom et adresse) intéressé.

B. — Situation de l'établissement : élévation et nature du terrain sur lequel il est construit ; son orientation ; son exposition aux vents ; sa position par rapport à la ville ; sa distance de la gare la plus voisine ; état des routes qui le relient à la ville et à la gare ; moyens de transport existants (omnibus, tramways).

C. — Description sommaire des chambres d'habitation (cubage, état des parquets, revêtement intérieur des murs, nombre et situation des fenêtres moyens d'aération permanente et de chauffage) et des locaux accessoires, (cuisine, réfectoire, lavabos, salles de bains).

D. — Eau d'alimentation : son origine, sa qualité, sa quantité eu égard aux besoins à satisfaire, sa distribution dans l'établissement.
Le cas échéant, moyens d'épuration employés, analyses connues.

E. — Type de latrines en usage ; mode de vidange ; issue des eaux pluviales et ménagères ; égouts.

F. — Causes d'insalubrité au voisinage de l'établissement.

G. — Moyens d'éclairage artificiel employés (lampes diverses, gaz, électricité) ; leur distribution générale.

(Laisser les deux feuillets suivants en blanc.)

CHAPITRE II.

DESCRIPTION DE L'ÉTABLISSEMENT MODIFIÉ EN VUE DU FONCTIONNE-
MENT DE L'HOPITAL TEMPORAIRE DU TERRITOIRE N°   .

(Se reporter à la notice n° 3 de l'instruction du 5 mai 1899.)

A. — Nombre de malades ou blessés que l'établissement peut contenir.

B. — Mesures arrêtées en vue de rendre l'établissement disponible à un jour déterminé de la mobilisation (ce jour sera celui où doivent commencer les travaux d'adaptation dans l'établissement).

C. — Etat estimatif des travaux qu'il paraîtrait absolument indispensable d'effectuer dans l'établissement pour l'adapter aux conditions de fonctionnement d'un hôpital, sous les réserves formulées à l'article 21 (paragraphe numéroté 3) de l'instruction du 5 mai 1899 :

1° Modifications aux locaux existants (elles ne porteront, en principe, que sur leur division et leur éclairage);

2° Construction, s'il y a lieu, de locaux accessoires nouveaux;

3° Améliorations à introduire, le cas échéant, dans la distribution de l'eau, du gaz ou de l'électricité, dans l'organisation ou le fonctionnement des latrines et des voies d'écoulement pour eaux ménagères et pour eaux d'égout.

D. — Description sommaire de l'établissement en supposant les divers locaux aménagés et répartis en vue du fonctionnement de l'hôpital temporaire (plan sommaire à l'appui).

(Laisser les deux feuillets suivants en blanc.)

*Récapitulation des sommes à dépenser pour l'exécution
des travaux d'adaptation.*

1° Modifications aux locaux existants.........................

2° Construction de locaux nouveaux.........................

3° Améliorations diverses.........................

Total.................

CHAPITRE III.

PERSONNEL DÉSIGNÉ EN VUE DU FONCTIONNEMENT DE L'HÔPITAL TEMPORAIRE DU TERRITOIRE N°

(Se reporter à la notice n° 4 de l'Instruction du 5 mai 1899.)

	NÉCESSAIRES.	EXISTANTS.	MANQUANTS.	JOUR de la mobilisation fixé pour l'arrivée au lieu de destination.	OBSERVATIONS.
A. — PERSONNEL SUPÉRIEUR.					
Médecin-chef (médecin de la réserve ou de l'armée territoriale)........................					
Médecins traitants (médecins de la réserve ou de l'armée territoriale ou docteurs en médecine)					
Aides-médecins (médecins auxiliaires, officiers de santé ou étudiants en médecine pourvus de 12 inscriptions de doctorat)...............					
Pharmaciens (pharmaciens de la réserve ou de l'armée territoriale, pharmaciens auxiliaires ou pharmaciens diplômés de 1re ou de 2e classe).					
Officier d'administration gestionnaire (de la réserve ou de l'armée territoriale)..............					
Officiers d'administration (de la réserve ou de l'armée territoriale)........................					
B. — PERSONNEL SECONDAIRE.					
Infirmier-major, pour le service des salles de malades................................					
Infirmiers pour les salles de malades..........					
— pour la salle de chirurgie............					
— pour la cuisine et la dépense........					
— pour la pharmacie					
— pour la lingerie-buanderie...........					
— commis aux écritures...............					
— pour la propreté et l'entretien de l'établissement...................					
Sergent (ou caporal) infirmier, surveillant.....					
Concierge (sergent ou caporal)...............					

PERSONNEL SECONDAIRE.

A.

État numérique des infirmiers fournis par la section territoriale d'infirmiers militaires.

DÉSIGNATION de la section.	LIEU de MOBILISA-TION de la sec-tion.	NOMBRE d'in-firmiers fournis.	GRADES DES INFIRMIERS.			JOUR de la MOBILI-SATION fixé pour l'arrivée au lieu de destina-tion.	OBSERVA-TIONS.
			Sergent	Caporal.	Soldat.		

PERSONNEL SUPÉRIEUR.

État nominatif du personnel supérieur.

NOMS et PRÉNOMS.	GRADE.	CLASSE de MOBILI- SATION et catégo- rie de reserve. (A)	ADRESSE.		JOUR de la MOBILI- SATION fixé pour l'arrivée au lieu de des- tination	OBSERVA- TIONS.
			VILLE.	RUE ET NUMÉRO.		
						(A) Ces indi- cations seront fournies en abrégé. Ex.: 1890 Rés. 1882 A. terr. 1880 Serv. aux. 1576 R. A. terr.

PERSONNEL SECONDAIRE.

B.

État nominatif des infirmiers prélevés sur les services auxiliaires de l'armée ou la réserve de l'armée territoriale.

NOMS et PRÉNOMS.	GRADE.	CLASSE de MOBILISATION et catégorie de réserve. (A)	PROFESSION en temps de paix.	ADRESSE.		JOUR de la MOBILISATION fixé pour l'arrivée au lieu de destination.	OBSERVATIONS.
				VILLE.	RUE et numéro.		(A) Ces indications seront fournies en abrégé. Ex. : 1850 Serv. aux. 1870 R. A. Terr.

PERSONNEL SECONDAIRE.

B (suite).

État nominatif des infirmiers prélevés sur les services auxiliaires de l'armée ou la réserve de l'armée territoriale.

NOMS et PRÉNOMS.	GRADE.	CLASSE de MOBILISATION et catégorie de réserve. (A)	PROFES-SION en temps de paix.	ADRESSE.		JOUR de la MOBILISATION fixé pour l'arrivée au lieu de destination.	OBSERVA-TIONS.
				VILLE.	RUE et numéro.		(A) Ces indications seront fournies en abrégé. Ex. : 1880 Serv. aux. 1876 R. A. Terr.

MATÉRIEL CONSTITUÉ EN VUE DU FONCTIONNE

(Se reporter à la notice n° 5

NUMÉROS de la nomenclature.		DÉSIGNATION DES MATIÈRES ET OBJETS.	UNITÉ RÉGLE- MENTAIRE.	PRIX de L'UNITÉ
SOMMAIRE.	DÉTAILLÉE.			
		Instruments de chirurgie et matériel de pansement.		
1	2	Boîte n° 2. Aspirateur de Potain..............................	Nombre	37 80
2	3	— n° 3. Amputations, résections, trépanation (petite boîte) (modifiée)...	Id.	415 90
	4	Boîte n° 4. Boîte complémentaire de la boîte n° 3 (modifiée)... .	Id.	245 80
	5	Boîte n° 5. Couteaux et bistouris de rechange (modifiée)... .	Id.	96 50
	16	Boîte n° 16. Thermocautère....	Id.	87 »
	19	— n° 19. Autopsies, petite boîte. .	Id.	84 »
	26	— n° 26. Trousse d'infirmier....	Id.	15 »
4	14	Aiguille à suture, ordinaire. .	Id.	» 20
	57	Bougie en gomme. . .	Id.	1 50
	69	Canule pour lavements, en gomme.	Id.	1 »
	97	Clef de Garengeot....	Id.	13 50
	125	Davier pour extraction des dents. .	Id.	5 »
	211	Pierre à affiler pour instruments tranchants.............	Id.	15 »
	286	Seringue pour injections hypodermiques, en argent (de Pravaz), à serrage. . .	Id.	10 »
	288	Seringue en caoutchouc durci pour injections hypodermiques....	Id.	6 »
	289	Seringue en caoutchouc durci, grande, modèle n° 5......	Id.	8 »
	297	— stérilisable pour sérothérapie, avec accessoires....	Id.	10 10
	315	Sonde en caoutchouc rouge, à œil travaillé de $0^m,32$, de Nélaton. . .	Id.	1 »
4	317	Sonde en gomme. . .	Id.	1 50
	348	Thermomètre à mercure, pour les salles.....................	Id.	3 »

(A) Si les matières ou objets ne doivent pas être constitués en raison de l'affectation spéciale attribuée à

TRE IV.

MENT DE L'HÔPITAL TEMPORAIRE DU TERRITOIRE N°

annexée à l'instruction du 5 mai 1899.) (A)

NÉCES-SAIRES.	EXIS-TANTS.	MAN-QUANTS.	MODE DE CONSTITUTION DES MATIÈRES ET OBJETS.					OBSERVATIONS.
			emmagasinés dès le temps de paix par le service de santé.	mis à la disposition du service de santé dès l'ouverture de l'hôpital	à acheter au moment de la mobilisation.	à requérir au moment de la mobilisation.	à envoyer par le Ministre de la guerre à la mobilisation.	
								Nᵒˢ 6, 8, 16, 12, 14, 16, 18, 20, 22 et 24.
								1 courbe, 1 droit. Dans une boîte en fer-blanc. Avec 2 aiguilles droites et 1 courbe pour le point lacrymal, dans une boîte en gaînerie. Dans une boîte avec 3 aiguilles. Avec 2 canules. Des numéros 14, 15, 16 et 17. Nᵒˢ 6, 8, 10, 12, 14, 16, 18, 20, 22 et 24.

l'hôpital temporaire du territoire, on inscrira dans la colonne « Observations » les mots « Non prévu ».

N° 83 *bis*.

NUMÉROS de la nomenclature.		DÉSIGNATION DES MATIÈRES ET OBJETS.	UNITÉ RÉGLEMENTAIRE.	PRIX de L'UNITÉ.
SOMMAIRE.	DÉTAILLÉE.			
4	350	Thermomètre médical, ordinaire.	Nombre	1 50
	367	Tube de Faucher, sans entonnoir.	Id.	4 50
5	1	Appareil de chirurgie.	Id.	12 »
	3	— pour l'examen des urines, complet................	Id.	30 80
	17	Cuvette à pansement, en fer battu étamé, grande......	Id.	» 50
	18	— — — — petite.	Id.	» 30
	20	Irrigateur Eguisier de 1 litre.	Id.	10 »
6	10	Attelle en bois, palette palmaire.	Id.	» 20
	11	— , pour l'avant-bras.	Id.	» 10
	12	— , pour bras.	Id.	» 10
	13	— , pour cuisse, grande externe.	Id.	» 50
	14	— — — interne.	Id.	» 50
	17	— , pour la jambe, grande.	Id.	» 50
	18	— — . petite.	Id.	» 50
	28	Cerceau à fracture, grand.	Id.	1 50
	29	— , moyen.	Id.	1 30
	30	— . petit.	Id.	1 »
	34	Gouttière en fil de fer, de Bonnet, matelassée pour adulte, petite. . . .	Id.	80 »
	36	Gouttière en fil de fer, pour bras et avant-bras, côté droit.	Id.	1 50
	37	Gouttière en fil de fer, pour bras et avant-bras, côté gauche.	Id.	1 50
	48	Gouttière en fil de fer, pour cuisse et jambe, côté droit, grande.	Id.	3 »
	49	Gouttière en fil de fer pour cuisse et jambe, côté droit, petite.	Id.	2 75
	50	Gouttière en fil de fer, pour cuisse et jambe, côté gauche, grande.	Id.	3 »
	51	Gouttière en fil de fer, pour cuisse et jambe, côté gauche, petite.	Id.	2 75
	57	Gouttière en fil de fer, pour jambe.	Id.	2 »
	74	Poulie mobile pour tractions continues.	Id.	6 »
8	4	Bouilleur pour stériliser les instruments.	Id.	3 »
		Bactériologie, physique et chimie.		
11	5	Alcoomètre centésimal.	Id.	6 »
	33	Ballon non tubulé de 25 centilitres et au-dessous........	Id.	» 20
	66	Capsule en porcelaine ordinaire de 50 centilitres.	Id.	2 »

RÉCES-SAIRES.	EXIS-TANTS.	MAN-QUANTS.	MODE DE CONSTITUTION DES MATIÈRES ET OBJETS.					OBSERVATIONS.
			emmagasinés dès le temps de paix par le service de santé.	mis à la disposition du service de santé dès l'ouverture de l'hôpital	à acheter au moment de la mobilisation.	à requérir au moment de la mobilisation.	à envoyer par le Ministre de la guerre à la mobilisation.	
								Gradué au 10ᵉ de 32° à 44°, dans un étui nickelé.
								Avec un tube et une canule de rechange.

NUMÉROS de la nomenclature.		DÉSIGNATION DES MATIÈRES ET OBJETS.	UNITÉ RÉGLEMENTAIRE.	PRIX de L'UNITÉ.
SOMMAIRE.	DÉTAILLÉE.			
11	67	Capsule en porcelaine ordinaire de 25 centilitres.........	Nombre	1 50
	68	— de 12 — et au-dessous.	Id,	1 »
	176	Lampe à alcool, en cristal, moyenne...........................	Id.	1 75
	212	Pince en bois pour matras.	Id.	» 80
		Matériel de pharmacie.		
12	7	Appareil de pharmacie en hêtre.	Id.	9 »
	14	Bassine à cul-de-poule, avec couvercle, de 50 litres......	Id.	70 »
	15	— — — de 20 —	Id.	45 »
	51	Carré à étamine simple, grand.	Id.	2 80
	54	Compte-gouttes normal.	Id.	» 50
	55	Couloire en étain de 2 litres.	Id.	8 50
	59	Couteau de pharmacie.	Id.	» 90
	63	Cuiller à distribuer les tisanes, en fer battu étamé......	Id.	1 20
	66	Densimètre pèse-sirop.	Id.	2 50
	68	Entonnoir en fer battu, de 2 litres. ....▲...	Id.	2 50
	70	— en verre double, de 1 litre.	Id.	» 30
	71	— — de 50 centilitres...............	Id.	» 20
	72	— — de 25 —	Id.	» 15
	73	— — de 12 — et au-des-sous.	Id.	» 10
	74	Eprouvette à pied, en verre, avec ou sans bec, de 2 litres.	Id.	3 »
	75	Eprouvette à pied, en verre, avec ou sans bec, de 1 litre.	Id.	2 »
	76	Eprouvette à pied, en verre, avec ou sans bec, de 50 centilitres.	Id.	1 30
	77	Eprouvette à pied, en verre, avec ou sans bec, de 20 centilitres.	Id.	» 60
	143	Mortier en cristal, de 25 centilitres.	Id.	2 »
	147	— en fonte, tournée et polie, de 1 litre..............	Id.	25 »
12	155	— en porcelaine biscuitée, de 1 litre.................	Id.	6 »
	159	— — émaillée, de 1 litre...............	Id,	6 »
	160	— — — de 50 centilitres..........	Id.	4 »
	165	Pilulier de 25 canelures (ouverture de 6 millimètres)...	Id.	23 »
	167	Poêlon en cuivre de 2 litres...............................	Id.	4 »
	187	Seau gradué de 15 litres. en fer battu étamé...............	Id.	5 »
	188	Spatule en acier flexible. avec manche en bois.............	Id.	3 »
	195	— en fer, à grain et à poudre...........................	Id.	3 »

NÉCES-SAIRES.	EXIS-TANTS.	MAN-QUANTS.	MODE DE CONSTITUTION DES MATIÈRES ET OBJETS.					OBSERVATIONS.
			emmagasinés dès le temps de paix par le service de santé.	mis à la disposition du service de santé dès l'ouverture de l'hôpital	à acheter au moment de la mobilisation.	à requérir au moment de la mobilisation.	à envoyer par le Ministre de la guerre à la mobilisation.	
								Avec pilon assorti.
								Id.
								Id.
								Id.
								Id.
								En noyer avec tablette en marbre.
								Avec couvercle.

NUMÉROS. de la nomenclature.		DÉSIGNATION DES MATIÈRES ET OBJETS.	UNITÉ RÉGLEMENTAIRE.	PRIX de L'UNITÉ
SOMMAIRE.	DÉTAILLÉE.			
12	197	Spatule en fer ordinaire, de 30 centimètres...................	Nombre	1 »
	198	— — de 15 —	Id.	» 50
	199	— en os, de 16 centimètres.	Id.	» 70
	200	— — de 11 —	Id.	» 60
	220	Verre gradué, de 125 grammes........................	Id.	1 »
	221	— de 60 —	Id.	» 75

Couchage, habillement, lingerie, chaussure.

14	5	Couverture de laine grise.	Id.	15 »
	9	Drap de lit en toile...........................	Id.	7 »
	10	Enveloppe à matelas, pour lit, avec paillasse..............	Id.	3 »
	13	— pour paillasse.	Id.	4 »
	15	— pour traversin.	Id.	» 70
15	2	Bonnet de coton.	Id.	» 50
	3	Bretelles (paire de).	Id.	1 »
	4	Caleçon en cretonne de coton.	Id.	1 50
	6	Capote en drap beige pour soldat........................	Id.	20 »
	10	Chaussette de laine (paire de).	Id.	1 20
	12	Chemise de coton.	Id.	2 »
	14	Corset de force.	Id.	15 »
	15	Cravate de coton.	Id.	» 50
	20	Gilet de flanelle.	Id.	4 »
	22	Pantalon de corvée, en toile bleue ou grise.	Id.	3 »
	23	— en drap beige pour soldat.	Id.	8 »
15	25	Pantoufles (paire de) sans contrefort...............	Id.	4 »
	29	Serrau de médecin.	Id.	5 »
	30	Tablier d'infirmier.	Id.	1 40
	31	— de médecin.	Id.	2 »
	34	Veste de corvée, en toile bleue ou grise...............	Id.	3 50
16	2	Mouchoir en toile.	Id.	» 80
	5	Serviette de toile, pour la table...............	Id.	1 »
	6	— en coton, pour la toilette..............	Id.	» 50
	7	Torchon.	Id.	» 50

Matériel affecté à divers services spéciaux.

18	11	Seau d'aisance inodore en cuivre.	Id.	45 »
	14	Vase de nuit en porcelaine.	Id.	1 50
19	7	Baignoire de bras, en zinc.	Id.	8 »

NÉCES-SAIRES.	EXIS-TANTS.	MAN-QUANTS.	MODE DE CONSTITUTION DES MATIÈRES ET OBJETS.					OBSERVATIONS
			emmagasinés dès le temps de paix par le service de santé.	mis à la disposition du service de santé dès l'ouverture de l'hôpital	à acheter au moment de la mobilisation.	à requérir au moment de la mobilisation.	à envoyer par le Ministre de la guerre à la mobilisation.	
								Pour eau distillée ou pour sirop simple.
								Id.

NUMÉROS de la nomenclature.		DÉSIGNATION DES MATIÈRES ET OBJETS.	UNITÉ RÉGLE-MENTAIRE.	PRIX de L'UNITÉ.
SOMMAIRE.	DÉTAILLÉE.			
19	10	Baignoire de corps, en zinc.	Nombre	55 »
	12	— de pied, en zinc.	Id.	5 »
	14	— de siège, en zinc.	Id.	14 »
20	6	Buanderie portative pour 100 kilogr. de linge	Id.	140 »
	7	— — 50 —	Id.	60 »
	21	Lessiveuse avec foyer, pour 6 kilogr. de linge	Id.	15 »
21	1	Appareil à distribution en hêtre.	Id.	8 »
	5	Bassine à fond plat avec couvercle, en cuivre, de 30 litres.	Id.	50 »
	6	Bassine à fond plat avec couvercle, en cuivre, de 15 litres.	Id.	33 »
	7	Bassine de 9 litres, en fer battu étamé	Id.	5 »
	12	Boîte à sel, en hêtre.	Id.	» 70
	13	Bouilloire en cuivre, de 2 litres	Id.	5 »
	14	— — 1 —	Id.	3 »
	15	Cafetière à filtre, en fer-blanc, de 40 litres	Id.	35 »
	17	— — — 20 —	Id.	18 »
	18	— — — 10 —	Id.	9 »
	19	— — — 4 —	Id.	4 »
	20	— — — 2 —	Id.	2 »
21	32	Casserole en fer battu étamé. avec couvercle, de 10 litres.	Id.	6 »
	33	Casserole en fer battu étamé, avec couvercle, de 5 litres.	Id.	4 »
	35	Casserole en fer battu étamé, avec couvercle, de 3 litres.	Id.	2 »
	37	Casserole en fer battu étamé, avec couvercle, de 1 litre.	Id.	1 »
	46	Couperet, grand.	Id.	9 »
	50	Couteau de boucherie.	Id.	1 50
	51	— de cuisine à abattre, grand.	Id.	1 50
	52	— — à émincer, grand.	Id.	1 50
	53	— — — moyen.	Id.	1 »
	54	— — — petit.	Id.	» 80
	56	Crochets de boucherie à crans et à mailles	Id.	1 »
	60	Cuiller à bouillon, en fer battu, de 50 centilitres	Id.	» 75
	65	Ecumoire en fer battu étamé, grande	Id.	2 »
	66	— — petite	Id.	» 60
	68	Egouttoir pour poêlon à friture, en fer-blanc, grand	Id.	3 »
	69	— — — — moyen	Id.	2 50
	71	Feuille de boucherie.	Id.	3 »
	72	Fourchette à distribution.	Id.	2 »
	73	— de cuisine, en fer, grande	Id.	3 »
	74	— — — moyenne.	Id.	2 50

NÉCES-SAIRES.	EXIS-TANTS.	MAN-QUANTS.	MODE DE CONSTITUTION DES MATIÈRES ET OBJETS.					OBSERVATIONS.
			emmagasinés dès le temps de paix par le service de santé.	mis à la disposition du service de santé dès l'ouverture de l'hôpital	à acheter au moment de la mobilisation.	à requérir au moment de la mobilisation.	à envoyer par le Ministre de la guerre à la mobilisation.	
								Avec robinet. Id. Id.
								A 3 crans.

| NUMÉROS de la nomenclature. | | DÉSIGNATION DES MATIÈRES ET OBJETS. | UNITÉ RÉGLEMENTAIRE. | PRIX de L'UNITÉ | |
SOMMAIRE.	DÉTAILLÉE.				
21	75	Fourchette de cuisine, en fer, petite...................	Nombre	2	»
	77	Fusil de boucherie.	Id.	4	»
	78	Garde-manger en tôle galvanisée.	Id.	12	»
	79	Gril à côtelettes, grand...	Id.	4	»
	80	— moyen....	Id.	2	»
	90	Marmite ou chaudière, avec couvercle en cuivre, de 200 litres.	Id.	160	»
	91	Marmite ou chaudière, avec couvercle en cuivre, de 100 litres.	Id.	120	»
	93	Marmite ou chaudière, avec couvercle en cuivre, de 50 litres.	Id.	60	»
	94	Marmite, avec couvercle en cuivre, de 30 litres.............	Id.	40	»
	95	— — — 20 —	Id.	30	»
	100	Passoire de 3 litres, en fer battu étamé...................	Id.	1	50
	104	— en fer-blanc, petite.	Id.	»	70
	111	Poêle à frire, grande.	Id.	2	»
	112	— moyenne.	Id.	1	50
	114	Poêlon à friture, grand.	Id.	5	»
	115	— moyen.	Id.	3	50
	121	Scie de boucherie.	Id.	5	»
	124	Seau à bouillon avec couvercle, en fer battu étamé, de 15 litres.	Id.	1	50
	126	Tamis en toile métallique pour bouillon.	Id.	1	50
22	3	Brûloir à café de 4 kilogrammes...................	Id.	28	»
	4	— de 2 —	Id.	25	»
	7	Burette pour l'huile à brûler, de 2 litres...................	Id.	5	»
	22	Couteau de dépense.	Id.	10	»
	24	Entonnoir ordinaire, en fer-blanc, de 3 litres...............	Id.	1	»
	25	— — — 2 —	Id.	»	75
	26	— — — 1 —	Id.	»	50
	29	Foret de tonnelier.	Id.	1	50
	34	Moulin à café, en fonte de fer...................	Id.	20	»
	47	Robinet en cuivre, de 0.028 de diamètre...................	Id.	6	»
	48	— 0.0250 —	Id.	4	»
	49	— 0.0225 —	Id.	3	»
	50	— 0.011 —	Id.	2	»
	52	Sac à denrées de 9 kilogrammes...................	Id.	»	50
	53	— 6 —	Id.	»	40
	55	— ordinaire.	Id.	2	»
23	17	Couteau de table pour sous-officiers et soldats.............	Id.	»	50
	23	Cuiller à soupe, en fer battu étamé...................	Id.	»	15
23	27	Fourchette ordinaire, en fer battu étamé...................	Id.	»	15
24	3	Aiguille de matelassier.	Id.	»	20

NÉCES- SAIRES.	EXIS- TANTS.	MAN- QUANTS.	MODE DE CONSTITUTION DES MATIÈRES ET OBJETS.					OBSERVATIONS.
			emma- gasinés dès le temps de paix par le service de santé.	mis à la disposi- tion du service de santé dès l'ouver- ture de l'hôpital	à acheter au moment de la mobili- sation.	à requérir au moment de la mobili- sation.	à envoyer par leMinis- tre de la guerre à la mobili- sation.	
								Pour servir de presse-purée avec le pilon en frêne.
								Avec couvercle à charnière.

NUMÉROS de la nomenclature.		DÉSIGNATION DES MATIÈRES ET OBJETS.	UNITÉ RÉGLE-MENTAIRE.	PRIX de L'UNITÉ.
SOMMAIRE.	DÉTAILLÉE.			
24	23	Cardes pour la laine (paire de)..................	Nombre	5 »
	28	Cisaille de ferblantier, petite..................	Id.	3 50
	30	Ciseau à froid................................	Id.	1 50
	31	Ciseau ordinaire...............................	Id.	1 »
	76	Hachette......................................	Id.	2 50
	109	Marteau ordinaire, grand......................	Id.	2 50
	110	— petit..................	Id.	2 »
	114	Mèche anglaise de vilebrequin.................	Id.	» 30
	125	Pierre à repasser et à aiguiser................	Id.	4 »
	131	Pince plate ou ronde..........................	Id.	1 25
	145	Scie à bûches.................................	Id.	2 »
	165	Tenaille de menuisier.........................	Id.	2 »
	166	Tiers-point...................................	Id.	» 50
	171	Tournevis.....................................	Id.	» 70
	183	Vilebrequin...................................	Id.	2 50
	184	Vrille..	Id.	» 30
25	21	Pelle de terrassier...........................	Id.	2 »
	22	Pioche..	Id.	6 »

Matériel d'usage général.

NUMÉROS de la nomenclature.		DÉSIGNATION DES MATIÈRES ET OBJETS.	UNITÉ RÉGLE-MENTAIRE.	PRIX de L'UNITÉ.
28	7	Balance dite Roberval, de la portée de 5 kilogrammes...	Id.	9 »
	8	— — 2 — ...	Id.	8 »
	12	Boîte de poids de 2k,001, en cuivre............	Id.	10 »
	13	— 1k,001 —	Id.	7 »
	14	Cuiller à distribution, en fer battu étamé, de 0^l,40......	Id.	1 50
	15	— — — 0^l,25......	Id.	1 20
	16	— — — 0^l,20......	Id.	1 »
	17	— — — 0^l,125....	Id.	» 90
	18	Jauge en fer pour le vin......................	Id.	6 »
	19	Jeu de poids pour le pain.....................	Id.	2 50
	28	Mesure en fer-blanc, double litre..............	Id.	1 »
	29	— litre....................	Id.	» 80
	30	— demi-litre...............	Id.	» 60
	32	— décilitre................	Id.	» 40
	36	— pour distribuer le vin, de 25 cent.	Id.	» 40
	37	— — — 20 —	Id.	» 30
	38	— — — 15 —	Id.	» 25
	39	— — — 10 —	Id.	» 20
	40	Mètre articulé, en cuivre.....................	Id.	» 40

NÉCESSAIRES.	EXISTANTS.	MANQUANTS.	MODE DE CONSTITUTION DES MATIÈRES ET OBJETS.					OBSERVATIONS.
			emmagasinés dès le temps de paix par le service de santé.	mis à la disposition du service de santé dès l'ouverture de l'hôpital	à acheter au moment de la mobilisation.	à requérir au moment de la mobilisation.	à envoyer par le Ministre de la guerre à la mobilisation.	
								Dans un étui en fer-blanc.

NUMÉROS de la nomenclature.		DÉSIGNATION DES MATIÈRES ET OBJETS.	UNITÉ RÉGLE-MENTAIRE.	PRIX de L'UNITÉ
SOMMAIRE.	DÉTAILLÉE.			
28	55	Poids en fonte de fer, de 10 kilogrammes..................	Nombre	2 50
	56	— — 5 —	Id.	1 50
	57	— — 2 —	Id.	1 »
	58	— — 1 —	Id.	». 60
	59	— — 500 grammes.....................	Id.	» 50
29	4	Applique pour lampe-veilleuse avec réflecteur............	Id.	3 »
	8	Bougeoir en cuivre.	Id.	2 »
	21	Fourneau de cuisine (de dimensions en rapport avec les besoins).	Id.	à décompter au prix d'achat
	30	Godet de veilleuse, en verre.	Id.	» 30
	39	Lanterne-applique, avec lampe et réflecteur.............	Id.	5 »
	40	— carrée portative, avec lampe et porte-bougie.	Id.	8 »
	48	Pelle pour fourneau.	Id.	1 »
	53	Pincette pour fourneau.	Id.	1 »
	64	Réchaud ordinaire en tôle.	Id.	3 »
34	1	Armoire à double battant, en chêne, grande.............	Id.	160 »
	6	Armoire vitrée pour arsénal chirurgical (A).............	Id.	à décompter au prix d'achat
	10	Banc ordinaire, en chêne, grand......................	Id.	15 »
	17	Bureau en chêne.	Id.	100 »
	23	Chaise en frêne verni, foncée en canne ou en paille......	Id.	6 »
	29	Fauteuil-brancard, pour transport des malades...........	Id.	70 »
	33	— de bureau, en frêne verni, foncé en canne ou en paille.	Id.	15 »
	56	Table de nuit pour soldats.	Id.	25 »
	58	— ordinaire, en chêne poli, de 2 mètres..................	Id.	55 »
	59	— — — 1m,40.....................	Id.	45 »
	60	— — — 1 mètre....................	Id.	35 »

(A) Cette armoire à étagère en glace sans tain est enduite intérieurement au vermillon de Chine et que si les armoires existantes ne peuvent être appropriées à ce but par la pose d'étagères en glace

NÉCESSAIRES.	EXISTANTS.	MANQUANTS.	MODE DE CONSTITUTION DES MATIÈRES ET OBJETS.					OBSERVATIONS.
			emmagasinés dès le temps de paix par le service de santé.	mis à la disposition du service de santé dès l'ouverture de l'hôpital	à acheter au moment de la mobilisation.	à requérir au moment de la mobilisation.	à envoyer par le Ministre de la guerre à la mobilisation.	

doit renfermer en permanence un vase contenant du chlorure de sodium desséché. Elle ne sera demandée
sans tain.

NUMÉROS de la nomenclature.		DÉSIGNATION DES MATIÈRES ET OBJETS.	UNITÉ RÉGLE-MENTAIRE.	PRIX de L'UNITÉ.
SOMMAIRE.	DÉTAILLÉE.			
35	1	Boîte à tampon, avec accessoires.	Nombre	1 »
	2	Cachet de médecin-chef.	Id.	4 »
	16	Timbre humide pour dater les billets d'hôpital, avec accessoires.	Id.	8 »
38	5	Cadenas en fer, grand.	Id.	1 »
	6	— moyen.	Id.	» 80
	7	— petit.	Id.	» 50
	10	Ciseaux moyens (paire de).	Id.	1 50
	24	Numéros pour les effets des entrants, en zinc.	Id.	» 05
	34	Seau ordinaire, sans couvercle, en fer battu, de 15 litres.	Id.	2 »
	37	Tire-bouchon ordinaire.	Id.	» 60

Bibliothèque.

1° RÈGLEMENTS.

Service de santé.

48	»	Règlement du 25 novembre 1889, sur le Service de santé à l'intérieur.	Id.	5 »
	»	Règlement du 31 octobre 1892, sur le Service de santé en campagne.	Id.	2 50
	»	Instruction du 5 mai 1899, sur l'utilisation, en temps de guerre, des ressources du territoire national pour l'hospitalisation des malades et des blessés de l'armée.	Id.	»
	»	Nomenclature générale du matériel (rectifiée).	Id.	1 50
	»	Formulaire pharmaceutique.	Id.	1 50
	»	Ecole de l'infirmier militaire, Ire et IIe parties.	Id.	1 50
	»	— — — IIIe partie.	Id.	1 50
	»	Cahier des charges du 21 avril 1897.	Id.	» 60

Service général.

	»	Règlement sur le Service intérieur (Infanterie).	Id.	1 50
	»	— — des places.	Id.	» 80
	»	— — des armées en campagne.	Id.	» 80

...ÉCES-/...AIRES.	EXIS-TANTS.	MAN-QUANTS.	MODE DE CONSTITUTION DES MATIÈRES ET OBJETS.					OBSERVATIONS
			emmagasinés dès le temps de paix par le service de santé.	mis à la disposition du service de santé dès l'ouverture de l'hôpital	à acheter au moment de la mobilisation.	à requérir au moment de la mobilisation.	à envoyer par le Ministre de la guerre à la mobilisation.	
			A raison de deux par malade.					Accessoires. { 1 boîte vide. / 1 flacon d'encre. / 1 tampon. / 1 brosse. }

NUMÉROS de la nomenclature.		DÉSIGNATION DES MATIÈRES ET OBJETS.	UNITÉ RÉGLE-MENTAIRE.	PRIX de L'UNITÉ
SOMMAIRE.	DÉTAILLÉE.			
»		Règlements sur la comptabilité-matières, 9 septembre 1888 (nouvelle édition). .	Nombre	2 30
»		Instruction sur la comptabilité-matières, 23 décembre 1888 (nouvelle édition). . .		
»		Instructions sur les adjudications publiques.	Id.	» 20
»		Code de justice militaire, 9 juin 1857 (Edition mise à jour). . . .	Id.	» 60
»		Instruction sur l'alimentation en campagne	Id.	» 60

Matières premières pour confections.

54	1	Crin pur	Kilogr.	3 50
	2	Laine pure. . .	Id.	2 50

Matériel employé spécialement pour le service en campagne.

62	4	Assiette en fer battu étamé	Nombre	» 30
	6	Baril à denrées, cerclé en fer, peint à l'huile, grand	Id.	20 »
	7	— — — moyen	Id.	18 »
	8	— — — petit	Id.	16 »
	9	Bassin de lit en étain. .	Id.	8 »
	12	Bassin rectangulaire, en tôle émaillée, n° 2	Id.	5 50
	14	— — n° 4	Id.	3 50
	15	— — n° 5	Id.	3 »
	16	Bassine à distribution, en fer battu étamé	Id.	12 »
	17	— en tôle émaillée, grande. .	Id.	4 »
	19	— — petite. . .	Id.	2 50
	20	Biberon en étain. .	Id.	3 50
	33	Brancard avec bretelles. .	Id.	25 »
	35	Brassard de neutralité pour sous-officiers et soldats...	Id.	» 30
	47	Ciseaux à lampe, petits. .	Id.	1 »
	48	Couchette en fer, articulée. .	Id.	50 »
	51	Crachoir en fer battu étamé.	Id.	» 50
	54	Cuiller à bouillon, en fer battu étamé, de 2 litres	Id.	4 »
	55	— — — de 1 —	Id.	2 »
	66	Fanion de neutralité.	Id.	1 »
	67	— tricolore. . .	Id.	1 »
	»	— jaune. . . .	Id.	1 »
	99	Gamelle de 1 litre, en fer battu étamé	Id.	» 70
	101	Gobelets de 30 centilitres, en fer battu étamé	Id.	» 30

NÉCES-SAIRES.	EXIS-TANTS.	MAN-QUANTS.	MODE DE CONSTITUTION DES MATIÈRES ET OBJETS.					OBSERVATIONS.
			emmagasinés dès le temps de paix par le service de santé.	mis à la disposition du service de santé dès l'ouverture de l'hôpital	à acheter au moment de la mobilisation.	à requérir au moment de la mobilisation.	à envoyer par le Ministre de la guerre à la mobilisation.	
								Soit 3 k. 500 par matelas. Soit 9 k. 500 par matelas et 2 k. 500 par traversin.

NUMÉROS de la nomenclature.		DÉSIGNATION DES MATIERES ET OBJETS.	UNITÉ RÉGLE-MENTAIRE.	PRIX de L'UNITÉ.
SOMMAIRE.	DÉTAILLÉE.			
62	130	Pot à tisane, en fer battu étamé, de 1 litre....................	Nombre	» 70
	135	Réservoir à tisane, en fer battu étamé, de 110 litres...	Id.	45 »
	136	— — — — 90 — ...	Id.	35 »
	137	— — — — 70 — ...	Id.	30 »
	138	— — — — 50 — ...	Id.	25 »
	139	— — — — 30 — ...	Id.	20 »
	140	— — — — 20 — ...	Id.	15 »
	141	— — — — 10 — ...	Id.	10 »
	142	— — — — 5 — ...	Id.	8 »
	145	Romaine de la portée de 200 kilogrammes..................	Id.	20 »
	166	Trébuchet ordinaire à plateaux mobiles, avec série de poids de 30 grammes, divisés.............................	Id.	18 »
	168	Truelle pour plâtre, petite.	Id.	2 »
	170	Urinal en étain.	Id.	5 »
		Médicaments, réactifs et objets de pansement.		
66	2	Acide acétique cristallisable.	Kilogr.	5 »
	7	— borique cristallisé.	Id.	1 »
	13	— phénique cristallisé.	Id.	3 »
	21	— tartrique purifié.	Id.	4 »
	24	Alcool à 95 degrés.	Id.	5 »
	40	Alcoolé de cannelle.	Id.	6 »
	44	— d'extrait d'opium.	Id.	10 »
	47	— de Jalap composé (eau-de-vie allemande)........	Id.	4 20
	53	— de quinquina gris.	Id.	3 50
	61	Alumine. Alun pulvérisé.	Id.	» 40
	66	Ammoniaque. Ammoniaque liquide.	Id.	» 50
	71	Analgésine. Antipyrine.	Id.	20 »
	74	Antimoine. Emétique pulvérisé.	Id.	4 »
	75	— Kermès officinal (Cluzel).	Id.	6 »
	79	Argent. Azotate d'argent cristallisé...............	Id.	90 »
	85	Atropine. Sulfate.	Id.	450 »
	97	Bismuth. Sous-azotate.	Id.	15 »
	104	Caféine.	Id.	60 »
	106	Camphre.	Id.	5 50
	110	Caustiques à l'azotate d'argent fondu (pierre infernale).	Id.	100 »
	122	Chloral hydraté.	Id.	10 »
	123	Chloroforme anesthésique.	Id.	7 »
	125	Cocaïne. Chlorhydrate.	Id.	600 »
	131	Copahu.	Id.	5 »

NÉCES-SAIRES.	EXIS-TANTS.	MAN-QUANTS.	emmagasinés dès le temps de paix par le service de santé.	mis à la disposition du service de santé dès l'ouverture de l'hôpital	à acheter au moment de la mobilisation.	à requérir au moment de la mobilisation.	à envoyer par le Ministre de la guerre à la mobilisation.	OBSERVATIONS.
								Tablette en bois.

NUMÉROS de la nomenclature.		DÉSIGNATION DES MATIÈRES ET OBJETS.	UNITÉ RÉGLEMENTAIRE.	PRIX de L'UNITÉ
SOMMAIRE.	DÉTAILLÉE.			
66	139	Cuivre. Sulfate de cuivre. . .	Kilogr.	» 60
	147	Eau distillée. . . .	Id.	» 10
	158	Éponge fine (pour la chirurgie). .	Id.	45 »
	165	Éther sulfurique rectifié. . .	Id.	3 »
	169	Extrait de belladone. . .	Id.	20 »
	173	— d'opium. . . .	Id.	70 »
	174	— de quinquina gris. . .	Id.	12 »
	176	— de ratanhia. . .	Id.	15 »
	186	Fer. Tartrate de fer et de potasse.	Id.	5 »
	195	Glycérine officinale. . . .	Id.	1 50
	196	Glyzine. . . .	Id.	7 »
	200	Gomme du Sénégal. . .	Id.	2 50
	217	Huile de ricin. . . .	Id.	1 »
	228	Iode sublimé. . . .	Id.	40 »
	229	Iodoforme pulvérisé. . . .	Id.	45 »
	230	Ipécacuanha annelé (racine). . .	Id.	20 »
	244	Magnésie. Magnésie décarbonatée. . .	Id.	2 50
	254	Mercure. Calomel à la vapeur. .	Id.	7 »
	255	— Mercure métallique. . .	Id.	6 »
	259	— Sublimé corrosif. . . .	Id.	6 »
	263	Morphine. Chlorhydrate. . . .	Id.	250 »
	285	Pilules de quinine (chlorhydrate) à 1 décigramme	Id.	70 »
	302	Potassium. Azotate de potasse. .	Id.	» 70
	304	— Bromure de potassium. . .	Id.	6 »
	305	— Carbonate de potasse purifié. .	Id.	» 60
	306	— Chlorate de potasse. .	Id.	1 50
	308	— Iodure de potassium. . .	Id.	30 »
	309	— Permanganate de potassium. .	Id.	2 50
	326	Poudre d'ipécacuanha. . .	Id.	25 »
	335	— de quinquina gris n° 2.	Id.	1 30
	338	— de réglisse n° 1. . .	Id.	1 »
	340	— de rhubarbe. . . .	Id.	4 »
	346	Quinine. Chlorhydrate basique. . .	Id.	60 »
	358	Salol. . . .	Id.	12 »
	365	Séné. Feuilles. . . .	Id.	3 »
	367	Sinapisme liquide. . . .	Id.	10 »
	376	Sodium. Benzoate de soude. . .	Id.	8 »
	377	— Bicarbonate de soude.	Id.	» 40
	378	— Borate de soude. . .	Id.	» 60
	380	— Chlorure de sodium pur. . .	Id.	2 »
	382	— Salicylate de soude. . .	Id.	10 »
	396	Soufre sublimé. . .	Id.	» 30
	403	Tanin. . . .	Id.	6 »

NÉCES-SAIRES.	EXIS-TANTS.	MAN-QUANTS.	MODE DE CONSTITUTION DES MATIÈRES ET OBJETS.					OBSERVATIONS.
			emmagasinés dès le temps de paix par le service de santé.	mis à la disposition du service de santé dès l'ouverture de l'hôpital	à acheter au moment de la mobilisation.	à requérir au moment de la mobilisation.	à envoyer par le Ministre de la guerre à la mobilisation.	

NUMÉROS de la nomenclature.		DÉSIGNATION DES MATIÈRES ET OBJETS.	UNITÉ RÉGLEMENTAIRE.	PRIX de L'UNITÉ.
SOMMAIRE.	DÉTAILLÉE.			
66	407	Thé de Chine. . . .	Kilogr.	6 »
	413	Vaseline blanche. . . .	Id.	2 »
	423	Zinc. Chlorure de zinc fondu pur. . .	Id.	3 »
	427	— Sulfate de zinc officinal. .	Id.	1 »
67	11	Granule de digitaline amorphe à 1/2 milligramme	Nombre	» 01
68	3	Sparadrap caoutchouté mercuriel en 0^m,20	Mètre	1 50
	6	— — simple en 0^m,20. .	Id.	1 »
	10	— vésicant, sur toile cirée de 0^m,22	Id.	2 30
70	2	Bouchon de liège, grand. .	Nombre	2 80 le cent.
	3	— petit. . . .	Id.	1 » le cent.
	10	Etiquettes pour les poisons. . .	Id.	» 30 le cent.
	11	Etui en fer-blanc, pour pilules.	Id.	» 10
	12	— pour 4 mètres de sparadrap en 0^m,20. . .	Id.	» 25
	15	Fiole à médecine, verre blanc ou jaune, à ouverture étroite ou large, de 250 millilitres.	Id.	» 10
	16	Fiole à médecine, verre blanc ou jaune, à ouverture étroite ou large, de 125 millilitres.	Id.	» 08
	17	Fiole à médecine, verre blanc ou jaune, à ouverture étroite ou large, de 60 millilitres.	Id.	» 06
	18	Fiole à médecine, verre blanc ou jaune, à ouverture étroite ou large, de 30 millilitres. .	Id.	» 05
	23	Papier à filtrer ordinaire, blanc ou gris (la main)	Id.	» 60
72	76	Indigo. Carmin desséché. . .	Kilogr.	75 »
	125	Tournesol d'orcine, cristallisé. .	Id.	700 »
73	1	Agitateur en verre. . . .	Nombre	» 10
	20	Papier tournesol, bleu ou rouge (le cahier)	Id.	» 15
	26	Valet de paille tressée. .	Id.	» 50
74	1	Bandage carré. . .	Id.	» 30
	2	— de corps. . .	Id.	» 70
	3	— en T. . . .	Id.	» 45
	4	— triangulaire. . . .	Id.	» 25
	6	Bande roulée, en coton, tissu fin, bichlorurée, de 5 mètres sur 0^m,05. .	Id.	» 15
	7	Bande roulée, en coton, tissu fin, bichlorurée, de 5 mètres sur 0^m,065. .	Id.	» 15
	8	Bande roulée, en coton, tissu fin, bichlorurée, de 5 mètres sur 0^m,085. . .	Id.	» 20
	9	Bande roulée, en flanelle, de 3 mètres sur 0^m,05	Id.	» 40
	10	— — 5 — 0^m,07	Id.	» 80

NÉCES-SAIRES.	EXIS-TANTS.	MAN-QUANTS.	MODE DE CONSTITUTION DES MATIÈRES ET OBJETS.					OBSERVATIONS.
			emmagasinés dès le temps de paix par le service de santé.	mis à la disposition du service de santé dès l'ouverture de l'hôpital	à acheter au moment de la mobilisation.	à requérir au moment de la mobilisation.	à envoyer par le Ministre de la guerre à la mobilisation.	

NUMÉROS de la nomenclature.		DÉSIGNATION DES MATIÈRES ET OBJETS.	UNITÉ RÉGLEMENTAIRE.	PRIX de L'UNITÉ
SOMMAIRE.	DÉTAILLÉE.			
74	11	Bande roulée, en gaze à pansement apprêtée, de 5 mètres sur $0^m,07$. . .	Nombre	» 10
	12	Bande roulée, en gaze à pansement apprêtée, de 5 mètres sur $0^m,10$. . .	Id.	» 15
	13	Bande roulée, en gaze à pansement apprêtée, de 8 mètres sur $0^m,15$. . .	Id.	» 25
	14	Bande roulée, en gaze à pansement apprêtée, de 10 mètres sur $0^m,20$. . .	Id.	» 35
	18	Bande roulée en toile, de 3 mètres sur $0^m,05$.	Id.	» 20
	20	— — 3 — $0^m,06$.	Id.	» 20
	21	— — $4^m,50$ sur $0^m,085$.	Id.	» 30
	24	Compresses en gaze à pansement, bichlorurée, grandes (paquet de 10). . .	Id.	» 70
	26	Compresses en gaze à pansement, bichlorurée, moyennes (paquet de 10). . .	Id.	» 45
	28	Compresses en gaze à pansement, bichlorurée. petites (paquet de 10). . .	Id.	» 35
	31	Compresses en toile, grandes. . .	Id.	» 20
	32	— — moyennes. . . .	Id.	» 10
	33	— — petites.	Id,	» 05
	34	Coton cardé supérieur (paquet de 0k,500)	Id.	1 »
	38	— — en bande (paquet de 0k,200).	Id.	» 70
	39	— — en nappes (paquet de 0k,500).	Id.	1 70
	40	Coton pour rembourrage (paquet de 0k,500)	Id.	» 75
	41	— hydrophile (paquet de 0k,250). .	Id.	» 50
	45	Crins de Florence purifiés (flacon de)	Id.	1 20
	46	Drap en toile pour pansements, grand	Id.	3 »
	47	— — — petit (1/2 drap).	Id.	1 50
	48	Drap fanon, en toile, pour cuisse	Id.	» 75
	49	— — pour jambe. . .	Id.	» 40
	50	Echarpe quadrilatère, en toile. .	Id.	» 80
	51	— triangulaire, —	Id.	» 40
	52	Epingles à pansement . .	Id.	» 10 }le cent.
	54	— à sutures ordinaires. . .	Id.	» 40 }le cent.
	55	— de sûreté (boîte de 12).	Id.	» 15
	63	Fil d'argent gros (rouleau de $0^m,50$).	Id.	1 10
	64	— moyen (rouleau de $0^m,50$).	Id.	» 70
	65	— fin (rouleau de $0^m,50$). .	Id.	» 40
	70	Gaze à pansement apprêtée, en $0^m,65$ de large (paquet de 20 mètres). . .	Id.	2 40
	71	Gaze à pansement non apprêtée, enl. $0^m,70$ de large (paquet de 10 mètres). .	Id.	1 20

NÉCES- SAIRES.	EXIS- TANTS.	MAN- QUANTS.	MODE DE CONSTITUTION DES MATIÈRES ET OBJETS.					OBSERVATIONS
			emma- gasinés dès le temps de paix par le service de santé.	mis à la dis.osi- tion du service de santé dès l'ouver- ture de l'hôpital	à acheter au moment de la mobili- sation.	à requérir au moment de la mobili- sation.	à envoyer par leMinis- tre de la guerre a la mobili- sation.	

SOMMAIRE.	DÉTAILLÉE.	DÉSIGNATION DES MATIÈRES ET OBJETS.	UNITÉ RÉGLEMENTAIRE.	PRIX de L'UNITÉ
74	73	Ouate de tourbe en nappes (paquet de 0k,250)............	Nombre	» 40
	79	Soie tressée plate, pour ligatures ou pour sutures (Bobine de).	Id.	1 40
	83	Tube à drainage en caoutchouc, feuille makintosh (de 1 mètre de long).	Id.	» 80
75	3	Ruban de fil. . . .	Kilogr.	5 »
	4	Talc de Venise en poudre.	Id.	» 50
76	4	Tissu imperméable, pour alèzes, en 0m,80 de large...	Mètre.	2 50
	5	— pour pansements, en 1m,20 de large.	Id.	2 50
77	1	Brosse à antisepsie.	Nombre	» 20
	2	Compte-gouttes à tube en caoutchouc, pour instillations.	Id.	» 10
	7	Lacs en treillis avec boucle.	Id.	» 10
	12	Ruban métrique.	Id.	» 10
	13	Seringue en verre pour injections, avec étui..............	Id.	» 20
	15	Ventouse en verre.	Id.	» 20
78	1	Bandage à fracture, pour avant-bras................	Id.	2 »
	2	— pour bras.	Id.	2 »
	3	— pour cuisse.	Id.	10 »
	4	— pour jambe...................	Id.	6 »
	5	Béquille à sabot mobile, en caoutchouc................	Id.	5 »
	7	Carton (Bande de). . . .	Id.	» 10
	9	Coussin à fracture, en 1m,05 de longueur..............	Id.	» 70
	10	— — 0m,85 —	Id.	» 60
	11	— — 0m,65 —	Id.	» 50
	13	— — 0m,32 —	Id.	» 30
	15	— matelassé, pour gouttière de bras et d'avant-bras, côté droit.	Id.	1 »
	16	Coussin matelassé, pour gouttière de bras et d'avant-bras, côté gauche.	Id.	1 »
	23	Coussin matelassé, pour gouttière de cuisse et jambe, côté droit.	Id.	1 80
	24	Coussin matelassé, pour gouttière de cuisse et jambe, côté gauche.	Id.	1 80
	28	Coussin matelassé, pour gouttière de jambe..............	Id.	1 30
	29	— ordinaire, grand.	Id.	1 »
	30	— — moyen.	Id.	» 60
	31	— — petit.	Id.	» 50
	32	Plâtre à mouler (boîte en fer-blanc soudée de 5 kil.)......	Id.	3 50
83	1	Aiguilles assorties.	Id.	» 40 (le cent.
	16	Canif.	Id.	» 50

NÉCES-	EXIS-	MAN-	MODE DE CONSTITUTION DES MATIÈRES ET OBJETS.					OBSERVATIONS.
JAIRES.	TANTS.	QUANTS.	emmagasinés dès le temps de paix par le service de santé.	mis à la disposition du service de santé dès l'ouverture de l'hôpital	à acheter au moment de la mobilisation.	à requérir au moment de la mobilisation.	à envoyer par le Ministre de la guerre à la mobilisation.	

NUMEROS de la nomenclature.		DÉSIGNATION DES MATIÈRES ET OBJETS.	UNITÉ RÉGLE-MENTAIRE.	PRIX de L'UNITÉ
SOMMAIRE.	DÉTAILLÉE.			
	20	Crayon.	Nombre	» 05
	24	Encre noire (cruchon de 250 grammes).	Id.	» 30
	28	Epingles.	Id.	» 10 / le cent.
	29	Etui à aiguilles.	Id.	» 10
	34	Gomme élastique (morceau de).	Id.	» 20
	35	Grattoir.	Id.	» 50
	37	Papier à enveloppes (main).	Id.	» 50
	38	— à état, moyen format (main).	Id.	» 40
	40	— à lettres (main). . . . .'....	Id.	» 30
	42	— écolier (main).	Id.	» 20
	44	Plumes métalliques (boîte de).	Id.	1 »
	47	Porteplume.	Id.	» 05
	49	Règle.	Id.	» 05
84	1	Clous et pointes.	Kilogr.	» 30
	14	Fil à coudre, blanc, bis ou rouge.	Id.	8 »
	18	Mèche veilleuse.	Id.	8 »
	20	Porte-mèche.	Id.	20 »

ÉCLS- AIRES.	EXIS- TANTS.	MAN- QUANTS.	MODE DE CONSTITUTION DES MATIÈRES ET OBJETS.					OBSERVATIONS.
			emmagasinés dès le temps de paix par le service de santé.	mis à la disposition du service de santé dès l'ouverture de l'hôpital	à acheter au moment de la mobilisation.	à requérir au moment de la mobilisation.	à envoyer par le Ministre de la guerre à la mobilisation.	

NUMÉROS de la nomenclature des imprimés de la guerre.	DÉSIGNATION DES MATIÈRES ET OBJETS.	UNITÉ RÉGLEMENTAIRE.	PRIX de L'UNITÉ.
	Pour mémoire.		
	DOCUMENTS ET IMPRIMÉS.		
	Contrôles et effectifs.		
14	Etat d'effectif et de mutation des chevaux..................	Nombre	
74	— mensuel de mutation des officiers.....................	Id.	
	Imprimés divers.		
91	Certificat de vie.	Id.	
96	Situation numérique des officiers faisant ressortir le droit des vivres.	Id.	
97	Etat nominatif des officiers (vivres).	Id.	
	Transports.		
164 quater	Registre des expéditions mises en mouvement (Feuille de tête).	Id.	
	Fonds.		
172 bis	Compte des avances de fonds (Feuille de tête)............	Id.	
172 ter	— — — (Intercalaire).	Id.	
	Service de santé.		
	(Formules en usage à l'intérieur, employées en campagne.)		
	Personnel.		
206 J	Bulletin de mutation d'un officier........................	Id.	
	Service général.		
210	Rapport du médecin de garde.	Id.	
210 B	Situation-rapport des divisions.	Id.	
211	Rapport de l'officier d'administration de garde...........	Id.	
212	Rapport particulier.	Id.	
213 A	Registre du vaguemestre.	Id.	
»	Feuille à température.	Id.	
	Contrôles effectifs, comptabilité en journées.		
221 A	Situation journalière des malades.	Id.	
221 B	— mensuelle des malades.	Id.	
221 C	Registre des militaires non catholiques.	Id.	

NÉCES-SAIRES.	EXIS-TANTS.	MAN-QUANTS.	MODE DE CONSTITUTION DES MATIÈRES ET OBJETS.					OBSERVATIONS.
			emma-gasinés dès le temps de paix par le service de santé.	mis à la disposition du service de santé dès l'ouverture de l'hôpital	à acheter au moment de la mobili-sation.	à requérir au moment de la mobili-sation.	à envoyer par le Ministre de la guerre à la mobili-sation.	

N° 83 *bis*

6

NUMÉROS de la nomenclature des imprimés de la guerre.	DÉSIGNATION DES MATIÈRES ET OBJETS.	UNITÉ RÉGLEMENTAIRE.	PRIX de L'UNITÉ
221 D	Billet d'hôpital.	Nombre	
221 E	— d'admission d'urgence.	Id.	
223	— d'admission ou de sortie.	Id.	
225 A	Etat nominatif des sortants.	Id.	
225 F	Déclaration de décès.	Id.	
225 G	Registre de décès..	Id.	
225 H	Extrait du registre de décès.	Id.	
225 J	Feuille d'évacuation.	Id.	
225 JJ	— (Intercalaire).	Id.	
225 K	Registre des entrées des malades.	Id.	
225 L	— de l'effectif des malades.	Id.	
226 A	Compte trimestriel en journées.	Id.	
226 B	— annuel en journées.	Id.	
227 B	Registre contrôle du personnel.	Id.	

Dépôts et successions.

230 A	Inventaire des effets et valeurs des militaires décédés au corps..	Id.	
230 B	Registre à souche des dépôts et valeurs........................	Id.	
230 C	— des effets et armes déposés.	Id.	
230 F	Récépissé des mandats ou bons de poste........................	Id.	
230 I	Etat des effets faisant partie de la succession.............	Id.	
230 L	Procès-verbal de vente.	Id.	
230 M	Compte annuel de destination (Feuille de tête).............	Id.	
230 MM	— — — (Intercalaire).	Id.	

Comptabilité en consommation.

231 B	Bon d'aliments ou de médicaments.	Id.	
231 C	Cahier de visite (Feuille de tête)................................	Id.	
231 CC	— (Intercalaire).	Id.	
231 D	Relevé particulier des aliments.	Id.	
231 E	— général quotidien.	Id.	
231 F	Minute du relevé particulier.	Id.	
231 J	Carnet à souche des bons délivrés.	Id.	
231 L	Livret mensuel des entrées et sorties.	Id.	

Comptabilité en deniers.

232 B	Livret de blanchissage.	Id.	
232 C	Relevé du linge et des effets lbanchis...........................	Id.	
232 D	Livret des réparations des meubles.	Id.	
232 E	Extrait du livret des réparations.	Id.	

NÉCES-SAIRES.	EXIS-TANTS.	MAN-QUANTS.	MODE DE CONSTITUTION DES MATIÈRES ET OBJETS.					OBSERVATIONS.
			emmagasinés dès le temps de paix par le service de santé.	mis à la disposition du service de santé dès l'ouverture de l'hôpital	à acheter au moment de la mobilisation.	à requérir au moment de la mobilisation.	à envoyer par le Ministre de la guerre a la mobilisation.	

NUMÉROS de la nomenclature des imprimés de la guerre.	DÉSIGNATION DES MATIÈRES ET OBJETS.	UNITÉ RÉGLEMENTAIRE.	PRIX de L'UNITÉ
232 F	Livret des réparations du linge.	Nombre	
232 G	Extrait du livre des réparations de linge.....................	Id.	
232 H	Demande d'avance de fonds.	Id.	
232 I	Etat détaillé des télégrammes.	Id.	
232 J	— d'émargement.	Id.	
232 K	Registre-journal des recettes et dépenses.....................	Id.	
232 L	Compté trimestriel en deniers et en consommation......	Id.	
232 M	Bordereau trimestriel des mandats directs (Feuille de tête).	Id.	
232 MM	Bordereau trimestriel des mandats directs (Intercalaire).	Id.	
232 P	Bordereau des pièces et quittances remises au payeur.	Id.	
233	Carnet à souche des reçus délivrés.	Id.	
234 A	Relevé trimestriel décompté des bains, repas, etc.........	Id.	
234 B	Extrait du registre-contrôle.	Id.	

Matériel.

239	Demande de matériel.	Id.	
240 A	Carnet inventaire permanent (Feuille de tête)...........	Id.	
240 B	— — — (Intercalaire).	Id.	
244	Procès-verbal de recensement.	Id.	

Statistique médicale.

263 C	Registre de statistique médicale.	Id.	

Comptabilité-matières.

362	Facture d'achat à talon.	Id.	
362 bis	— — (copie).	Id.	
363	Bordereau des achats sur place.	Id.	
363 bis	— — — (copie).	Id.	
364	Certificats administratifs (entrées).	Id.	
365	Facture d'expédition (entrées).	Id.	
367	Certificat administratif (déclassement) (entrées).	Id.	
368	Procès-verbal de mutation des comptables..................	Id.	
369	Facture de livraison (sorties).	Id.	
370	Extrait de procès-verbal de sortie...........................	Id.	
371	Certificat administratif (sorties).	Id.	
373	— (déclassement) (sorties).	Id.	
373 B	Etat des sommes imputées.	Id.	
		Id.	

NÉCES-SAIRES.	EXIS-TANTS.	MAN-QUANTS.	MODE DE CONSTITUTION DES MATIÈRES ET OBJETS.					OBSERVATIONS.
			emmagasinés dès le temps de paix par le service de santé.	mis à la disposition du service de santé dès l'ouverture de l'hôpital	à acheter au moment de la mobilisation.	à requérir au moment de la mobilisation.	à envoyer par le Ministre de la guerre à la mobilisation.	

CHAPITRE IV *bis*.

RENSEIGNEMENTS RELATIFS AUX OBJETS DONT LA CONSTITUTION
EST PRÉVUE AU CHAPITRE IV QUI PRÉCÈDE (1).

A

*Objets mis à la disposition du service de santé dès l'ouverture
de l'hôpital temporaire du territoire.*

DÉSIGNA-TION des OBJETS (2).	QUANTITÉS (2).	LIEU OÙ ILS SE TROUVENT.		DÉSIGNATION ET RÉSIDENCE DE L'AUTORITÉ (représentant de l'Etat, du département ou de la commune) ou de la personne qui a mis les objets à la disposition du service de santé.			JOUR de la MOBILISATION à partir duquel les objets sont mis à la disposition du service de santé.	OBSERVATIONS.
		Ville.	Rue et numéro.	Désignation. (Indiquer la fonction pour les autorités; les nom et prénoms pour les particuliers).	Ville.	Rue et numéro.		

(1) L'emploi des feuilles intercalaires est autorisé pour ce chapitre IV *bis*, dont l'étendue ne peut être arrêtée d'avance.

(2) Les objets réunis dans le même local sont désignés autant que possible par catégories et en employant les formules générales adoptées à la notice n° 5. Ex. : Instruments de chirurgie. En ce cas, le chiffre inscrit à la 2ª colonne « Quantités », représentera le nombre total des objets compris dans chaque catégorie.

CHAPITRE IV *bis (suite)*.

B

Objets à acheter au moment de la mobilisation.

DÉSIGNA- TION DES OBJETS.	QUANTITÉS.	PRIX ACCEPTÉ par le fournisseur.	LIEU où se trouvent LES OBJETS.		NOM ET ADRESSE DE LA PERSONNE QUI LES VEND.			JOUR de la MOBILI-SATION fixé pour l'ouver-ture de l'hôpital	OBSERVATIONS.
			Ville.	Rue et numéro.	Nom et prénoms.	Ville.	Rue et numéro.		

B (*suite*).

Objets à acheter au moment de la mobilisation.

DÉSIGNATION DES OBJETS.	QUANTITÉS.	PRIX ACCEPTÉ par le fournisseur.	LIEU où se trouvent LES OBJETS.		NOM ET ADRESSE DE LA PERSONNE QUI LES VEND.			JOUR de la MOBILISATION fixé pour l'ouverture de l'hôpital	OBSERVATIONS.
			Ville.	Rue et numéro.	Nom et prénoms.	Ville.	Rue et numéro.		

CHAPITRE IV *bis (suite)*.

C

Objets à requérir au moment de la mobilisation.

DÉSIGNATION DES OBJETS.	QUANTITÉS.	LIEU où se trouvent les objets.		NOM ET ADRESSE DE LA PERSONNE QUI LES DÉTIENT.			JOUR de la MOBILISATION fixé pour l'ouverture de l'hôpital	OBSERVATIONS.
		Ville.	Rue et numéro.	Nom et prénoms.	Ville.	Rue et numéro.		

C (*suite*).

Objets à requérir au moment de la mobilisation.

DÉSIGNA-TION DES OBJETS.	QUANTITÉS.	LIEU où se trouvent LES OBJETS.		NOM ET ADRESSE DE LA PERSONNE QUI LES DÉTIENT.			JOUR de la MOBILI-SATION fixé pour l'ouver-ture de l'hôpital	OBSERVATIONS.
		Ville.	Rue et numéro.	Nom et prénoms.	Adresse.			
					Ville.	Rue et numéro.		

CHAPITRE V.

MARCHÉS CONDITIONNELS CONCLUS EN VUE DU FONCTIONNEMENT
DE L'HÔPITAL TEMPORAIRE DU TERRITOIRE N°   .

OBJET DU MARCHÉ.	PRIX du MARCHÉ.	DÉSIGNATION ET ADRESSE DE LA PERSONNE avec qui le marché a été conclu.			JOUR de la MOBILISATION fixé pour la livraison des objets ou l'exécution du service.	OBSERVATIONS.
		Nom et prénoms	Ville.	Rue et numéro.		

CHAPITRE VI.

FONDS A REMETTRE AU MOMENT DE LA MOBILISATION, A TITRE DE PREMIÈRE AVANCE, AU PREMIER OFFICIER D'ADMINISTRATION DE L'HÔPITAL TEMPORAIRE DU TERRITOIRE N° (a).

(Art. 76 et 78 de l'Instruction du 5 mai 1899.)

MONTANT de la première avance DE FONDS calculée à raison de 10 fr. par lit d'hôpital.	LOCALITÉ où est établi L'HOPITAL TEMPORAIRE du territoire.	RÉSIDENCE ET ADRESSE DU PAYEUR qui aura à remettre les fonds à l'officier d'administration.	OBSERVATIONS.
			(a) Ce chapitre est rempli par le directeur du service de santé de la région de corps d'armée.

CHAPITRE VII.

MOUVEMENTS A EXÉCUTER POUR RÉUNIR LE MATÉRIEL DANS LES LOCAUX DE L'HÔPITAL TEMPORAIRE DU TERRITOIRE N° .

Les prévisions de ce chapitre ne s'appliquent qu'au matériel qui, en raison de son poids, de ses dimensions ou de l'éloignement du magasin où il a été déposé, doit être transporté par voitures attelées (ou à traction mécanique). Le transport des autres objets sera assuré par les infirmiers de l'hôpital, qui se serviront, au besoin, de voitures à bras.

DÉSIGNATION DU MATÉRIEL. Le désigner autant que possible par catégories, en employant les formules générales adoptées a la notice n° 5. Ex. : Instruments de chirurgie. Indiquer le nombre de caisses s'il y a lieu.	LIEU OÙ IL EST DÉPOSÉ.		CUBE ET POIDS du matériel.		DISTANCE A PARCOURIR.	NOMBRE DE VOITURES nécessaires (a).	DÉSIGNATION et ADRESSE DE LA PERSONNE qui fournit les voitures avec les chevaux nécessaires soit par location, soit par requisition (b).			JOUR DE LA MOBILISATION fixé pour le transport.
	Ville.	Rue et numéro.	Cube.	Poids.			Nom et prénoms.	Adresse.		
								Ville.	Rue et numéro.	

(a) La même voiture pouvant être utilisée pour le transport d'objets appartenant à des catégories différentes ou situées en des endroits plus ou moins éloignés les uns des autres, on inscrira dans cette colonne les mots « la même » chaque fois qu'il ne sera pas nécessaire de prévoir l'emploi d'une autre voiture.

(b) S'assurer que ces voitures ne sont pas retenues pour d'autres services de l'armée à la mobilisation.

CHAPITRE VIII.

RENSEIGNEMENTS SUR LES PRINCIPALES RESSOURCES D'ALIMENTA-
TION ET DE CHAUFFAGE QUE POSSÈDE LA VILLE OU DOIT ÊTRE
ÉTABLI L'HÔPITAL TEMPORAIRE DU TERRITOIRE N°

DÉSIGNATION DES DENRÉES.	UNITÉ de VENTE.	PRIX MOYEN.	ADRESSE DES FOURNISSEURS. (Indication des marchés publics.)	OBSERVATIONS.
Pain	Kilogr.			
Viande de boucherie. { Bœuf	Id.			
Veau	Id.			
Mouton	Id.			
Charcuterie. { Porc frais	Id.			
Saindoux	Id.			
Poulet	Id.			
Œufs	Nombre.			
Lait	Litre.			
Beurre	Kilogr.			
Fromages	Id.			
Poisson		Au mieux.		
Légumes. { Haricots	Id.			
Lentilles	Id.			
Pois	Id.			
Légumes frais (y compris les légumes fins). { Pommes de terre, choux, carottes, navets, haricots verts, etc.		Au mieux.		
Café, sucre, chocolat, confitures, biscuits, riz, pâtes féculentes, sel et autres articles d'épicerie		Au mieux.		
Conserves alimentaires		Au mieux.		
Vin	Litre.			
Cidre	Id.			
Bière	Id.			
Combustibles. { Charbon de terre	Kilogr.			
Coke	Id.			
Bois	Id.			

CHAPITRE IX.

MESURES ARRÊTÉES EN VUE DU TRANSPORT DES MALADES ET DES BLESSÉS DEPUIS LA GARE LA PLUS VOISINE JUSQU'A L'HOPITAL TEMPORAIRE DU TERRITOIRE Nº   .

DÉSIGNATION DE LA GARE la plus voisine.	DISTANCE DE LA GARE jusqu'à l'hôpital temporaire du territoire.	MESURES ARRÊTÉES POUR LE TRANSPORT DES MALADES OU DES BLESSÉS. (Le transport a lieu, en principe, par voitures attelées, conformément aux indications de l'article 39 de l'instruction du 5 mai 1899. Il pourrait s'effectuer sur brancards roulants ou sur brancards portés par des hommes, au cas où l'hôpital serait très rapproché de la gare.)

CHAPITRE X.

OUVERTURE DE L'HOPITAL TEMPORAIRE DU TERRITOIRE N°.....

La date d'ouverture a été fixée au..... jour de la mobilisation.

Les travaux d'adaptation doivent commencer le..... (1) jour de la mobilisation.

1ᵉʳ JOUR DE LA MOBILISATION (2). Ce 1ᵉʳ jour est désigné par le jour de la semaine et le quantième du mois dans le télégramme annonçant la déclaration de guerre.)

Le directeur du service de santé du corps d'armée adresse aux destinataires les lettres préparées, dès le temps de paix, par application de l'article 75 de l'instruction du 5 mai 1899.

Il demande au général commandant la région de corps d'armée les carnets d'ordre de réquisition et le carnet de reçus dont le médecin-chef de l'hôpital temporaire du territoire doit être pourvu.

ᵉ JOUR DE LA MOBILISATION. (Ce jour précède de deux jours pleins celui fixé pour le commencement des travaux d'adaptation qu'il y aurait lieu d'exécuter; il précède, dans tous les cas, de sept jours pleins celui fixé pour l'ouverture de l'hôpital.)

Le directeur du service de santé de la région du corps d'armée reçoit le médecin-chef et l'officier d'administration gestionnaire de l'hôpital temporaire du territoire.

Il leur donne ses instructions. Il remet au médecin-chef les carnets visés ci-dessus ainsi que le reçu délivré par l'autorité qui détient l'expédition du journal de mobilisation qui lui est destiné. (Cette expédition du journal de mobilisation est remise directement au médecin-chef par le directeur du service de santé si l'hôpital temporaire du territoire est établi dans une ville dépourvue de garnison.)

---

(1) Cette date est toujours arrêtée dès le temps de paix.
Si la date d'ouverture de l'hôpital temporaire du territoire reste indéterminée en temps de paix, le commencement des travaux d'adaptation sera fixé « x jours avant le jour d'ouverture de l'hôpital ».
Les travaux d'adaptation ne doivent commencer qu'après la rédaction du procès-verbal d'inventaire prévu à l'article 79 de l'instruction du 5 mai 1899.
Les indications relatives à l'exécution de ces travaux seront inscrites dans les lignes laissées en blanc dans le corps du présent chapitre.
(2) Si la date d'ouverture de l'hôpital n'a pas été déterminée en temps de paix, le premier jour de la mobilisation sera celui qui suivra la réception de l'ordre d'ouverture.
D'autre part, cet ordre d'ouverture devra comporter, autant que possible, le délai nécessaire pour que la convocation du personnel et l'exécution des mesures préparatoires puissent avoir lieu conformément aux dispositions arrêtées par ce chapitre.

Le directeur du service de santé avise l'officier d'administration gestionnaire qu'une somme de...... sera mise à sa disposition à titre de première avance de fonds, et il procède immédiatement à l'émission d'un mandat de paiement au profit de ce gestionnaire.

  ᵉ JOUR DE LA MOBILISATION. (Doit précéder d'un jour plein celui fixé pour le commencement des travaux d'adaptation qu'il y aurait lieu d'exécuter; dans tous les cas, il précède de cinq jours pleins celui fixé pour l'ouverture de l'hôpital.)

Le médecin-chef et l'officier d'administration gestionnaire de l'hôpital, étant arrivés au lieu de destination, entrent en relations avec le commandant d'armes et le maire de la ville ainsi qu'avec le directeur ou le propriétaire (ou le locataire) de l'établissement réservé pour l'installation de l'hôpital temporaire du territoire.

Ils fixent, de concert soit avec le maire de la ville ou son délégué (cas où l'établissement appartient à un particulier ou à la commune), soit avec le directeur de l'établissement (cas où l'établissement appartient à l'État ou au département ou est affecté à un de leurs services), une heure de réunion en vue de la rédaction d'un procès verbal portant indication de l'état des locaux et estimation contradictoire des objets mis à la disposition du service de santé de l'armée.

Si un entrepreneur s'est chargé d'exécuter les travaux d'adaptation dans l'établissement, le médecin-chef et l'officier d'administration gestionnaire entrent également en relations avec lui.

  ᵉ JOUR DE LA MOBILISATION. (Ce jour est celui qui précède le jour fixé pour le commencement des travaux d'adaptation qu'il y aurait lieu d'exécuter; dans tous les cas, il précède de quatre jours pleins celui fixé pour l'ouverture de l'hôpital.)

L'officier d'administration gestionnaire établit en trois expéditions le procès-verbal d'inventaire visé ci-dessus. Ces expéditions reçoivent la destination prévue par l'article 79 de l'instruction du 5 mai 1899.

Le médecin-chef fixe une heure de réunion, pour la matinée du lendemain, du personnel supérieur et du personnel secondaire de l'hôpital temporaire du territoire. Il fait apposer chez le concierge de l'établissement et, à défaut de concierge, sur la porte de l'établissement réservé pour l'installation dudit hôpital, une affiche indiquant cette heure de réunion ainsi que son adresse en ville et celle de l'officier d'administration gestionnaire. Il communique les renseignements portés sur cette affiche au commandant d'armes de la place.

  ᵉ JOUR DE LA MOBILISATION. (Ce jour doit précéder de trois jours pleins celui fixé pour l'ouverture de l'hôpital.)

Travaux d'adaptation. (Se reporter au chap. II du Journal de mobilisation.)

Leur exécution a lieu sous la surveillance du médecin-chef et de l'officier d'administration gestionnaire.

Réunion dans la matinée du personnel supérieur et du personnel secondaire de l'hôpital temporaire du territoire.

Chacun des officiers (médecins, pharmaciens, officiers d'administration) composant le personnel supérieur de l'hôpital temporaire du territoire entre en relations avec les sous-officiers et infirmiers appelés à servir sous ses ordres et assume la charge de les initier, en détail, aux obligations spéciales qui vont leur incomber. C'est ainsi que les médecins doivent compléter l'instruction technique des infirmiers attachés aux salles de malades ou à la salle d'opérations et les exercer à la tenue des cahiers de visite ainsi qu'à l'établissement des relevés d'aliments ou de médicaments.

D'autre part, il appartient aux comptables de donner à leurs employés des instructions précises sur le fonctionnement du bureau des entrées et des services de la dépense ou du matériel, ainsi que sur la tenue des registres et l'établissement des diverses pièces de comptabilité prévues par les règlements en vigueur.

Des heures de réunion, en vue de l'instruction pratique de chaque groupe de personnel, sont fixées par le médecin-chef, tant pour ce jour que pour les jours suivants,

L'officier d'administration gestionnaire se préoccupe des mesures à prendre pour assurer l'approvisionnement régulier de l'hôpital en denrées alimentaires et en objets combustibles.

En principe, la livraison du pain, de la viande de boucherie, du lait, du saindoux, du beurre, des œufs, des pommes de terre, des légumes secs, des articles d'épicerie, tels que café, sucre, chocolat, confitures, biscuits, sel, etc..., du vin et des objets combustibles donne lieu à la passation de marchés de gré à gré avec des fournisseurs de la ville.

L'officier d'administration gestionnaire provoque les offres de ces fournisseurs.

La volaille, le poisson et les légumes frais seront généralement achetés sur place, au fur et à mesure des besoins.

L'officier d'administration gestionnaire désigne le militaire qui sera chargé, une fois l'hôpital ouvert, d'effectuer ces achats : ce militaire se met au courant, sans retard, des ressources d'alimentation de la ville.

ᵉ JOUR DE LA MOBILISATION. (Ce jour doit précéder de deux jours pleins celui fixé pour l'ouverture de l'hôpital.)

Travaux d'adaptation?

Réunion des conférences d'instruction.

L'officier d'administration gestionnaire procède soit par

lui-même, soit par les officiers d'administration sous ses ordres, aux achats et aux réquisitions prévues au jour de mobilisation de l'hôpital.

Les objets à acheter sur place ne doivent pas être payés à un prix supérieur à celui convenu dès le temps de paix ; en cas de désaccord au point de vue du paiement avec les fournisseurs, les objets seront pris par réquisition.

Le transport des objets est assuré soit par les fournisseurs eux-mêmes, soit par les infirmiers de l'hôpital, sous réserve des prévisions arrêtées au chapitre VII du journal de mobilisation.

L'officier d'administration gestionnaire s'assure que les attelages nécessaires pour l'exécution des mouvements prévus à ce chapitre pourront être loués ou réquisitionnés en temps voulu.

L'officier d'administration gestionnaire se met, d'autre part, en relations avec les signataires des marchés conditionnels conclus en vue du fonctionnement de l'hôpital et s'assure que les engagements contractés par ces personnes pourront être tenus.

Le médecin-chef s'assure, de son côté, qu'il pourra être pourvu au transport des malades et des blessés depuis la gare la plus voisine jusqu'à l'hôpital, conformément aux dispositions arrêtées au chapitre IX du journal de mobilisation. S'il survient des difficultés imprévues, le médecin-chef et l'officier d'administration gestionnaire y remédient, autant que possible, par l'emploi du droit de réquisition ; au besoin, le médecin-chef fait appel au concours de l'autorité militaire locale ou il en réfère télégraphiquement au directeur du service de santé du corps d'armée.

^e JOUR DE LA MOBILISATION. (Ce jour doit précéder de un jour plein celui fixé pour l'ouverture de l'hôpital.)

Travaux d'adaptation?

Nettoyage et désinfection des divers locaux sous la direction du médecin-chef et de l'officier d'administration gestionnaire. (Le détail de ces opérations (1), qui varieront suivant chaque établissement, doit être indiqué ci-dessous.)

---

(1) Ces opérations de nettoyage et de désinfection seront commencées un ou deux jours plus tôt, si l'exécution des travaux d'adaptation n'y met pas d'obstacle.

Continuation des achats et réquisitions prévus au chapitre IV du journal de mobilisation.

Réunion des conférences d'instruction.

ᵉ JOUR DE LA MOBILISATION. (Précède immédiatement celui fixé pour l'ouverture de l'hôpital.)

Travaux d'adaptation?

Continuation, s'il y a lieu, des opérations de nettoyage et de désinfection des locaux.

Terminaison, s'il y a lieu, des achats et réquisitions prévus au chapitre IV du journal de mobilisation.

Exécution des mouvements de matériel prévus au chapitre VII du journal de mobilisation.

Mise en place de tout le matériel.

Réception, s'il y a lieu, des effets d'habillement.

Réception des médicaments, s'ils sont constitués par marché conditionnel, du moins des médicaments usuels ou d'urgence.

Les médecins ou pharmaciens auxiliaires, les infirmiers et le concierge de l'hôpital temporaire du territoire occupent le logement qui leur a été attribué.

Une liste complète des médecins, pharmaciens et officiers d'administration de l'hôpital temporaire du territoire, avec l'adresse de chacun d'eux, est affichée dans le bureau du médecin-chef et de l'officier gestionnaire, ainsi que dans le logement du concierge.

Une consigne indiquant les mesures à prendre en cas d'incendie à l'hôpital est également affichée chez le concierge.

Le médecin-chef rend compte au directeur du service de santé de la région de corps d'armée de l'état de préparation de l'hôpital temporaire du territoire.

Inscription des décisions ou instructions relatives à l'organisation de l'hôpital.

AUTORITÉ de laquelle émane LA DÉCISION ou l'instruction.	DATE du DOCUMENT.	OBJET DE LA DÉCISION OU DE L'INSTRUCTION.	INDICATION de la PLACE DONNÉE au document dans les archives.	OBSERVATIONS.

État énumératif des pièces annexées au journal.

(Art. 41 de l'instruction du 5 mai 1899.)

DATE à laquelle LA PIÈCE a été établie.	OBJET VISÉ DANS LA PIÈCE.	DÉSIGNATION DU SIGNATAIRE de la pièce.	INDICATION s'il y a lieu de la DATE d'annulation de la pièce (a).	OBSERVATIONS.
				(a) Les pièces annulées sont enlevées du journal de mobilisation.

(Laisser le feuillet suivant en blanc.)

État énumératif des pièces annexées au journal (Suite).

(Art. 41 de l'instruction du 5 mai 1899.)

DATE à laquelle LA PIÈCE a été établie.	OBJET VISÉ DANS LA PIÈCE.	DÉSIGNA-TION DU SIGNA-TAIRE de la pièce.	INDICATION s'il y a lieu de la DATE d'annulation de la pièce (a).	OBSERVA-TIONS.
				(a) Les pièces annulées sont enlevées du journal de mobilisation.

POCHE

POUR LES PIÈCES ANNEXÉES AU JOURNAL DE MOBILISATION.

Les médecins militaires chargés successivement de la tenue du présent Journal de mobilisation apposent leur signature dans cette colonne.	Les directeurs du service de santé apposent successivement leur signature et leur cachet dans cette colonne.
Hôpital temporaire du territoire n° . A , le 19 . *Le Médecin*	**Hôpital temporaire du territoire** n° . A , le 19 . *Le Directeur du service de santé,*
Hôpital temporaire du territoire n° . A , le 19 . *Le Médecin*	**Hôpital temporaire du territoire** n° . A , le 19 . *Le Directeur du service de santé,*
Hôpital temporaire du territoire n° . A , le 19 . *Le Médecin*	**Hôpital temporaire du territoire** n° . A , le 19 . *Le Directeur du service de santé,*
Hôpital temporaire du territoire n° . A , le 19 . *Le Médecin*	**Hôpital temporaire du territoire** n° . A , le 19 . *Le Directeur du service de santé,*
Hôpital temporaire du territoire n° . A , le 19 . *Le Médecin*	**Hôpital temporaire du territoire** n° . A , le 19 . *Le Directeur du service de santé,*
Hôpital temporaire du territoire n° . A , le 19 . *Le Médecin*	**Hôpital temporaire du territoire** n° . A , le 19 . *Le Directeur du service de santé,*

NOTICE N° 7.

Art. 49 de l'Instruction
du 5 mai 1899.

LOCAUX

des hôpitaux temporaires du territoire (hôpitaux auxiliaires) gérés par les Sociétés d'assistance aux malades et blessés des armées de terre et de mer.

NATURE DES LOCAUX.	NOMBRE MINIMUM DES PIÈCES NÉCESSAIRES.		OBSERVATIONS.
	Hôpitaux contenant de 20 à 49 lits.	Hôpitaux contenant 50 lits ou plus.	
1° Local pour le concierge....	1 (*a*)	1 (*a*)	
2° Chambre de garde des médecins....................	»	1 (*b*)	
3° Local pour l'infirmier (ou infirmière) major de garde.	1	1	
4° Cabinet pour le médecin-chef......................	1 (*a*)	1 (*a*)	
5° Bureau pour le 1er comptable......................	1	1	
6° Bureau des entrées........	1	1	
7° Vestiaire pour les entrants.	1	1	
8° Magasin pour les effets des malades................	1	1	
9° Salles communes de malades ou de blessés........	Variable (*c*).	Variable (*c*).	
10° Salles ou cabinets d'isolement pour les contagieux.	1	1 par 50 lits.	
11° Salles d'officiers..........	»	1 à 4 (*a*)	
12° Salles de sous-officiers.....	1 (*a*)	1 à 4 (*a*)	
13° Réfectoire à l'usage des malades....................	Variable (*a*).	Variable (*a*).	
14° Salle d'opérations et de pansements	1 (*d*).	1 (*d*)	
15° Pharmacie-tisanerie........	1	1 à 3	

(*a*) Autant que possible.

(*b*) Excepté dans les hôpitaux de convalescents.

(*c*) Accorder 40 mètres cubes d'air par lit, séparer les malades des blessés.

(*d*) N'est pas à prévoir dans les hôpitaux destinés exclusivement aux malades, y compris les contagieux, ou aux convalescents.

NATURE DES LOCAUX.	NOMBRE MINIMUM DES PIÈCES NÉCESSAIRES.		OBSERVATIONS.
	Hôpitaux contenant de 20 à 49 lits.	Hôpitaux contenant 50 lits ou plus.	
16° Salle de bains.............	1 (e)	1 à 4 (e)	
17° Dépense (locaux pour la boucherie et les approvisionnements de denrées).	1 (f)	2 (f)	
18° Magasin de combustible ou bûcher.................	1	1	
19° Cuisine.................	1	1 à 4 (g)	
20° Lingerie.	1	1 à 4 (h)	
21° Magasin pour le linge sale.	1	1	
22° Locaux pour la désinfection.	3 (i).	3 (i)	
23° Buanderie avec séchoirs ...	Variable (j).	Variable (j).	
24° Casernement pour les infirmiers	Variable (k).	Variable (k).	
25° Réfectoire pour les infirmiers..................	Variable (l).	Variable (l).	
26° Greniers et caves..........	Variable.	Variable.	
27° Latrines et urinoirs........	Variable(m).	Variable(m).	

(e) Séparer, autant que possible, les salles des officiers de celles de la troupe.

(f) Pièces séparées, autant que possible, pour : 1° la boucherie ; 2° les approvisionnements de denrées.

(g) Pièces séparées, autant possible, pour un lavoir, un bûcher et une office.

(h) Pièces séparées, autant que possible, pour la conservation des effets en laine, le pliage et la conservation du linge, l'atelier de réparations.

(i) Les pièces sont affectées : une pour le dépôt du linge à désinfecter; une pour l'opération de la désinfection ; une pour le séchage du linge désinfecté.
Si la désinfection a lieu en dehors de l'hôpital, il suffit de prévoir dans l'établissement le premier des locaux visés ci-dessus.

(j) Ces locaux ne sont pas à prévoir si le blanchissage a lieu en dehors de l'hôpital.

(k) Accorder 12 mètres cubes d'air au minimum à chaque infirmier; le casernement des infirmiers est établi, au besoin, en dehors de l'établissement réservé pour l'installation de l'hôpital.

(l) Autant que possible.

(m) Utiliser, autant que possible, les latrines existantes en les modifiant, s'il y a lieu.
Si elles sont à créer, les établir de préférence en dehors et à proximité des bâtiments habités en les reliant à ces bâtiments par un passage couvert.
Les latrines doivent posséder, dans tous les cas, un ou plusieurs sièges pour la défécation dans la position assise.

NOTA. — Les diverses pièces visées dans cette notice doivent avoir des dimensions en rapport avec les besoins du service auquel elles sont affectées.
Les mots « autant que possible » portés en notes signifient que les pièces auxquelles ils s'appliquent doivent toujours être utilisées, si elles existent, conformément aux indications de la notice; mais il n'y aura lieu de créer ces pièces qu'autant qu'elles pourront l'être rapidement et à peu de frais.

NOTICE N° 8

Etat numérique du personnel affecté aux hôpitaux temporai[res]
d'assistance aux malades et blessés

DÉSIGNATION des CATÉGORIES DU PERSONNEL.	HOPITAUX GÉNÉRAUX OU DESTINÉS EXCLUSIVEMENT AU TRAITEMENT des malades ou des contagieux.		HOPI[TAUX] DESTINÉS EXCLU[SIVEMENT] des
	Hôpitaux contenant de 20 à 49 lits.	Hôpitaux contenant 50 lits ou plus.	Hôpitaux contenant de 20 à 49 lits.
A **PERSONNEL SUPÉRIEUR.**			
Médecins traitants, y compris le médecin-chef. (Docteurs en médecine).	1	2 par hôpital de 50 à 130 lits. 3 par hôpital de 131 à 200 lits. Au delà de 200 lits, augmenter de 1 médecin par série de 80 lits ou fraction de série de 40 lits au moins.	1
Aides-médecins. (Docteurs en médecine, officiers de santé, étudiants en médecine pourvus de 12 inscriptions de doctorat.)	1 (a)	1 par hôpital de 50 à 100 lits. 2 par hôpital contenant 101 lits ou plus.	1 (a)
Pharmaciens (De 1re ou de 2e classe.)	1	1 par hôpital de 50 à 100 lits. 2 par hôpital de 101 à 200 lits. 3 par hôpital contenant 201 lits ou plus.	1
Administrateur. (Homme ou dame.)	1	1	1
Comptables. (Hommes ou dames.)	1	2 par hôpital de 50 à 150 lits. 3 par hôpital contenant 151 lits ou plus.	1

N° 8.

...res du territoire (hôpitaux auxiliaires) gérés par les sociétés des armées de terre et de mer.

| ...AUX ...VEMENT AU TRAITEMENT ...lessés. | HOPITAUX DESTINÉS EXCLUSIVEMENT AU TRAITEMENT des convalescents. | | OBSERVATIONS. |
Hôpitaux contenant 50 lits ou plus.	Hôpitaux contenant de 20 à 49 lits.	Hôpitaux contenant 50 lits ou plus.	
2 par hôpital de 50 à 120 lits. 3 par hôpital de 121 à 180 lits. Au delà de 180 lits. augmenter de 1 médecin par série de 60 lits ou fraction de série de 30 lits au moins.	1	1 par hôpital de 50 à 200 lits. 2 par hôpital contenant plus de 200 lits.	
1 par hôpital de 50 à 100 lits. 2 par hôpital de 101 à 200 lits. 3 par hôpital de 201 lits ou plus.	»	»	(a) Si les ressources en personnel le permettent.
1	1	1	
1	1	1	
2 par hôpital de 50 à 150 lits. 3 par hôpital contenant 151 lits ou plus.	1	2 par hôpital de 50 à 150 lits. 3 par hôpital contenant 151 lits ou plus.	

DESIGNATION des CATÉGORIES DE PERSONNEL.	HOPITAUX GÉNÉRAUX OU DESTINÉS EXCLUSIVEMENT AU TRAITEMENT des malades ou des contagieux.		HOPI DESTINÉS EXCLU des
	Hôpitaux contenant de 20 à 49 lits.	Hôpitaux contenant 50 lits ou plus.	Hôpitaux contenant de 20 à 49 lits.
B — PERSONNEL SECONDAIRE.			
Infirmier (ou infirmière) major pour le service des salles de malades.	1	1 par division de malades ou de blessés (a).	1
Infirmiers (ou infirmières) pour les salles de malades.	2 à 5 (1 par 10 lits).	5 à..... (1 par 10 lits).	2 à 5 (1 par 10 lits).
Infirmiers (ou infirmières) pour la salle de chirurgie.	»	1 (b)	1
Infirmiers (ou infirmières) pour la cuisine et la dépense.	2	3 par hôpital de 50 à 150 lits. Au delà de 150 lits, augmenter de 1 par 50 lits en plus.	2
Infirmiers (ou infirmières) pour la pharmacie.	1	1 par hôpital de 50 à 100 lits. 2 par hôpital contenant 101 lits ou plus.	1
Infirmiers (ou infirmières) pour la lingerie-buanderie.	1 (c)	2 par hôpital de 50 à 100 lits. Au delà de 100 lits, augmenter de 1 par série de 100 lits ou fraction de série de 50 lits au moins (c).	1 (c)
Infirmiers (ou infirmières) commis aux écritures.	2	3 par hôpital de 50 à 100 lits. Au delà de 100 lits, augmenter de 1 par série de 100 lits ou fraction de série de 50 lits au moins.	2
Infirmiers (ou infirmières) pour la propreté et l'entretien de l'établissement.	2	3 par hôpital de 50 à 100 lits. Au delà de 100 lits, augmenter de 1 par série de 100 lits ou fraction de série de 50 lits au moins.	2
Infirmier (ou infirmière) surveillant.	»	1 (d)	»
Concierge.	1 (e)	1	1 (e)

TAUX ...SIVEMENT AU TRAITEMENT blessés. Hôpitaux contenant 50 lits ou plus.	HOPITAUX DESTINÉS EXCLUSIVEMENT AU TRAITEMENT des convalescents. Hôpitaux contenant de 20 à 49 lits.	Hôpitaux contenant 50 lits ou plus.	OBSERVATIONS.
1 par division de malades ou de blessés (a).	1	1 par division de convalescents (a).	(a) La division comprend, en principe, tous les malades ou blessés traités par le même médecin.
5 à..... (1 par 10 lits).	2 à 4	4 à..... (1 par 20 lits au delà de 50 lits).	
1	»	»	(b) N'est pas à prévoir si l'hôpital ne contient pas de division de blessés.
3 par hôpital de 50 à 150 lits. Au delà de 150 lits, augmenter de 1 par 50 lits en plus.	2	3 par hôpital de 50 à 150 lits. Au delà de 150 lits, augmenter de 1 par 50 lits en plus.	
1	1	1	
2 par hôpital de 50 à 100 lits. Au delà de 100 lits, augmenter de 1 par série de 100 lits ou fraction de série de 50 lits au moins (c).	1 (c)	2 par hôpital de 50 à 100 lits. Au delà de 100 lits, augmenter de 1 par série de 100 lits ou fraction de série de 50 lits au moins (c).	(c) Pour les réparations de lingerie et le service du blanchissage, le premier comptable aura recours, s'il y a lieu, à la main d'œuvre civile, conformément aux prescriptions du règlement sur le service de santé de l'armée à l'intérieur.
3 par hôpital de 50 à 100 lits. Au delà de 100 lits, augmenter de 1 par série de 100 lits ou fraction de série de 50 lits au moins.	2	3 par hôpital de 50 à 100 lits. Au delà de 100 lits, augmenter de 1 par série de 100 lits ou fraction de série de 50 lits au moins.	
3 par hôpital de 50 à 100 lits. Au delà de 100 lits, augmenter de 1 par série de 100 lits ou fraction de série de 50 lits au moins.	2	3 par hôpital de 50 à 100 lits. Au delà de 100 lits, augmenter de 1 par série de 100 lits ou fraction de série de 50 lits au moins.	
1 (d)	»	1 (d)	(d) Remplit, en outre, les fonctions de vaguemestre.
1	1 (e)	1	(e) Dans les hôpitaux de 20 à 49 lits, le concierge remplit les fonctions de surveillant et de vaguemestre.

N° 83 bis.   7

Art. 55 de l'Instruction
du 5 mai 1899.

NOTICE N° 9.

TABLEAU

INDIQUANT LE MATÉRIEL NÉCESSAIRE POUR ASSURER

LE FONCTIONNEMENT DES

HOPITAUX TEMPORAIRES DU TERRITOIRE

(HÔPITAUX AUXILIAIRES)

GÉRÉS PAR LES SOCIÉTÉS D'ASSISTANCE AUX BLESSÉS ET MALADES

DES ARMÉES DE TERRE ET DE MER.

DÉSIGNATION DES MATIÈRES ET OBJETS.	UNITÉ RÉGLEMENTAIRE	QUANTITÉS DE PAR HÔPITAL AU — HÔPITAL AUXILIAIRE GÉNÉRAL ou affecté exclusivement au traitement des blessés de		
		101 malades et au-dessus	51 à 100 malades.	50 malades et au-dessous avec un minimum de 20 malades.
Instruments de chirurgie. (Acquis dès le temps de paix.)				
Boîte n° 2. Aspirateur de Potain	Nombre.	1	1	1
— n° 3. Amputation, résection, trépanation (petite boîte)	Id.	1	1	1
— n° 4. Boîte complémentaire de la boîte n° 3	Id.	1	1	1
— n° 5. Couteaux et bistouris de rechange	Id.	1	1	»
— n° 16. Thermocautère	Id.	1	1	1
— n° 19. Autopsie (petite boîte)	Id.	1	1	1
— n° 25. Trousse de médecin	Id.	»	»	»
— n° 26. Trousse d'infirmier	Id.	6	4	2
Aiguille à suture ordinaire	Id.	48	36	24
Bougie en gomme (A) (1)	Id.	10	10	10
Canule à trachéotomie, à plaque ordinaire avec mandrin conducteur de Krishaber.	Id.	» 2	» »	» »
Canule pour lavements, en gomme	Id.	» 2	» 1	» 1
Clef de Garengeot	Id.	1	1	1
Davier pour extraction des dents	Id.	2	2	2
Pierre à affiler les instruments tranchants.	Id.	1	1	1
Seringue pour injections hypodermiques, en argent, de Pravaz	Id.	2	1	1
Seringue en caoutchouc durci pour injections hypodermiques	Id.	2	1	1
Seringue en caoutchouc durci, grande, modèle n° 5	Id.	2	1	1
Seringue stérilisable pour sérothérapie, avec accessoires	Id.	1	1	1
Sonde en caoutchouc rouge, à œil travaillé de Nélaton (A)	Id.	4	4	2
Sonde en gomme (A) (1)	Id.	10	10	10
Thermomètre à mercure, pour les salles .	Id.	4	3	2
— médical, ordinaire	Id.	12	8	4
Tube de Faucher, sans entonnoir	Id.	2	1	1

(A) Ces objets en caoutchouc ou en gomme peuvent n'être constitués qu'à la mobilisation
(1) Les bougies et les sondes en gomme sont des numéros 6, 8, 10, 12, 14, 16, 18, 20, 22 et 24.

MATIÈRES ET OBJETS
XILIAIRE DU TERRITOIRE;

HÔPITAL AUXILIAIRE affecté exclusivement au traitement des malades, des contagieux et des convalescents de				OBSERVATIONS.
101 malades et au-dessus	51 à 100 malades.	21 à 50 malades.	20 malades.	
1	1	1	1	
»	»	»	»	
»	»	»	»	
»	»	»	»	
1	1	1	1	
1	1	1	1	
1	1	1	1	
3	2	1	1	
»	»	»	»	
»	»	»	»	
1	1	1	1	Numéro 5.
4	3	2	1	Grosses, à bouts olivaires, longues.
2	2	1	1	Fines, à bouts coniques, longues.
2	1	1	1	— — moyennes.
1	1	1	1	Avec 6 crochets.
2	2	2	2	1 courbe et 1 droit.
»	»	»	»	
3	2	1	1	
3	2	1	1	
»	»	»	»	Avec 2 canules.
1	1	1	1	
4	4	2	2	1/2 de 0^m,32, 1/2 de 0^m,36 de long.
»	»	»	»	
4	3	2	1	
15	10	5	4	
2	1	1	1	

dans les conditions prescrites pour les médicaments.

DÉSIGNATION DES MATIÈRES ET OBJETS.	UNITÉ RÉGLEMENTAIRE	QUANTITÉS DE PAR HÔPITAL AU HÔPITAL AUXILIAIRE GÉNÉRAL ou affecté exclusivement au traitement des blessés de		
		101 malades et au-dessus	51 à 100 malades.	50 malades et au-dessous avec un minimum de 20 malades.
Objets et accessoires de pansement. (Acquis dès le temps de paix.)				
Appareil de chirurgie....................	Nombre.	1	1	1
— pour l'examen des urines (complet).................................	Id.	1	1	1
Cuvette à pansements en fer battu, grande.	Id.	6	4	3
— — — petite..	Id.	6	4	3
Irrigateur Eguisier de 1 litre.............	Id.	6	4	2
Attelle en bois, palette palmaire..........	Id.	10	6	4
— pour l'avant-bras.........	Id.	20	12	8
— pour bras..............	Id.	20	12	8
— pour la cuisse, grande, externe.........................	Id.	10	8	4
Attelle en bois, pour la cuisse, grande, interne.........................	Id.	10	8	4
Attelle en bois, pour la jambe, grande...	Id.	20	16	10
— — petite.....	Id.	20	16	10
Cerceau à fracture, grand................	Id.	10	5	4
— moyen	Id.	10	5	4
— petit	Id.	5	3	2
Gouttière en fil de fer, de Bonnet, matelassé, pour adultes....................	Id.	1	1	»
Gouttière en fil de fer, pour bras et avant-bras, côté droit......................	Id.	10	8	4
Gouttière en fil de fer, pour bras et avant-bras, côté gauche.....................	Id.	10	8	4
Gouttière en fil de fer, pour la cuisse et la jambe, côté droit, grande...........	Id.	10	8	4
Gouttière en fil de fer, pour la cuisse et la jambe, côté droit, petite............	Id.	5	3	2
Gouttière en fil de fer, pour la cuisse et la jambe, côté gauche, grande.........	Id.	10	8	4
Gouttière en fil de fer, pour la cuisse et la jambe, côté gauche, petite...........	Id.	5	3	2
Gouttière en fil de fer, pour jambe......	Id.	20	15	8
Poulie mobile pour tractions continues...	Id.	2	1	1
Bouilleur pour stériliser les instruments..	Id.	1	1	1

MATIÈRES ET OBJETS XILIAIRE DU TERRITOIRE.				OBSERVATIONS.
HÔPITAL AUXILIAIRE affecté exclusivement au traitement des malades, des contagieux et des convalescents de				
101 malades et au-dessus	51 à 100 malades.	21 à 50 malades.	20 malades.	
»	»	»	»	
1	»	»	»	
2	2	1	1	
2	2	1	1	
6	4	2	1	
»	»	»	»	
»	»	»	»	
»	»	»	»	
»	»	»	»	
»	»	»	»	
»	»	»	»	
»	»	»	»	
»	»	»	»	
»	»	»	»	
»	»	»	»	
»	»	»	»	
»	»	»	»	
»	»	»	»	
»	»	»	»	
»	»	»	»	
»	»	»	»	
»	»	»	»	
»	»	»	»	
»	»	»	»	

DÉSIGNATION DES MATIÈRES ET OBJETS.	UNITÉ RÉGLEMENTAIRE	QUANTITÉS DE PAR HÔPITAL AU HÔPITAL AUXILIAIRE GÉNÉRAL ou affecté exclusivemeut au traitement des blessés de		
		101 malades et au-dessus	51 à 100 malades.	50 malades et au-dessous avec un minimum de 20 malades.
Matériel de désinfection.				
(Peut n'être acquis qu'au moment de la mobilisation et selon les besoins.)				
Caisse cylindrique pour transporter les effets à désinfecter	Nombre.	6	4	2
Sac à désinfection en toile	Id.	6	4	2
Cuve à immersion	Id.	4	3	2
Matériel de pharmacie.				
(Peut n'être acquis qu'au moment de la mobilisation et selon les besoins.)				
Alcoomètre centésimal	Nombre.	1	1	1
Ballon non tubulé, de 25 centilitres et au-dessous	Id.	4	2	2
Capsule en porcelaine ordinaire, de 50 centilitres	Id.	1	1	1
Capsule en porcelaine ordinaire, de 25 centilitres	Id.	2	1	1
Capsule en porcelaine ordinaire, de 12 centilitres	Id.	2	1	1
Lampe à alcool, en cristal	Id.	1	1	1
Pince en bois pour matras	Id.	1	1	1
Appareil de pharmacie	Id.	4	2	1
Bassine à cul-de-poule avec couvercle, de 50 litres	Id.	2	1	1
Bassine à cul-de-poule avec couvercle, de 20 litres	Id.	»	1	1
Carré à étamines, simple	Id.	2	2	1
Compte-gouttes normal	Id.	6	4	4
Couloire en étain de 2 litres	Id.	1	1	1
Couteau de pharmacie	Id.	1	1	1
Cuiller à distribuer les tisanes, en fer battu étamé	Id.	2	2	1
Densimètre pèse-sirop	Id.	1	1	1
Entonnoir en fer battu, de 2 litres	Id.	1	1	1

(A) De 12 centilitres.

MATIÈRES ET OBJETS	HÔPITAL AUXILIAIRE affecté exclusivement au traitement des malades, des contagieux et des convalescents de			OBSERVATIONS.
...ILIAIRE DU TERRITOIRE.	101 malades et au-dessus	51 à 100 malades.	21 à 50 malades.	20 malades.	
	6	4	2	1	En tôle goudronnée, fermant hermétiquement.
	6	4	2	1	
	4	3	2	1	De 0ᵐ,75 de diamètre.
	1	1	1	»	
	4	2	2	1 (A)	1/2 de 25 centilitres, 1/2 de 12 centilitres.
	1	1	1	»	
	2	1	1	1	
	2	1	1	»	
	1	1	1	1	
	1	1	1	1	
	4	2	1	»	
	2	1	1	»	
	»	1	1	1	
	2	2	1	1	
	6	4	4	2	
	1	1	1	»	
	1	1	1	1	
	2	2	1	»	
	1	1	1	»	
	1	1	1	»	A potions.

DÉSIGNATION DES MATIÈRES ET OBJETS.	UNITÉ RÉGLEMENTAIRE	QUANTITÉS DE PAR HÔPITAL AU		
		HÔPITAL AUXILIAIRE GÉNÉRAL ou affecté exclusivement au traitement des blessés de		
		101 malades et au-dessus	51 à 100 malades.	50 malades et au-dessous avec un minimum de 20 malades.
Entonnoir en verre double, de 1 litre....	Nombre.	1	1	1
— — de 50 cent^{res}.	Id.	2	1	1
— — de 25 — .	Id.	2	1	1
— — de 6 — .	Id.	2	1	1
Eprouvette à pied, en verre, avec ou sans bec, de 2 litres	Id.	1	1	1
Eprouvette à pied, en verre, avec ou sans bec, de 1 litre	Id.	1	1	1
Eprouvette à pied, en verre, avec ou sans bec, de 50 centilitres	Id.	1	1	1
Eprouvette à pied, en verre, avec ou sans bec, de 20 centilitres	Id.	2	1	1
Mortier en cristal, de 25 centilitres	Id.	1	1	1
— en fonte tournée et polie, de 1 litre.	Id.	1	1	1
— en porcelaine biscuitée, de 1 litre..	Id.	1	1	1
— — émaillée, de 1 litre.	Id.	1	1	1
— — — de 50 centilitres	Id.	1	1	1
Pilulier de 25 canelures (ouverture 6 millimètres)	Id.	1	1	1
Poêlon en cuivre, de 2 litres	Id.	1	1	1
Seau gradué de 15 litres, en fer battu étamé	Id.	2	2	1
Spatule en acier flexible, avec manche en bois	Id.	2	2	1
Spatule en fer, à grain et à poudre	Id.	1	1	1
— — ordinaire, de 30 centimètres	Id.	1	»	»
— — — , de 15 —	Id.	1	1	1
— en os	Id.	2	2	1
Verre gradué de 125 grammes	Id.	2	1	1
— 60 —	Id.	2	2	1

Objets de couchage.

(Constitués dès le temps de paix, soit en nature, soit par promesses écrites de personnes les possédant.)

Couchette	Id.	A raison de.......	
Couverture de laine	Id.	—	
Drap de lit, en toile	Id.	—	
Enveloppe à matelas, pour lit avec paillasse	Id.	—	

MATIÈRES ET OBJETS
XILIAIRE DU TERRITOIRE.

HÔPITAL AUXILIAIRE affecté exclusivement au traitement des malades, des contagieux et des convalescents de				OBSERVATIONS.
101 malades et au-dessus	51 à 100 malades.	21 à 50 malades.	20 malades.	
1	1	1	»	
2	1	1	1	
2	1	1	1	
2	1	1	1	
1	1	1	»	
1	1	1	1	
1	1	1	1	
2	1	1	1	
1	1	1	1	
1	1	1	»	
1	1	1	»	
1	1	»	»	
1	1	1	1	
1	1	1	»	
1	1	1	»	
2	2	1	»	
2	2	1	1	
1	1	1	1	
1	»	»	»	
1	1	1	»	
2	2	1	1	
2	1	1	»	
2	2	1	1	

un par malade.
deux par malade.
six par malade.

un et demi par malade.

DÉSIGNATION DES MATIÈRES ET OBJETS.	UNITÉ RÉGLE-MENTAIRE	QUANTITÉS DE PAR HÔPITAL AU		
		HÔPITAL AUXILIAIRE GÉNÉRAL ou affecté exclusivement au traitement des blessés de		
		101 malades et au-dessus	51 à 100 malades.	50 malades et au-dessous avec un minimum de 20 malades.
Enveloppe pour paillasse	Nombre.	A raison de		
— pour traversin	Id.	—		
Crin	Kilogr.	A raison de trois kilogs.		
Laine	Id.	A raison de		
Habillement, lingerie et chaussure.				
(Objets constitués dès le temps de paix, soit en nature, soit par promesses écrites de personnes les possédant.)				
Bonnet de coton	Nombre.	A raison de		
Bretelles (Paire de)	Id.	—		
Caleçon de cretonne de coton	Id.	—		
Capote en drap (A)	Id.	—		
Chaussettes (Paire de) (A)	Id.	—		
Chemise de coton	Id.			
Corset de force	Id.	1	1	1
Cravate de coton	Id.	A raison de		
Gilet de flanelle (A)	Id.	—		
Pantalon de corvée, en toile	Id.	25	10	5
— en drap (A)	Id.	A raison de		
Pantoufles ou espadrilles (Paire de)	Id.	—		
Sarrau de médecin	Id.	10	6	4
Tablier d'infirmier	Id.	100	80	50
— de médecin	Id.	25	10	5
Veste de corvée en toile	Id.	25	10	5
Lingerie.				
(Objets constitués dès le temps de paix, soit en nature, soit par promesses écrites de personnes les possédant.)				
Mouchoir en toile	Nombre.	A raison de		
Nappe, petite	Id.	5	3	2
Serviette de toile, pour la table	Id.	25	15	10
— en coton, pour la toilette	Id.	A raison de		
Torchon	Id.	—		

(A) Les objets en laine ou en flanelle pourront n'être constitués qu'à la mobilisation. Dans tions prévues par l'article 53, 7ᵉ alinéa, de l'Instruction du 5 mai 1899.

MATIÈRES ET OBJETS	HÔPITAL AUXILIAIRE affecté exclusivement au traitement des malades, des contagieux et des convalescents de				OBSERVATIONS.
XILIAIRE DU TERRITOIRE.	101 malades et au-dessus	51 à 100 malades.	21 à 50 malades.	20 malades.	
un et demi par malade.					
cinq cents grammes par malade.					Soit 3 k. 500 par matelas.
douze kilog. par malade.					Soit 9 k. 500 par matelas et 2 k. 500 par traversin.
un par malade.					
un cinquième par malade.					
deux par malade.					
un demi par malade.					
deux par malade.					
quatre par malade.					
	1	1	1	1	
un demi par malade.					
un dixième par malade.					
	25	10	5	3	
un demi par malade.					
un par malade.					
	10	6	4	2	
	100	80	50	20	
	25	10	5	3	
	25	10	5	3	
trois par malade.					
	5	3	2	2	
	25	15	10	10	
un par malade.					
deux par malade.					

ce cas, des marchés seront passés de le temps de paix avec des fournisseurs dans les condi-

DÉSIGNATION DES MATIÈRES ET OBJETS.	UNITÉ RÉGLEMENTAIRE	QUANTITÉS DE PAR HÔPITAL AU HÔPITAL AUXILIAIRE GÉNÉRAL ou affecté exclusivement au traitement des blessés de		
		101 malades et au-dessus	51 à 100 malades.	50 malades et au-dessous avec un minimum de 20 malades.
Objets spéciaux à l'usage des malades.				
A. (Acquis dès le temps de paix.)				
Bassin de lit	Nombre.	15	10	5
Biberon	Id.	15	10	5
Seau d'aisance inodore	Id.	5	3	2
Urinal	Id.	A raison de.......		
B. (Peuvent n'être acquis qu'au moment de la mobilisation.)				
Crachoir	Nombre.	20	10	5
Pot à tisane	Id.	A raison de.......		
Vase de nuit	Id.	—	......	
Objets pour le service des bains.				
A. (Acquis dès le temps de paix.)				
Baignoire de bras	Nombre.	4	3	2
— de siège	Id.	4	3	2
B. (Peuvent n'être acquis qu'au moment de la mobilisation.)				
Baignoire de corps	Nombre.	4	3	2
— de pied	Id.	4	3	2
Objets pour le service de la buanderie (A).				
Buanderie portative pour 100 kilos de linge	Nombre.	1	»	»
— 50 —	Id.	»	1	1
Chaudière pour la buanderie	Id.	Selon les besoins, Id.		
Cuvier à lessive	Id.			
Lessiveuse avec foyer pour 6 kilos de linge	Id.	1	1	1
Trépied de cuvier	Id.	Selon les besoins,		

(A) Ce matériel ne sera pas constitué si les sociétés peuvent faire assurer le blanchissage 10e alinéa.)

MATIÈRES ET OBJETS
XILIAIRE DU TERRITOIRE.

HÔPITAL AUXILIAIRE affecté exclusivement au traitement des malades, des contagieux et des convalescents de				OBSERVATIONS.
101 malades et au-dessus	51 à 100 malades.	21 à 50 malades.	20 malades.	
15	10	5	2	
15	10	5	2	
5	3	2	1	
un cinquième par malade.				
30	20	10	5	
un et un dixième par malade.				
un demi par malade.				
4	3	2	1	
4	3	2	1	
4	3	2	1	
4	3	2	1	
1	»	»	»	
»	1	1	1	
d'après l'effectif des malades.				
id.		id.		
1	1	1	1	
d'après l'effectif des malades.				

au moyen d'un marché conditionnel passé avec un entrepreneur de la localité. (Art. 53,

DÉSIGNATION DES MATIÈRES ET OBJETS.	UNITÉ RÉGLEMENTAIRE	QUANTITÉS DE PAR HÔPITAL AU HÔPITAL AUXILIAIRE GÉNÉRAL ou affecté exclusivement au traitement des blessés de		
		101 malades et au-dessus	51 à 100 malades.	50 malades et au-dessous avec un minimum de 20 malades.
Objets pour le service de la cuisine. (Peuvent n'être acquis qu'au moment de la mobilisation et suivant les besoins.)				
Appareil à distribution	Nombre.	4	2	1
Bassine à distribution en fer battu, étamé.	Id.	4	2	1
— à fond plat, avec couvercle de 30 litres	Id.	1	1	»
Bassine à fond plat, avec couvercle, de 15 litres	Id.	1	»	1
Bassine à fond plat, avec couvercle de 9 litres	Id.	1	1	1
Billot de cuisine ou planche à hacher	Id.	1	1	1
Boîte à sel	Id.	1	1	1
Bouilloire de 2 litres	Id.	2	1	1
— 1 —	Id.	1	1	»
Cafetière à filtre, en fer-blanc, de 40 litres	Id.	1	»	»
— — 20 —	Id.	»	1	»
— — 10 —	Id.	»	»	1
— — 4 —	Id.	1	1	1
— — 2 —	Id.	»	»	1
Casserole en fer battu étamé, avec couvercle, de 10 litres	Id.	4	2	1
Casserole en fer battu étamé, avec couvercle, de 5 litres	Id.	4	3	2
Casserole en fer battu étamé, avec couvercle, de 3 litres	Id.	4	3	2
Casserole en fer battu étamé, avec couvercle, de 1 litre	Id.	2	2	1
Couperet, grand	Id.	2	1	1
Couteau de boucherie	Id.	2	1	1
— de cuisine, à abattre, grand	Id.	2	1	»
— — à émincer, grand	Id.	1	1	1
— — — moyen	Id.	2	1	1
— — — petit	Id.	2	2	1
Crochet de boucherie à crans et à mailles	Id.	5	3	2
Cuiller à bouillon, de 2 litres	Id.	1	1	1
— de 1 litre	Id.	2	1	1
— de 50 centilitres	Id.	3	2	1
Ecumoire, grande	Id.	1	1	1
— petite	Id.	2	1	1

MATIÈRES ET OBJETS ...ILIAIRE DU TERRITOIRE.				OBSERVATIONS.
HÔPITAL AUXILIAIRE affecté exclusivement au traitement des malades, des contagieux et des convalescents de				
101 malades et au-dessus	51 à 100 malades.	21 à 50 malades.	20 malades.	
4	2	1	1	
4	2	1	1	
1	1	»	»	
1	»	1	»	
1	1	1	1	
1	1	1	1	
1	1	1	1	
2	1	1	»	
1	1	»	1	
1	»	»	»	
»	1	»	»	
»	»	1	»	
1	1	1	1	
»	»	1	1	
4	2	1	»	
4	3	2	2	
4	3	2	1	
2	2	1	1	
2	1	1	1	
2	1	1	1	
2	1	»	»	
1	1	1	1	
2	1	1	1	
2	2	1	1	
5	3	2	2	
1	1	1	»	
2	1	1	1	
3	2	1	1	
1	1	1	»	
2	1	1	1	

DÉSIGNATION DES MATIÈRES ET OBJETS.	UNITÉ RÉGLEMENTAIRE	QUANTITÉS DE PAR HÔPITAL AU		
		HÔPITAL AUXILIAIRE GÉNÉRAL ou affecté exclusivement au traitement des blessés de		
		101 malades et au-dessus	51 à 100 malades.	50 malades et au-dessous avec un minimum de 20 malades.
Égouttoir pour poêlon à friture, grand...	Nombre.	1	1	»
— — moyen..	Id.	»	»	1
Feuille de boucherie.................	Id.	1	1	1
Fourchette à distribution.............	Id.	5	3	2
— de cuisine, en fer, grande....	Id.	1	»	»
— — — moyenne..	Id.	»	1	»
— — — petite.....	Id.	»	»	1
Fusil de boucherie...................	Id.	1	1	1
Garde-manger........................	Id.	1	1	1
Gril à côtelettes, grand...............	Id.	1	1	»
— moyen................	Id.	1	1	1
Marmite ou chaudière, avec couvercle, de 200 litres.....................	Id.	1	»	»
Marmite ou chaudière, avec couvercle, de 100 litres.....................	Id.	1	1	»
Marmite ou chaudière, avec couvercle, de 50 litres.....................	Id.	»	1	1
Marmite avec couvercle, de 30 litres.....	Id.	1	»	1
— 20 —	Id.	1	1	1
Passoire de 3 litres...................	Id.	1	1	1
— , petite...................	Id.	2	1	1
Poêle à frire, grande.................	Id.	1	1	»
— , moyenne...............	Id.	1	1	1
Poêlon à friture, grand...............	Id.	1	1	1
— , moyen................	Id.	»	»	1
Scie de boucherie....................	Id.	1	1	1
Seau à bouillon, avec couvercle, de 15 litres	Id.	8	5	3
Tamis en toile métallique, pour bouillon.	Id.	1	1	1

Objets pour le service de la dépense et de la cave.

(Peuvent n'être acquis qu'au moment de la mobilisation et selon les besoins.)

Brûloir à café de 4 kilogrammes.........	Nombre.	1	1	»
— 2 —	Id.	»	»	1
Burette pour l'huile, de 2 litres..........	Id.	1	1	1
Coffre ou baril à denrées...............	Id.	4	3	2
Couteau de dépense...................	Id.	1	1	1

MATIÈRES ET OBJETS				OBSERVATIONS.
ILIAIRE DU TERRITOIRE.				
HÔPITAL AUXILIAIRE affecté exclusivement au traitement des malades, des contagieux et des convalescents de				
101 malades et au-dessus	51 à 100 malades.	21 à 50 malades.	20 malades.	
1	1	»	»	
»	»	1	1	
1	1	1	1	
5	3	2	1	
1	»	»	»	
»	1	»	»	
»	»	1	1	
1	1	1	1	
1	1	1	1	
1	1	»	»	
1	1	1	1	
1	»	»	»	
1	1	»	»	
»	1	1	1	
1	»	1	»	
1	1	1	1	
1	1	1	»	
2	1	1	1	
1	1	»	»	
1	1	1	1	
1	1	»	»	
»	»	1	1	
1	1	1	1	
8	5	3	2	
1	1	1	1	
1	1	»	»	
»	»	1	1	
1	1	1	1	
4	3	2	2	
1	1	1	1	

DÉSIGNATION DES MATIÈRES ET OBJETS.	UNITÉ RÉGLEMENTAIRE	QUANTITÉS DE PAR HÔPITAL AU HÔPITAL AUXILIAIRE GÉNÉRAL ou affecté exclusivement au traitement des blessés de		
		101 malades et au-dessus	51 à 100 malades.	50 malades et au-dessous avec un minimum de 20 malades.
Entonnoir ordinaire en fer blanc, de 3 litres	Nombre.	2	1	1
— — 2 —	Id.	3	3	2
— — 1 —	Id.	1	1	1
Foret de tonnelier	Id.	1	1	1
Moulin à café	Id.	1	1	1
Robinets divers	Id.	5	3	2
Sac à denrées de 9 kilogrammes	Id.	3	2	1
— 6 —	Id.	3	2	1
— ordinaire	Id.	8	5	3
Objets et vaisselle pour les repas.				
(Constitués dès le temps de paix, soit en nature, soit par promesses écrites de personnes les possédant.)				
Assiette creuse en porcelaine ou gamelle de 1 litre en fer battu étamé	Nombre.	A raison de		
Assiette plate en porcelaine ou en fer battu étamé	Id.	—		
Couteau de table	Id.	—		
Cuiller à soupe	Id.	—		
Fourchette ordinaire	Id.	—		
Verre à boire ou gobelet en fer battu étamé, de 30 centilitres	Id.	—		
Objets et ustensiles pour les ateliers.				
(Peuvent n'être acquis qu'au moment de la mobilisation et selon les besoins.)				
Aiguille de matelassier	Nombre.	5	3	2
Cardes pour la laine (paire de)	Id.	1	1	1
Cisailles de ferblantier	Id.	1	1	1
Ciseau à froid	Id.	1	1	1
Ciseau ordinaire de menuisier	Id.	1	1	1
Marteau ordinaire, grand	Id.	2	1	1
— petit	Id.	2	2	1
Mèche anglaise à vilebrequin	Id.	2	2	2
Pierre à repasser et à aiguiser	Id.	1	1	1
Pince ronde	Id.	1	1	1
Scie à bûches	Id.	1	1	1

MATIÈRES ET OBJETS
XILIAIRE DU TERRITOIRE.

HÔPITAL AUXILIAIRE
affecté exclusivement au traitement
des malades,
des contagieux et des convalescents de

101 malades et au-dessus	51 à 100 malades.	21 à 50 malades.	20 malades.	OBSERVATIONS.
2	1	1	»	
3	3	2	2	
1	1	1	»	
1	1	1	1	
1	1	1	1	
5	3	2	»	
3	2	1	»	
3	2	1	1	
8	5	3	2	

un et un dixième par malade.

    id.   id.

un cinquième par malade.

un et un dixième par malade.

    id.   id.

    id.   id.

101 malades et au-dessus	51 à 100 malades.	21 à 50 malades.	20 malades.
5	3	2	2
1	1	1	1
1	1	1	1
1	1	1	1
1	1	1	»
2	1	1	1
2	2	1	1
2	2	2	2
1	1	1	1
1	1	1	1
1	1	1	1

DÉSIGNATION DES MATIÈRES ET OBJETS.	UNITÉ RÉGLE-MENTAIRE	QUANTITÉS DE PAR HÔPITAL AU		
		HÔPITAL AUXILIAIRE GÉNÉRAL ou affecté exclusivement au traitement des blessés de		
		101 malades et au-dessus	51 à 100 malades.	50 malades et au-des-sous avéc un mi-nimum de 20 malades.
Tenailles de menuisier	Nombre.	1	1	1
Tiers-point	Id.	2	2	2
Tournevis	Id.	1	1	1
Vilebrequin	Id.	1	1	1
Vrille	Id.	2	2	1
Pelle de terrassier	Id.	2	1	1
Pioche	Id.	2	1	1
Hachette	Id.	1	1	1

Balances, poids et mesures.

(Peuvent n être acquis qu'au moment de la mobilisation et selon les besoins.)

Balance ou romaine de la portée de 100 kil.	Nombre.	1	1	1
— dite Roberval de la portée de 5 kil.	Id.	2	1	1
— — 2 —	Id.	3	2	2
Boîte de poids de 2k,001 en cuivre	Id.	4	2	2
— 1k,001 —	Id.	1	1	1
Cuiller à distribution en fer battu étamé, de 0l,40	Id.	5	3	2
Cuiller à distribution en fer battu étamé, de 0l,25	Id.	5	3	2
Cuiller à distribution en fer battu étamé, de 0l,18	Id.	5	3	2
Cuiller à distribution en fer battu étamé, de 0l,125	Id.	5	3	2
Jauge en fer pour le vin	Id.	1	1	1
Jeu de poids pour le pain	Id.	1	1	1
Mesure en fer-blanc, double litre	Id.	2	2	2
— , litre	Id.	2	2	2
— , demi-litre	Id.	2	2	2
— , décilitre	Id.	2	2	2
— pour distribuer le vin, de 25 centilitres	Id.	5	3	2
Mesure en fer-blanc pour distribuer le vin, de 20 centilitres	Id.	5	3	2
Mesure en fer-blanc pour distribuer le vin, de 15 centilitres	Id.	5	3	2
Mesure en fer-blanc pour distribuer le vin, de 10 centilitres	Id.	5	3	2

MATIÈRES ET OBJETS
XILIAIRE DU TERRITOIRE.

HÔPITAL AUXILIAIRE
affecté exclusivement au traitement
des malades,
des contagieux et des convalescents de

101 malades et au-dessus	51 à 100 malades.	21 à 50 malades.	20 malades.	OBSERVATIONS.
1	1	1	1	
2	2	2	2	
1	1	1	1	
1	1	1	1	
2	2	1	1	
2	1	1	»	
1	1	1	1	
1	1	1	»	
2	1	1	1	
3	2	2	1	
4	2	2	»	
1	1	1	1	
5	3	2	1	
5	3	2	1	
5	3	2	1	
5	3	2	1	
1	1	1	1	
1	1	1	»	
2	2	2	2	
2	2	2	2	
2	2	2	2	
5	3	2	1	
5	3	2	1	
5	3	2	1	
5	3	2	1	

DÉSIGNATION DES MATIÈRES ET OBJETS.	UNITÉ RÉGLE-MENTAIRE	QUANTITÉS DE PAR HÔPITAL AU		
		HÔPITAL AUXILIAIRE GÉNÉRAL ou affecté exclusivement au traitement des blessés de		
		101 malades et au-dessus	51 à 100 malades.	50 malades et au-des-sous avec un mi-nimum de 20 malades.
Mètre articulé en cuivre	Nombre.	3	2	2
Poids en fonte de fer de 10 kilogrammes.	Id.	1	1	1
— 5 —	Id.	2	1	1
— 2 —	Id.	2	2	1
— 1 —	Id.	2	2	1
— 500 grammes...	Id.	2	2	1
Chauffage et éclairage.				
(Peuvent n'être acquis qu'au moment de la mobilisation et selon les besoins.)				
Applique pour lampe veilleuse avec réflecteur	Nombre.	50	20	10
Bougeoir	Id.	10	6	4
Ciseaux à lampe, petits	Id.	2	2	1
Fourneau de cuisine (de dimension en rapport avec les besoins)	Id.	1	1	1
Lampe à pétrole ou lanterne applique	Id.	5	3	2
Lanterne carrée portative avec lampe et porte-bougie	Id.	5	3	2
Pelle à feu, pour fourneau	Id.	2	2	2
Poêles divers	Id.			Suivant
Godets de veilleuse	Id.	50	20	10
Pincettes	Id.	2	2	2
Réchaud ordinaire en tôle	Id.	4	3	2
Meubles.				
(Peuvent n'être acquis qu'au moment de la mobilisation et selon les besoins.)				
Armoire pour la lingerie	Nombre.	5	3	2
— pour les instruments de chirurgie.	Id.	1	1	1
Banc ordinaire	Id.	10	6	4
Bureau ou table bureau	Id.	2	2	2
Chaise ordinaire	Id.	30	15	10
Fauteuil pour malade	Id.	3	2	1
— de bureau ou chaise de bureau..	Id.	3	2	2
Table de nuit	Id.	A raison de......		
— ordinaire de 2 mètres	Id.	5	3	2
— — de 1m,40	Id.	3	2	1
— . — de 1 mètre.	Id.	3	2	1

MATIÈRES ET OBJETS XILIAIRE DU TERRITOIRE.	HÔPITAL AUXILIAIRE affecté exclusivement au traitement des malades, des contagieux et des convalescents de			OBSERVATIONS.
101 malades et au-dessus	51 à 100 malades.	21 à 50 malades.	20 malades.	
3	2	2	2	
1	1	1	1	
2	1	1	1	
2	2	1	1	
2	2	1	1	
50	20	10	5	
10	6	4	2	
2	2	1	1	
1	1	1	1	
5	3	2	2	
5	3	2	1	
2	2	2	1	
les besoins.				
50	20	10	5	
2	2	2	1	
4	3	2	1	
5	3	2	1	
»	»	»	»	
10	6	4	2	
2	2	2	1	
30	15	10	6	
3	2	1	1	
3	2	2	1	
un demi par malade.				
5	3	2	1	
3	2	1	1	
3	2	1	1	

DÉSIGNATION DES MATIÈRES ET OBJETS.	UNITÉ RÉGLE- MENTAIRE	QUANTITÉS DE PAR HÔPITAL AU		
		HÔPITAL AUXILIAIRE GÉNÉRAL ou affecté exclusivement au traitement des blessés de		
		101 malades et au-dessus	51 à 100 malades.	50 malades et au-des- sous avec un mi- nimum de 20 malades.
Objets de bureau. (Acquis dès le temps de paix.)				
Boîte à tampon avec accessoires.........	Nombre.	1	1	1
Cachet du médecin-chef.................	Id.	1	1	1
Timbre humide pour dater les billets d'hôpital, avec accessoires.............	Id.	1	1	1
Objets mobiliers et ustensiles. (Peuvent n'être acquis qu'au moment de la mobilisation et selon les besoins.)				
Baquet pour la buanderie (A).............				
Etagères diverses.......................				
Cadenas en fer, grand	Nombre.			Selon
— , moyen.................				
— , petit.................				
Ciseaux moyens (Paire de)...............	Id.	5	3	2
Numéros en zinc, pour les effets des entrants................................	Id.	A raison de		
Seau ordinaire avec couvercle, en fer battu étamé, de 15 litres....................	Id.	15	8	5
Tire-bouchon ordinaire..................	Id.	4	3	3
Objets pour le service en campagne. A. (Acquis dès le temps de paix.)				
Bassin rectangulaire en tôle émaillée n° 2.	Nombre.	3	2	2
— — n° 4.	Id.	3	2	1
— — n° 5	Id.	3	2	1
Bassine en tôle émaillée, grande.........	Id.	1	1	1
— , petite..........	Id.	1	1	1
Brancard avec bretelles.................	Id.	5	3	2
Brassard de neutralité..................	Id.	Nombre égal à l'effectif		
Fanion de neutralité....................	Id.	1	1	1
— tricolore......................	Id.	1	1	1
— jaune.........................	Id.	»	»	»

(A) Voir le renvoi (A) aux objets pour la buanderie.
(1) Pour les hôpitaux de contagieux.

MATIÈRES ET OBJETS ...XILIAIRE DU TERRITOIRE.	HÔPITAL AUXILIAIRE affecté exclusivement au traitement des malades, des contagieux et des convalescents de				OBSERVATIONS.
	101 malades et au-dessus	51 à 100 malades.	21 à 50 malades.	20 malades.	
	1	1	1	1	Les accessoires sont : 1 flacon d'encre, 1 tampon, 1 brosse.
	1	1	1	1	
	1	1	1	1	Les accessoires sont : 1 flacon d'encre, 1 tampon, 1 brosse, 1 boîte vide.
les besoins.					
	5	3	2	1	
deux par malade.					
	15	8	5	3	
	4	3	3	2	
	»	»	»	»	
	»	»	»	»	
	»	»	»	»	
	»	»	»	»	
	»	»	»	»	
	5	3	2	1	
(hommes) du personnel de l'hôpital.					
	1	1	1	1	
	1	1	1	1	
	1 (1)	1 (1)	1 (1)	1 (1)	

DÉSIGNATION DES MATIÈRES ET OBJETS.	UNITÉ RÉGLE-MENTAIRE	QUANTITÉS DE PAR HÔPITAL AU HÔPITAL AUXILIAIRE GÉNÉRAL ou affecté exclusivement au traitement des blessés de		
		101 malades et au-dessus	51 à 100 malades.	50 malades et au-dessous avec un minimum de 20 malades.
B. (Peuvent n'être acquis qu'au moment de la mobilisation et selon les besoins.)				
Réservoir à tisane, en fer battu étamé, de 110 litres............................	Nombre.	1	»	»
Réservoir à tisane, en fer battu étamé, de 90 litres............................	Id.	1	»	»
Réservoir à tisane, en fer battu étamé, de 70 litres............................	Id.	»	1	»
Réservoir à tisane, en fer battu étamé, de 50 litres............................	Id.	1	1	1
Réservoir à tisane, en fer battu étamé, de 30 litres............................	Id.	»	»	1
Réservoir à tisane, en fer battu étamé, de 20 litres............................	Id.	1	1	»
Réservoir à tisane, en fer battu étamé, de 10 litres............................	Id.	»	1	1
Réservoir à tisane, en fer battu étamé, de 5 litres.............................	Id.'	»	»	1
Trébuchet ordinaire, à plateaux mobiles, avec série de poids de 30 gr. divisés....	Id.	1	1	1
Truelle pour plâtre, petite................	Id.	2	1	1

Médicaments (A).

Acide acétique cristallisable..............	Kilogr.	0 500	0 200	0 100
— borique pulvérisé	Id.	10 000	5 000	2 500
— phénique cristallisé..............	Id.	20 000	10 000	5 000
— tartrique —	Id.	8 000	4 000	2 000
Alcool à 95°..............................	Id.	20 000	10 000	5 000
Alcoolé de cannelle.......................	Id.	2 400	1 000	0 500
— d'extrait d'opium..............	Id.	1 800	0 900	0 450
— de jalap composé..............	Id.	0 450	0 200	0 100
— de quinquina gris..............	Id.	5 000	2 000	1 000
Alumine. — Alun pulvérisé	Id.	0 500	0 200	0 100
Ammoniaque. — Ammoniaque liquide...	Id.	0 900	0 400	0 200
Analgésine. — Antipyrine................	Id.	1 000	0 500	0 200

(A) Les médicaments peuvent n'être constitués qu'à la mobilisation. Dans ce cas, un mar
5 mai 1899.
Les spécialités pharmaceutiques sont exclues de l'approvisionnement en médicaments.

MATIÈRES ET OBJETS XILIAIRE DU TERRITOIRE.	HÔPITAL AUXILIAIRE affecté exclusivement au traitement des malades, des contagieux et des convalescents de			OBSERVATIONS.
101 malades et au-dessus	51 à 100 malades.	21 à 50 malades.	20 malades.	
1	»	»	»	
1	»	»	»	
»	1	»	»	
1	1	1	»	
»	»	1	»	
1	1	»	»	
»	1	1	»	
»	»	1	»	
1	1	1	1	Tablette en bois.
»	»	»	»	
0 500	0 200	0 100	0 050	
5 000	3 000	2 000	1 000	
10 000	5 000	3 000	1 500	
6 000	3 000	2 000	1 000	
20 000	10 000	5 000	2 000	
2 400	1 000	0 500	0 200	
1 800	0 900	0 450	0 200	
0 450	0 200	0 100	»	
5 000	2 000	1 000	0 500	
0 500	0 200	0 100	»	
0 900	0 400	0 200	0 100	
1 000	0 500	0 200	0 100	

ché doit être passé dans les conditions prévues par l'article 53, §§ 8 et 9, de l'Instruction du

DÉSIGNATION DES MATIÈRES ET OBJETS.	UNITÉ RÉGLE-MENTAIRE	QUANTITÉS DE PAR HÔPITAL AU — HÔPITAL AUXILIAIRE GÉNÉRAL ou affecté exclusivement au traitement des blessés de		
		101 malades et au-dessus	51 a 100 malades.	0 malades et au-dessous avec un minimum de 20 malades.
Antimoine. — Émétique pulvérisé........	Kilogr.	0 020	0 010	0 005
— Kermès officinal...........	Id.	0 100	0 050	0 020
Argent.— Azotate d'argent cristallisé ...	Id.	0 050	0 025	0 010
Atropine. — Sulfate....................	Id.	0 002	0 001.	0 0005
Bismuth. — Sous-azotate..............	Id.	6 000	3 000	1 000
Caféine.............................	Id.	0 200	0 100	0 050
Camphre.............................	Id.	1 000	0 500	0 250
Caustique à l'azotate d'argent fondu.....	Id.	0 100	0 050	0 020
Chaux. — Chlorure de chaux sec à 90°....	Id.	60 000	50 000	30 000
Chloral hydraté......................	Id.	0 250	0 100	0 050
Chloroforme.........................	Id.	5 000	2 000	1 000
Cocaïne. — Chlorhydrate..............	Id.	0 050	0 020	0 010
Copahu.............................	Id.	2 000	1 000	0 500
Cuivre. — Sulfate de cuivre...........	Id.	50.000	20 000	10 000
Eau distillée........................	Id.	2 000	1 000	0 500
Eponge fine pour la chirurgie..........	Id.	0 150	0 100	0 050
Ether sulfurique rectifié.............	Id.	1 000	0 500	0 250
Extrait de belladone.................	Id.	0 100	0 050	0 020
— d'opium....................	Id.	1 000	0 500	0 200
— de quinquina gris..............	Id.	2 000	1 000	0 500
— de ratanhia..................	Id.	1 000	0 500	0 200
Fer. — Tartrate de fer et de potasse.....	Id.	0 500	0 200	0 100
Glycérine officinale.................	Id.	2 500	1 000	0 500
Glyzine.............................	Id.	16 000	8 000	4 000
Gomme de Sénégal..................	Id.	10 000	5 000	2 000
Huile de ricin.......................	Id.	1 000	0 500	0 250
Iode sublimé........................	Id.	0 400	0 200	0 100
Iodoforme pulvérisé.................	Id.	2 000	1 000	0 500
Ipécacuahna. — Racine..............	Id.	0 300	0 200	0 100
Magnésie. — Magnésie décarbonatée.....	Id.	15 000	10 000	5 000
Mercure. — Calomel à la vapeur........	Id.	0 250	0 100	0 050
— Mercure métallique.........	Id.	1 000	0 500	0 200
— Sublimé corrosif...........	Id.	20 000	13 000	7 000
Morphine. — Chlorhydrate...........	Id.	0 050	0 020	0 010
Pilules de chlorhydrate de quinine.......	Id.	0 100	0 050	0 020
Potassium. — Azotate de potasse........	Id.	1 000	0 500	0 200
— Bromure de potassium....	Id.	0 500	0 200	0 100
— Carbonate de potasse.....	Id.	1 000	0 500	0 200
— Chlorate de potasse.......	Id.	1 000	0 500	0 200
— Iodure de potassium......	Id.	1 000	0 500	0 200
— Permanganate de potasse.	Id.	2 000	1 000	0 500

MATIÈRES ET OBJETS
XILIAIRE DU TERRITOIRE.

HÔPITAL AUXILIAIRE affecté exclusivement au traitement des malades, des contagieux et des convalescents de				OBSERVATIONS.
101 malades et au-dessus	51 à 100 malades.	21 à 50 malades.	20 malades.	
0 020	0 010	0 005	0 002	
0 100	0 050	0 020	0 010	
0 020	0 010	0 005	»	
0 002	0 001	0 0005	»	
6 000	3 000	1 000	0 500	
0 200	0 100	0 050	0 020	
1 000	0 500	0 250	0 100	
0 050	0 020	0 010	0 005	
60 000	50 000	30 000	20 000	Pour la désinfection.
0 250	0 100	0 050	0 020	
2 000	1 000	0 500	0 200	
0 020	0 010	0 005	0 002	
2 000	1 000	0 500	»	
50 000	20 000	10 000	5 000	
2 000	1 000	0 500	0 200	
»	»	»	»	
0 500	0 250	0 200	0 100	
0 100	0 050	0 020	»	
1 000	0 500	0 200	{0 010 en pilules.	
2 000	1 000	0 500	»	
1 000	0 500	0 200	»	
0 500	0 200	0 100	0 050	
2 500	1 000	0 500	0 200	
16 000	8 000	4 000	1 000	
10 000	5 000	2 000	1 000	
1 000	0 500	0 250	0 100	
0 400	0 200	0 100	»	
0 500	0 250	0 100	0 050	
0 300	0 200	0 100	0 050	
15 000	10 000	5 000	2 000	
0 250	0 100	0 050	»	
1 000	0 500	0 200	»	
18 000	12 000	6 000	5 000	Pour les pansements et les désinfections.
0 050	0 020	0 010	0 005	
0 100	0 050	0 020	0 010	
1 000	0 500	0 200	0 100	
0 500	0 200	0 100	0 050	
1 000	0 500	0 200	0 100	
1 000	0 500	0 200	0 100	
1 000	0 500	0 200	0 100	
0 500	0 250	0 100	0 050	

DÉSIGNATION DES MATIÈRES ET OBJETS.	UNITÉ RÉGLEMENTAIRE	QUANTITÉS DE PAR HÔPITAL AU		
		HÔPITAL AUXILIAIRE GÉNÉRAL ou affecté exclusivement au traitement des blessés de		
		101 malades et au-dessus	51 à 100 malades.	50 malades et au-dessous avec un minimum de 20 malades.
Poudre d'ipécacuanha	Kilogr.	0 500	0 200	0 100
— de quinquina gris n° 2	Id.	10 000	5 000	2 000
— de réglisse n° 1	Id.	0 250	0 100	0 050
— de rhubarbe	Id.	0 250	0 100	0 050
Quinine. — Chlorhydrate	Id.	2 000	1 000	0 500
Salol	Id.	1 000	0 500	0 250
Séné. — Feuilles	Id.	0 500	0 200	0 100
Sinapisme liquide	Id.	0 300	0 100	0 050
Sodium. — Benzoate de soude	Id.	0 500	0 200	0 100
— Bicarbonate de soude	Id.	1 000	0 500	0 250
— Borate de soude	Id.	0 500	0 200	0 100
— Chlorure de sodium pur	Id.	0 200	0 100	0 050
— Salicylate de soude	Id.	1 000	0 500	0 250
Soufre sublimé	Id.	2 000	1 000	0 500
Tanin	Id.	0 250	0 100	0 050
Thé de Chine	Id.	5 000	3 000	2 000
Vaseline blanche	Id.	10 000	5 000	2 000
Ergotinine	Id.	0 005	0 0001	»
Zinc. — Chlorure fondu	Id.	0 500	0 200	0 100
— Chlorure de zinc liquide	Id.	50 000	30 000	20 000
— Sulfate officinal	Id.	0 050	0 020	0 010
Granule de digitaline	Nombre.	200	100	50
Sparadrap caoutchouté mercuriel en 0^m,20.	Mètre.	2	1	0 50
— — simple en 0^m,25	Id.	10	4	2
— vésicant en 0^m,22	Id.	1	1	0 50
Accessoires de pharmacie (A).				
Bouchons de liège (grands)	Nombre.	200	100	50
— (petits)	Id.	500	200	100
Étiquettes pour les poisons	Id.	100	50	50
Etui en fer-blanc pour les pilules	Id.	10	5	2
— pour 4 mètres de sparadrap	Id.	5	2	1
Fiole à médecine de 250 millimètres	Id.	100	50	20
— de 125 —	Id.	500	250	100
— de 60 —	Id.	50	20	10
— de 30 —	Id.	50	20	10

(A) Les objets et accessoires de pharmacie figurant sous ce titre peuvent n'être constitués

MATIÈRES ET OBJETS				OBSERVATIONS.
XILIAIRE DU TERRITOIRE.				
HÔPITAL AUXILIAIRE affecté exclusivement au traitement des malades, des contagieux et des convalescents de				
101 malades et au-dessus	51 à 100 malades.	21 à 50 malades.	20 malades.	
0 500	0 200	0 100	0 050	
10 000	5 000	2 000	1 000	
0 250	0 100	0 050	»	
0 250	0 100	0 050	0 020	
2 000	1 000	0 500	0 200	
0 500	0 200	0 100	0 050	
0 500	0 200	0 100	0 050	
0 300	0 100	0 050	0 025	
0 500	0 200	0 100	0 050	
1 000	0 500	0 250	0 100	
0 500	0 200	0 100	0 050	
0 200	0 100	0 050	0 020	
2 000	1 000	0 500	0 200	
2 000	1 000	0 500	0 200	
0 250	0 100	0 050	0 020	
5 000	3 000	2 000	1 000	
5 000	3 000	2 000	1 000	
0 0001	0 0001	»	»	
0 100	0 050	0 050	»	
50 000	30 000	20 000	10 000	Pour les désinfections.
0 050	0 020	0 010	0 005	
100	100	50	25	
1	0 50	0 50	»	
4	2	1	1	
2	1	0 50	0 50	
200	100	50	20	
500	200	100	50	
100	50	50	20	
10	5	2	1	
2	1	1	1	
100	50	20	10	1/3 verre jaune.
500	250	100	50	Id.
50	20	10	5	Id.
50	20	10	5	Id.

qu'à la mobilisation dans les conditions prescrites pour les médicaments.

N° 83 *bis.*

DÉSIGNATION DES MATIÈRES ET OBJETS.	UNITÉ RÉGLEMENTAIRE	QUANTITÉS DE PAR HÔPITAL AU — HÔPITAL AUXILIAIRE GÉNÉRAL ou affecté exclusivement au traitement des blessés de		
		101 malades et au-dessus	51 à 100 malades.	50 malades et au-dessous avec un minimum de 20 malades.
Papier à filtrer (main).................	Nombre.	8	4	2
Indigo. — Carmin desséché..............	Kilogr.	0 025	0 010	0 005
Tournesol d'orcine cristallisé.............	Id.	0 010	0 005	0 002
Agitateur en verre......................	Nombre.	10	5	3
Papier tournesol bleu ou rouge (le cahier).	Id.	6	4	2
Valet en paille tressée..................	Id.	2	1	1

Matières et objets de pansement.

(Acquis dès le temps de paix.)

DÉSIGNATION	UNITÉ	101 malades et au-dessus	51 à 100 malades.	50 malades et au-dessous
Bandage carré.........................	Nombre.	25	15	10
— de corps......................	Id.	50	30	20
— en T........................	Id.	20	15	10
— triangulaire..................	Id.	20	15	10
Bande roulée, en tissu fin, bichlorurée, de 5 mètres sur 0^m,05.....................	Id.	100	80	40
Bande roulée, en tissu fin, bichlorurée, de 5 mètres sur 0^m,065....................	Id.	100	80	40
Bande roulée, en tissu fin, bichlorurée, de 5 mètres sur 0^m,085....................	Id.	100	80	50
Bande roulée, en flanelle, de 3 mètres sur 0^m,05............................	Id.	50	30	20
Bande roulée, en flanelle, de 5 mètres sur 0^m,07............................	Id.	50	30	20
Bande roulée, en gaze à pansement, apprêtée, de 5 mètres sur 0^m,07........	Id.	500	400	200
Bande roulée, en gaze à pansement, apprêtée, de 5 mètres sur 0^m,10..........	Id.	500	400	200
Bande roulée, en gaze à pansement, apprêtée, de 8 mètres sur 0^m,15..........	Id.	500	400	200
Bande roulée, en gaze à pansement, apprêtée, de 10 mètres sur 0^m,20..........	Id.	50	30	20
Bande roulée en toile, de 3 mèt. sur 0^m,05.	Id.	100	80	60
— 3 mèt. sur 0^m,06.	Id.	400	300	200
— 4^m,50 sur 0^m,085.	Id.	100	50	30
Compresse en gaze à pansement bichlorurée, grande (paquet de 10)...........	Id.	100	60	40
Compresse en gaze à pansement bichlorurée, moyenne (paquet de 10)..........	Id.	100	60	40
Compresse en gaze à pansement bichlorurée, petite (paquet de 10).............	Id.	100	60	40

MATIÈRES ET OBJETS				OBSERVATIONS.
XILIAIRE DU TERRITOIRE.				
HÔPITAL AUXILIAIRE affecté exclusivement au traitement des malades, des contagieux et des convalescents de				
101 malades et au-dessus	51 à 100 malades.	21 à 50 malades.	20 malades.	
8	4	2	1	
0 025	0 010	0 005	0 002	
0 010	0 005	0 002	0 001	
10	5	3	2	
6	4	2	2	1/2 bleu, 1/2 rouge.
2	1	1	1	
»	»	»	»	
10	5	3	2	
»	»	»	»	
»	»	»	»	
»	»	»	»	
»	»	»	»	
»	»	»	»	
»	»	»	»	
30	20	10	5	
»	»	»	»	
»	»	»	»	
100	80	50	30	
»	»	»	»	
»	»	»	»	
100	80	50	30	
»	»	»	»	
»	»	»	»	
»	»	»	»	
»	»	»	»	

DÉSIGNATION DES MATIÈRES ET OBJETS.	UNITÉ RÉGLE-MENTAIRE	QUANTITÉS DE PAR HÔPITAL AU		
		HÔPITAL AUXILIAIRE GÉNÉRAL ou affecté exclusivement au traitement des blessés de		
		101 malades et au-dessus	51 à 100 malades.	50 malades et au-dessous avec un minimum de 20 malades.
Compresse en toile, grande	Nombre.	200	150	100
— moyenne	Id.	200	150	100
— petite	Id.	200	150	100
Coton cardé supérieur (paquet de 0k,500)	Id.	50	40	20
— en bande (paquet de 0k,200)	Id.	50	30	20
Coton cardé supérieur en nappes (paquet de 0k,500)	Id.	50	30	20
Coton cardé pour rembourrage	Kilogr.	30 000	20 000	10 000
Coton hydrophile (paquet de 0 k. 250)	Nombre.	100	80	60
Crins de Florence purifiés (flacon de)	Id.	15	10	5
Drap en toile pour pansements, grand.	Id.	10	8	6
— — petit, 1/2 drap	Id.	10	8	6
Drap fanon, en toile, pour cuisse	Id.	10	8	6
— — pour jambe	Id.	20	16	12
Echarpe quadrilatère, en toile	Id.	50	30	20
— triangulaire, —	Id.	50	30	20
Epingle à pansement	Id.	5.000	3.000	2.000
— à suture	Id.	300	200	100
— de sûreté (boîte de 12)	Id.	20	15	10
Feuille à température	Id.	800	500	200
Fil d'argent, gros (rouleau de 0ᵐ,50)	Id.	6	4	3
— moyen —	Id.	6	4	3
— fin —	Id.	6	4	3
Gaze à pansement apprêtée en 0ᵐ,65 de large (paquet de 20 mètres)	Id.	20	10	8
Gaze à pansement non apprêtée en 0ᵐ,70 de large (paquet de 10 mètres)	Id.	100	80	50
Gaze à pansement non apprêtée en 0ᵐ,70 de large (paquet de 5 mètres)	Id.	»	»	»
Ouate de tourbe, en nappes (paquet de 0 k. 250)	Id.	100	80	60
Soie à ligature antiseptique (Bobine de)	Id.	20	12	8
Tube à drainage de 1 mètre de long (1)	Id.	20	10	4
Ruban de fil	Kilogr.	2 000	1 000	0 500
Talc de Venise, en poudre	Id.	3 000	2 000	1 000

(1) Les objets en caoutchouc peuvent n'être constitués qu'à la mobilisation dans les condi

MATIÈRES ET OBJETS	HÔPITAL AUXILIAIRE affecté exclusivement au traitement des malades, des contagieux et des convalescents de				OBSERVATIONS.
XILIAIRE DU TERRITOIRE.	101 malades et au-dessus	51 à 100 malades.	21 à 50 malades.	20 malades.	
	100	80	50	30	
	100	80	50	30	
	100	80	50	30	
	10	8	5	4	
	»	»	»	»	
	»	»	»	»	
	»	»	»	»	
	8	6	4	2	
	»	»	»	»	
	2	1	1	»	
	2	1	1	»	
	»	»	»	»	
	»	»	»	»	
	»	»	»	»	
	»	»	»	»	
	500	300	200	100	
	»	»	»	»	
	»	»	»	»	
	800	500	200	100	
	»	»	»	»	Assortis, des numéros 0,001, 0,0009, 0,0008.
	»	»	»	»	— — 0,0007, 0,0006, 0,0005.
	»	»	»	»	— — 0,0004, 0,0003, 0,0002.
	»	»	»	»	
	»	»	»	»	
	10	8	5	3	
	»	»	»	»	
	»	»	»	»	Assortie, des numéros 1, 2, 3, 4.
	»	»	»	»	
	»	»	»	»	
	»	»	»	»	

tions prescrites pour les médicaments.

DÉSIGNATION DES MATIÈRES ET OBJETS.	UNITÉ RÉGLEMENTAIRE	QUANTITÉS DE PAR HÔPITAL AU		
		HÔPITAL AUXILIAIRE GÉNÉRAL ou affecté exclusivement au traitement des blessés de		
		101 malades et au-dessus	51 à 100 malades.	50 malades et au-dessous avec un minimum de 20 malades.
Tissus pour pansements. (Acquis dès le temps de paix.)				
Tissu imperméable, pour alèzes, en $0^m,80$ de large	Mètre.	50 00	30 00	20 00
Tissu imperméable, pour pansement, en $1^m,20$ de large (A)	Id.	100 00	80 00	60 00
Objets et accessoires pour pansement (Acquis dès le temps de paix.)				
Brosse à antisepsie	Nombre.	10	8	4
Compte-gouttes, à tube en caoutchouc, pour instillations	Id.	2	1	1
Lacs en treillis, avec boucle	Id.	150	100	50
Ruban métrique	Id.	2	1	1
Seringue en verre, pour injections, avec étui	Id.	18	8	6
Ventouse en verre	Id.	20	10	10
Appareils et objets pour fractures. (Acquis dès le temps de paix.)				
Bandage à fracture pour avant-bras	Nombre.	10	8	4
— bras	Id.	10	8	4
— cuisse	Id.	10	8	4
— jambe	Id.	20	15	6
Béquille à sabot, mobile	Id.	15	8	6
Carton (Bande de)	Id.	30	20	15
Coussin à fracture de $1^m,05$ de longueur	Id.	30	20	10
— $0^m,85$ —	Id.	20	10	8
— $0^m,65$	Id.	30	20	10
— $0^m,32$	Id.	30	20	10
Coussin matelassé, pour gouttière, de bras et avant-bras, côté droit	Id.	10	8	4
Coussin matelassé, pour gouttière, de bras et avant-bras, côté gauche	Id.	10	8	4

(A) Les quantités de tissu caoutchouté pour pansement peuvent n'être constituées qu'à la

MATIÈRES ET OBJETS				OBSERVATIONS.
XILIAIRE DU TERRITOIRE.				
HÔPITAL AUXILIAIRE affecté exclusivement au traitement des malades, des contagieux et des convalescents de				
101 malades et au-dessus	51 à 100 malades	21 à 50 malades.	20 malades.	
100 00	80 00	30 00	20 00	
5 00	4 00	3 00	2 00	
3	2	1	1	
2	1	1	1	
»	»	»	»	
»	»	»	»	
6	4	2	2	
25	15	11	8	Grandes, moyennes, petites, assorties.
»	»	»	»	
»	»	»	»	
»	»	»	»	
»	»	»	»	
»	»	»	»	
»	»	»	»	
»	»	»	»	
»	»	»	»	
»	»	»	»	
»	»	»	»	
»	»	»	»	
»	»	»	»	

mobilisation dans les conditions prescrites pour les médicaments.

DÉSIGNATION DES MATIÈRES ET OBJETS.	UNITÉ RÉGLEMENTAIRE	QUANTITÉS DE PAR HÔPITAL AU		
		HÔPITAL AUXILIAIRE GÉNÉRAL ou affecté exclusivement au traitement des blessés de		
		101 malades et au-dessus	51 à 100 malades.	50 malades et au-dessous avec un minimum de 20 malades.
Coussin matelassé, pour gouttière, de cuisse et jambe, côté droit.............	Nombre.	10	8	4
Coussin matelassé, pour gouttière, de cuisse et jambe, côté gauche...........	Id.	10	8	4
Coussin matelassé, pour gouttière, de jambe.................................	Id.	15	10	5
Coussin ordinaire, grand..................	Id.	10	8	4
— moyen................	Id.	10	8	4
— petit....................	Id.	10	8	4
Plâtre à mouler (boîte en fer-blanc soudée de 5 kilogrammes).................	Id.	10	6	4

Objets de consommation.

(Peuvent n'être acquis qu'au moment de la mobilisation et selon les besoins.)

DÉSIGNATION DES MATIÈRES ET OBJETS.	UNITÉ RÉGLEMENTAIRE	101 malades et au-dessus	51 à 100 malades.	50 malades et au-dessous
Aiguille.................................	Nombre.	50	25	25
Canif...................................	Id.	3	2	1
Crayon..................................	Id.	12	8	6
Epingle.................................	Id.	2.000	1.000	500
Etui à aiguilles..........................	Id.	2	1	1
Gomme élastique (Morceau de)..........	Id.	3	2	1
Encre (flacon de 0k,250)................	Id.	6	3	2
Grattoir................................	Id.	3	2	1
Papier à enveloppes (main)..............	Id.	15	10	5
— à états, moyen format (main)....	Id.	3	2	1
— à lettres (main)..................	Id.	10	8	6
— écolier (main)...................	Id.	10	10	8
Plumes métalliques (Boîte de)..........	Id.	2	1	1
Porte-plume............................	Id.	12	8	6
Règle	Id.	4	3	2
Pointes diverses.........................	Kilogr.	1.000	1.000	1.000
Fil à coudre.............................	Id.	0.250	0.100	0.050
Mèches-veilleuses	Id.	1.000	0.500	0.500
Porte-mèche............................	Id.	0.200	0.100	0.100

MATIÈRES ET OBJETS XILIAIRE DU TERRITOIRE. HÔPITAL AUXILIAIRE affecté exclusivement au traitement des malades, des contagieux et des convalescents de				OBSERVATIONS.
101 malades et au-dessus	51 à 100 malades.	21 à 50 malades.	20 malades.	
»	»	»	»	
»	»	»	»	
»	»	»	»	
»	»	»	»	
»	»	»	»	
»	»	»	»	
»	»	»	»	
50	25	25	25	
3	2	1	1	
10	8	6	4	
2.000	1.000	500	500	
2	1	1	1	
3	2	1	1	
6	3	2	1	
3	2	1	1	
15	10	5	2	
3	2	1	1	
10	8	6	4	
10	10	8	6	
2	1	1	1	
12	8	6	4	
4	3	2	2	
1 000	1 000	1 000	0 500	
0 250	0 100	0 050	0 020	
1	0 500	0 500	0 200	
0 200	0 100	0 100	0 050	

DESIGNATION DES MATIÈRES ET OBJETS.	UNITÉ RÉGLE-MENTAIRE	QUANTITÉS DE PAR HÔPITAL AU HÔPITAL AUXILIAIRE GÉNÉRAL ou affecté exclusivement au traitement des blessés de		
		101 malades et au-dessus	51 à 100 malades.	50 malades et au-dessous avec un minimum de 20 malades.
Règlements, documents et imprimés. (Constitués dès le temps de paix.)				
1° RÈGLEMENTS. *Service de santé.*				
Instruction du 5 mai 1899 sur l'utilisation, en temps de guerre, des ressources du territoire national pour l'hospitalisation des malades et des blessés de l'armée..	Nombre.	1	1	1
Règlement du 25 novembre 1889 sur le service de santé à l'intérieur	Id.	2	1	1
Règlement du 31 octobre 1892 sur le service de santé en campagne	Id.	1	1	1
Nomenclature générale du matériel du service de santé	Id.	1	»	»
Formulaire pharmaceutique	Id.	1	1	1
Service général.				
Instruction sur l'alimentation en campagne	Nombre.	1	1	1
2° REGISTRES ET IMPRIMÉS. *Service général.*				
Registre du vaguemestre	Nombre.	1	1	1
Contrôle, effectif, comptabilité en journées.				
Bulletin d'admission ou de sortie	Nombre.	750	250	125
Registre des militaires non catholiques..	Id.	1	1	1
Etat nominatif des sortants	Id.	500	200	20
Déclaration de décès	Id.	100	40	0
Registre de décès	Id.	1	1	41
Extrait du registre des décès	Id.	200	80	10
Feuille d'évacuation	Id.	20	15	10
— (intercalaires)	Id.	20	15	100
Registre des entrées des malades	Id.	1	1	1

| MATIÈRES ET OBJETS XILIAIRE DU TERRITOIRE. HOPITAL AUXILIAIRE affecté exclusivement au traitement des malades, des contagieux et des convalescents de | | | | OBSERVATIONS. |
101 malades et au-dessus	51 à 100 malades.	21 à 50 malades.	20 malades.	
1	1	1	1	
2	1	1	1	
1	1	1	1	
1	»	»	»	
1	1	1	1	
1	1	1	1	
1	1	1	1	
750	250	125	50	
1	1	1	1	
500	200	100	40	
100	40	20	10	
1	1	1	1	
200	80	40	20	
20	15	10	10	
20	15	10	»	
1	1	1	1	

DÉSIGNATION DES MATIÈRES ET OBJETS.	UNITÉ RÉGLE-MENTAIRE	QUANTITÉS DE PAR HÔPITAL AU		
		HÔPITAL AUXILIAIRE GÉNÉRAL ou affecté exclusivement au traitement des blessés de		
		101 malades et au-dessus	51 à 100 malades.	50 malades et au-dessous avec un minimum de 20 malades.
Dépôts et successions.				
Registre à souche des dépôts et valeurs.	Nombre.	1	1	1
— des effets et armes déposés.....	Id.	1	1	1
Récépissé des mandats ou bons de poste.	Id.	100	50	25
Etat des effets faisant partie de la succession..........	Id.	200	80	40
Compte annuel de destination (feuille de tête)............	Id.	2	2	2
Compte annuel de destination (intercalaires)...............	Id.	10	8	6
Statistique médicale.				
Registre de statistique médicale.........	Nombre.	1	1	1
Situation, mouvement des malades.				
Situation journalière des malades (formations sanitaires).............	Nombre.	300	300	300
Etat nominatif de mutation des malades..	Id.	100	100	100
Dépôts et successions.				
Carnet des successions et des effets et armes en dépôt.............	Nombre.	1	1	1
Bordereau des sommes laissées (feuille de tête)...............	Id.	200	80	40
Bordereau des sommes laissées (intercalaires)...............	Id.	100	40	20
Relevé des successions (feuille de tête)..	Id.	200	80	40
— (intercalaires)....	Id.	100	40	20
Société d'assistance.				
Compte trimestriel en journées..........	Nombre.	10	10	10

MATIÈRES ET OBJETS XILIAIRE DU TERRITOIRE. HÔPITAL AUXILIAIRE affecté exclusivement au traitement des malades, des contagieux et des convalescents de				OBSERVATIONS.
101 malades et au-dessus	51 à 100 malades.	21 à 50 malades.	20 malades.	
1	1	1	1	
1	1	1	1	
100	50	25	25	
200	80	40	20	
2	2	2	2	
10	8	6	2	
1	1	1	1	
300	300	300	300	
100	100	100	100	
1	1	1	1	
200	80	40	20	
100	40	20	10	
200	80	40	20	
100	40	20	10	
10	10	10	10	

SOCIÉTES D'ASSISTANCE
AUX BLESSÉS ET MALADES
DES ARMÉES DE TERRE ET DE MER.

(2)

Hôpitaux auxiliaires du territoire.

MODÈLE Nº 10

Art. 47 de l'instruction du 5 mai 1899.

DIMENSIONS :

Hauteur 0ᵐ,360
Largeur 0ᵐ,250

SITUATION des ressources en personnel, matériel et fonds, réunies en vue du fonctionnement de l'hôpital auxiliaire du territoire à établir à   et devant contenir   lits (3).

1º PERSONNEL.

A PERSONNEL SUPÉRIEUR.	NÉCES-SAIRES.	RÉGULIÈ-REMENT engagés.	A ENGAGER.	OBSERVA-TIONS.
Médecins traitants, y compris le médecin-chef............ (Docteurs en médecine.)				
Aides-médecins............... (Docteurs en médecine, officiers de santé, étudiants en médecine pourvus de 12 inscriptions de doctorat.)				
Pharmaciens (de 1ʳᵉ ou de 2ᵉ classe)........				
Administrateur (homme ou dame).....................				
Comptables (hommes ou dames).				
B PERSONNEL SECONDAIRE.				
Infirmiers-majors et surveillants (hommes ou dames)....				
Infirmiers (hommes ou dames, toutes catégories réunies)....				
Concierge............... ...				

2º MATÉRIEL.

DÉSIGNATION DES OBJETS PAR CATÉGORIE.	OBJETS ACQUIS. — (Ecrire en toutes lettres dans cette colonne, suivant les cas, les mots : « Totalité des nécessaires » ; « Moitié des nécessaires » ; « Moins de la moitié des nécessaires ». ; « Néant ».	OBSERVATIONS.
1º Instruments de chirurgie...		
2º Objets et accessoires de pansement..................		
3º Objets de couchage........		
4º Habillement. Lingerie et chaussure..............		
5º Lingerie..................		
6º Objets spéciaux à l'usage des malades............		
7º Objets pour le service des bains...................		
8º Objets et vaisselle pour les repas...................		
9º Objets de bureau.........		
10º Objets pour le service en campagne..............		
11º Matières et objets de pansement...................		
12º Tissus pour pansement.....		
13º Objets et accessoires de pansement..................		
14º Appareils et objets pour fractures...............		

3° FONDS.

NÉCESSAIRES	EXISTANTS.	MANQUANTS.	DÉSIGNATION ET ADRESSE du DÉPOSITAIRE DES FONDS. (Personne ou établissement.)	OBSERVATIONS.

A   , le   1 .   A   , le   1

Le Président du comité local,   *Le Délégué régional,*

A   , le   1 .

*Le Directeur du service de santé de la région
du corps d'armée.*

RÉGION
DE CORPS D'ARMÉE.
—
VILLE
d (1)

(1) Indiquer la ville où 'hôpital auxiliaire du territoire doit être établi.
(2) Désigner la société.
(3) Établir une demande distincte pour le personnel de chaque hôpital auxiliaire du territoire.
(4) Cet état est fourni par les sociétés d'assistance.

SOCIÉTÉS D'ASSISTANCE
AUX BLESSÉS ET MALADES DES ARMÉES DE TERRE ET DE MER.

(2)

Hôpital auxiliaire du territoire n°   (3).

MODÈLE N° 11.
—
Art. 58 de l'instruction du 5 mai 1899.

DIMENSIONS :

Longueur........ 0^m,360
Hauteur......... 0^m,250

DEMANDE DE PERSONNEL MILITAIRE (4)

NOMS ET PRÉNOMS de chaque homme.	RÉSIDENCE de L'HOMME.	AGE DE L'HOMME.	PROFESSION de L'HOMME.	SITUATION de L'HOMME au point de vue militaire (a).	SUBDIVISION où L'HOMME a concouru au tirage au sort (b).	NUMÉRO sous lequel l'homme est inscrit au registre matricule du recrutement (b)	EMPLOI attribué à L'HOMME dans l'hôpital auxiliaire du territoire n°	SÉRIE dans laquelle est classé l'hôpital auxiliaire du territoire n°	OBSERVATIONS. Faire ressortir, le cas échéant, que l'hôpital auxiliaire du territoire n° pourra être classé en 1re ou 2e série après affectation des hommes demandés.

A   , le   1 .
Le Délégué régional.

A   , le   1 .
Le Directeur du service de santé de la région de corps d'armée.

(a) Mentionner, d'après les indications du livret individuel dont l'homme est détenteur, la classe de mobilisation et la catégorie de réserve (réserve de l'armée territoriale, services auxiliaires) auxquelles l'homme appartient.
(b) Renseignements figurant à la 1re page du livret individuel.

MODÈLE Nº 12.
—
Art. 60 de l'instruction
du 5 mai 1899.

DIMENSIONS :

Longueur....... 0ᵐ,300
Hauteur........ 0ᵐ,250

• RÉGION
DE CORPS D'ARMÉE.
—
VILLE

d (1)

(1) Indiquer la ville où l'hôpital auxiliaire du territoire doit être établi.
(2) Désigner la société.
(3) Établir une demande distincte pour le personnel de chaque hôpital auxiliaire du territoire.
(4) Cet état est fourni par les sociétés d'assistance.

SOCIÉTÉS D'ASSISTANCE

AUX BLESSÉS ET MALADES DES ARMÉES DE TERRE ET DE MER.
—

(2)
—

ÉTAT DES MÉDECINS

(docteurs en médecine, officiers de santé, étudiants en médecine pourvus de 12 inscriptions de doctorat) demandés pour le service de l'hôpital auxiliaire du territoire nº   (3) (4).

NOM ET PRÉNOMS de chaque intéressé.	RÉSIDENCE de L'INTÉRESSÉ.	ÂGE DE L'INTÉRESSÉ.	PROFESSION de L'INTÉRESSÉ. (Docteur ou étudiant en médecine ou officier de santé.)	SITUATION de L'INTÉRESSÉ au point de vue militaire (a).	SUBDIVISION où L'INTÉRESSÉ a concouru au tirage au sort (b).	NUMÉRO sous lequel l'intéressé est inscrit au registre matricule du recrutement (b).	EMPLOI attribué à L'INTÉRESSÉ dans l'hôpital auxiliaire du territoire nº	SÉRIE dans laquelle est classé l'hôpital auxiliaire du territoire nº	OBSERVATIONS. Faire ressortir, le cas échéant, que l'hôpital auxiliaire du territoire nº pourra être classé en 1ʳᵉ ou 2ᵉ série, après affectation des médecins demandés.

A   , le   1   A   , le   1   A   , le   1

Le Délégué régional,   Le Général commandant la région   Le Directeur du service de santé
                                         de corps d'armée.   de la région de corps d'armée.

a) Si l'intéressé est lié au service militaire, mentionner, d'après les indications du livret individuel dont il est détenteur, la classe de mobilisation et la catégorie de réserve (serve de l'armée territoriale, services auxiliaires) auxquelles il appartient. S'il est dégagé de toute obligation militaire, en indiquer expressément le motif (âgé de plus de 45 ans, exempté, réformé). — (b) Renseignements figurant à la 1ʳᵉ page du livret individuel; ne seront pas fournis si l'intéressé est dégagé de toute obligation militaire.

• RÉGION
DE CORPS D'ARMÉE.
—

VILLE

d (1)

(1) Indiquer la ville où l'hôpital auxiliaire du territoire doit être établi.
(2) Désigner la société.
(3) Établir une demande distincte pour les brassards nécessaires dans chaque hôpital auxiliaire du territoire.
(4) Cet état est fourni par les sociétés d'assistance.

SOCIÉTÉS D'ASSISTANCE
AUX BLESSÉS ET MALADES
DES ARMÉES DE TERRE ET DE MER.

(2)

**Hôpital auxiliaire
du territoire n°** (3).

MODÈLE N° 13.
—
Art. 65 de l'instruction
du 5 mai 1899.

DIMENSIONS :
Hauteur........ 0ᵐ,360
Largeur........ 0ᵐ,250

DEMANDE DE BRASSARDS DE NEUTRALITÉ [4]

DÉSIGNATION DES OBJETS.	QUANTITÉS			NUMÉRO D'ORDRE à apposer sur chaque brassard (a).	A EXPÉDIER par (b)	OBSERVATIONS.
	nécessaires.	existantes.	demandées.			
Brassards de neutralité.........						(a) Les numéros à apposer seront indiqués par le directeur du service de santé de la région de corps d'armée. (b) Cette colonne sera remplie par l'administration centrale de la guerre.

A   , le   1   .   A   , le   1   .
Le Président du comité local,   *Le Délégué régional,*

A   , le   1   .
*Le Directeur du service de santé de la région
de corps d'armée.*

e RÉGION
DE CORPS D'ARMÉE.

—

DÉPARTEMENT

d (1)

—

VILLE

d (1)

(2)

SOCIÉTÉS D'ASSISTANCE

AUX MALADES ET BLESSÉS

DES ARMÉES DE TERRE ET DE MER.

MODÈLE Nº 14.

—

Art. 16 et 69 de l'instruction du 5 mai 1899 sur l'utilisation, en temps de guerre, des ressourcesduterritoire national pour l'hospitalisation des malades et des blessés de l'armée.

DIMENSIONS DU JOURNAL DE MOBILISATION :

Hautéur .... 0^m,340
Largeur .... 0^m,250

JOURNAL DE MOBILISATION

DE L'HOPITAL AUXILIAIRE DU TERRITOIRE

Nº   (3)

Destiné aux (4)
Comprenant   lits
Devant ouvrir le   jour de la mobilisation.

---

(1) Indiquer le département et la ville où l'hôpital auxiliaire du territoire doit être établi.

(2) Désigner la société.

(3) Le journal de mobilisation est fourni par les sociétés d'assistance.

(4) Indiquer si l'hôpital auxiliaire du territoire doit recevoir à la fois des malades et des blessés ou, exclusivement, soit des malades, soit des blessés soit des convalescents.

TABLE DES MATIÈRES

Instruction pour la tenue du journal.

Le journal de mobilisation est écrit d'abord à l'encre noire et seulement sur une des pages de chaque feuillet.

Les modifications qui y seront apportées ultérieurement seront inscrites à l'encre rouge, soit dans les interlignes des pages déjà remplies, soit sur les pages laissées en blanc.

Les noms, mots ou chiffres à rectifier ne seront pas effacés, mais simplement marqués d'un trait rouge.

Lorsque les surcharges deviendront trop nombreuses, le journal de mobilisation devra être refait en entier.

Les pièces visées à l'article n° 69 de l'instruction du 5 mai 1899 sont seules placées dans la poche du journal de mobilisation.

Les autres pièces relatives à l'organisation de l'hôpital auxiliaire du territoire n°   sont réunies suivant leur nature dans des chemises en papier fort, marquées chacune d'une lettre spéciale, et ces chemises sont placées, avec le journal de mobilisation, dans une chemise commune en carton.

CHAPITRE Ier.

DESCRIPTION DE L'ÉTABLISSEMENT CONCÉDÉ POUR L'INSTALLATION DE L'HOPITAL AUXILIAIRE DU TERRITOIRE N°

A. — Destination normale de l'établissement : indication du propriétaire (Etat, département, commune, particulier avec nom et adresse) et, s'il y a lieu, du locataire (nom et adresse) intéressé.

B. — Situation de l'établissement : élévation et nature du terrain sur lequel il est construit; son orientation, son exposition aux vents; sa position par rapport à la ville; sa distance de la gare la plus voisine; état des routes qui le relient à la ville et à la gare; moyens de transport existants (omnibus, tramways).

C. — Description sommaire des chambres d'habitation (cubage, état des parquets, revêtement intérieur des murs, nombre et situation des fenêtres, moyens d'aération permanente et de chauffage) et des locaux accessoires (cuisine, réfectoire, lavabos, salles de bains).

D. — Eau d'alimentation : son origine, sa qualité, sa quantité eu égard aux besoins à satisfaire, sa distribution dans l'établissement.
Le cas échéant, moyens d'épuration employés, analyses connues.

E. — Type de latrines en usage; mode de vidange; issue des eaux pluviales et ménagères; égouts.

F. — Causes d'insalubrité au voisinage de l'établissement.

G. — Moyens d'éclairage artificiel employés (lampes diverses, gaz, électricité); leur distribution générale.

(Laisser les deux feuillets suivants en blanc.)

CHAPITRE II.

DESCRIPTION DE L'ÉTABLISSEMENT MODIFIÉ EN VUE DU FONCTIONNE-
MENT DE L'HOPITAL AUXILIAIRE DU TERRITOIRE N°   .

(Se reporter à la notice n° 7 annexée à l'instruction du 5 mai 1899.)

A. — Nombre de malades ou blessés que l'établissement peut contenir.

B. — Mesures arrêtées en vue de rendre l'établissement disponible à un jour déterminé de la mobilisation (ce jour sera celui où doivent commencer les travaux d'adaptation dans l'établissement).

C. — Etat estimatif des travaux qu'il paraîtrait absolument indispensable d'effectuer dans l'établissement pour l'adapter aux conditions de fonctionnement d'un hôpital, sous les réserves formulées à l'article 21 (paragraphe numéroté 3) de l'instruction du 5 mai 1899 :

1º Modifications aux locaux existants (elles ne portent, en principe, que sur leur division et leur éclairage);

2º Construction, s'il y a lieu, de locaux accessoires nouveaux ;

3º Améliorations à introduire, le cas échéant, dans la distribution de l'eau, du gaz ou de l'électricité, dans l'organisation ou le fonctionnement des latrines et des voies d'écoulement pour eaux ménagères et eaux d'égout.

D. — Description sommaire de l'établissement en supposant les divers locaux aménagés et répartis en vue du fonctionnement de l'hôpital auxiliaire (plan sommaire à l'appui).

(Laisser les deux feuillets suivants en blanc.)

Récapitulation des sommes à dépenser pour l'exécution
des travaux d'adaptation.

1º Modifications aux locaux existants ....

2º Construction de locaux nouveaux........................

3º Améliorations diverses................................

TOTAL.....................

CHAPITRE III.

PERSONNEL ENGAGÉ EN VUE DU FONCTIONNEMENT DE L'HOPITAL AUXILIAIRE DU TERRITOIRE N°

(Se reporter à la notice n° 8 annexée à l'instruction du 5 mai 1899.)

	NÉCESSAIRES.	EXISTANTS.	MANQUANTS.	JOUR de la mobilisation fixé pour l'arrivée au lieu de destination.	OBSERVATIONS.
A. — PERSONNEL SUPÉRIEUR.					
Médecins traitants, y compris le médecin-chef (docteurs en médecine)...............					
Aides-médecins (docteurs en médecine, officiers de santé, étudiants en médecine pourvus de 12 inscriptions de doctorat)................					
Pharmaciens (de 1re ou de 2e classe)............					
Administrateur (homme ou dame).............					
Comptables (hommes ou dame)...............					
B. — PERSONNEL SECONDAIRE.					
Infirmier (ou infirmière) major pour le service des salles de malades......................					
Infirmiers (ou infirmières) pour les salles des malades...........................					
Infirmiers (ou infirmières) pour la salle de chirurgie..............................					
Infirmiers (ou infirmières) pour la cuisine et la dépense............................					
Infirmiers (ou infirmières) pour la pharmacie...					
Infirmiers (ou infirmières) pour la lingerie-buanderie.............................					
Infirmiers (ou infirmières) commis aux écritures..............................					
Infirmiers (ou infirmières) pour la propreté et l'entretien de l'établissement................					
Infirmier (ou infirmière) surveillant...........					
Concierge.................................					

PERSONNEL SUPÉRIEUR.

État nominatif du personnel.

NOM et PRÉNOMS.	DATE de la NAIS-SANCE.	CLASSE de MOBILI-SATION et caté-gorie de réserve. (a)	EMPLOI dans L'HÔPI-TAL auxi-liaire du ter-ritoire.	ADRESSE.		Jour de la mobilisation fixé pour l'arrivée au lieu de destination.	OBSERVA-TIONS.
				VILLE.	RUE et NUMÉRO.		

A. — HOMMES.

(a) Ces indications seront fournies en abrégé : Ex. : 1880 Serv. aux. 1876 R. A. terr.

Pour les hommes dégagés de toute obligation militaire, on insérera dans cette colonne, au lieu des indications relatives à la classe de mobilisation et à la catégorie de réserve, le mot « dégagé ».

A'. — DAMES.

PERSONNEL SECONDAIRE.

État nominatif du personnel (suite).

NOM et PRÉNOMS.	CLASSE de MOBILI-SATION et catégorie de réserve. (a)	PROFES-SION en temps de paix.	EMPLOI dans L'HÔPI-TAL auxi-liaire du ter-toire.	ADRESSE.		Jour de la mobilisation fixé pour l'arrivée au lieu de destination.	OBSERVA-TIONS.
				VILLE.	RUE et NUMÉRO.		

B. — HOMMES DES SERVICES AUXILIAIRES DE L'ARMÉE OU DE LA RÉSERVE DE L'ARMÉE TERRITORIALE.

(a) Ces indications seront fournies en abrégé. Ex. :
1880 Serv. aux.
1876 R. A. terr.

PERSONNEL SECONDAIRE (*suite*).

État nominatif du personnel (suite).

NOM et PRÉNOMS.	DATE de la NAISSANCE.	PROFESSION en temps de paix.	EMPLOI dans L'HÔPITAL auxiliaire du territoire.	ADRESSE.		Jour de la mobilisation fixé pour l'arrivée au lieu de destination.	OBSERVATIONS.
				VILLE.	RUE et NUMÉRO.		

B'. — HOMMES DÉGAGÉS DE TOUTE OBLIGATION MILITAIRE.

PERSONNEL SECONDAIRE (*suite*).

État nominatif du personnel (suite).

NOM et PRÉNOMS.	DATE de la NAISSANCE.	PROFESSION en temps de paix.	EMPLOI dans L'HÔPITAL auxiliaire du territoire.	ADRESSE.		Jour de la mobilisation fixé pour l'arrivée au lieu de destination.	OBSERVATIONS.
				VILLE.	RUE et NUMÉRO.		
B". — FEMMES.							

MATÉRIEL CONSTITUÉ EN VUE DU FONCTIONNEMENT

Se reporter à la notice n° 9 an

DÉSIGNATION DES MATIÈRES ET OBJETS.	UNITÉ RÉGLE- MENTAIRE.	NÉCES- SAIRES.	EXIS- TANTS.
Instruments de chirurgie.			
(Acquis dès le temps de paix.)			
Boîte n° 2. Aspirateur de Potain.......................	Nombre.		
— n° 3. Amputation, résection, trépanation (petite boîte).	Id.		
— n° 4. Boîte complémentaire de la boîte n° 3......	Id.		
— n° 5. Couteaux et bistouris de rechange...........	Id.		
— n° 16. Thermocautère.	Id.		
— n° 19. Autopsie (petite boîte).......................	Id.		
— n° 25. Trousse de médecin........................	Id.		
— n° 26. Trousse d'infirmier.	Id.		
Aiguille à suture ordinaire...........................	Id.		
Bougie en gomme (1) (*b*)...........................	Id.		
Canule à trachéotomie, à plaque ordinaire, avec mandrin conducteur de Krishaber (n° 5).......................	Id.		
Canule pour lavements, en gomme.......................	Id.		
Clef de Garengeot...................................	Id.		
Davier pour extraction des dents........................	Id.		
Pierre à affiler les instruments tranchants................	Id.		
Seringue pour injections hypodermiques, en argent, de Pravaz.	Id.		
Seringue en caoutchouc durci, pour injections hypodermiques.	Id.		
Seringue en caoutchouc durci, grand modèle n° 5.........	Id.		
Seringue stérilisable pour sérothérapie, avec accessoires.	Id.		
Sonde en caoutchouc rouge, à œil travaillé de Nélaton (*b*).	Id.		
Sonde en gomme (1) (*b*).............................	Id.		
Thermomètre à mercure pour les salles..................	Id.		
Thermomètre médical, ordinaire.......................	Id.		
Tube de Faucher, sans entonnoir.......................	Id.		

(*a*) Si les matières ou objets ne doivent pas être constitués en raison de l'affectation spéciale mots « Non prévu ».

TRE VI.

DE L'HOPITAL AUXILIAIRE DU TERRITOIRE N°

nexée à l'instruction du 5 mai 1899. (a)

MAN-QUANTS.	réellement acquis dès le temps de paix.	constitués dès le temps de paix par promesses écrites de personnes les possédant.	constitués par marchés conditionnels passés dès le temps de paix (b).	à acquérir au moment de la mobilisation.	OBSERVATIONS.
					(b) Certains objets doivent être constitués au moyen de ces marchés s'ils ne sont, dès le temps de paix, soit réellement acquis, soit promis sur déclarations écrites par des personnes les possédant; ce sont : Les effets d'habillement pour malades, en laine ou en flanelle; Les médicaments et les accessoires de pharmacie, les objets en caoutchouc ou en gomme, les objets pour le service de la buanderie. (Art. 53 de l'instruction du 5 mai 1899.) Les sociétés ont, en outre, la faculté de passer des marchés conditionnels en vue de la constitution des objets qui, d'après les indications de la notice n° 9 annexée à l'instruction du 5 mai 1899, peuvent n'être acquis qu'au moment de la mobilisation. (1) Les bougies et les sondes en gomme sont des numéros 6, 8, 10, 12, 14, 16, 18, 20, 22, 24. Grosses, à bouts olivaires, longues. Fines, à bouts coniques, longues. Fines, à bouts coniques, moyennes. Avec 6 crochets. 1 courbe et 1 droit. Avec 2 canules. 1/2 de 0^m,32, 1/2 de 0^m,36 de long.

attribuée à l'hôpital auxiliaire du territoire, on inscrira dans la colonne « Observations » les

DÉSIGNATION DES MATIÈRES ET OBJETS.	UNITÉ RÉGLEMENTAIRE.	NÉCESSAIRES.	EXISTANTS.
Objets et accessoires de pansement.			
(Acquis dès le temps de paix.)			
Appareil de chirurgie..	Nombre.		
Appareil pour l'examen des urines (complet)................	Id.		
Cuvette à pansement en fer battu, grande...................	Id.		
Cuvette à pansement en fer battu, petite....................	Id.		
Irrigateur Éguisier de 1 litre.....................................	Id.		
Attelle en bois, palette palmaire................................	Id.		
— pour l'avant-bras.	Id.		
— pour bras.	Id.		
— pour la cuisse, grande externe.........:	Id.		
— pour la cuisse, grande interne..........	Id.		
— pour la jambe, grande.........................	Id.		
— pour la jambe, petite...........................	Id.		
Cerceau à fracture, grand...	Id.		
— — moyen.	Id.		
— — petit.	Id.		
Gouttières en fil de fer, de Bonnet, matelassée, pour adulte.	Id.		
Gouttières en fil de fer, pour bras et avant-bras, côté droit.	Id.		
Gouttières en fil de fer, pour bras et avant-bras, côté gauche.	Id.		
Gouttières en fil de fer, pour la cuisse et la jambe, côté droit, grande.	Id.		
Gouttières en fil de fer, pour la cuisse et la jambe, côté droit, petite.	Id.		
Gouttières en fil de fer, pour la cuisse et la jambe, côté gauche, grande.	Id.		
Gouttières en fil de fer, pour la cuisse et la jambe, côté gauche, petite.	Id.		
Gouttières en fil de fer, pour jambe............................	Id.		
Poulie mobile pour tractions continues.......................	Id.		
Bouilleur pour stériliser les instruments.....................	Id.		
Matériel de désinfection.			
(Peut n'être acquis qu'au moment de la mobilisation et selon les besoins.)			
Caisse cylindrique, pour transporter les effets à désinfecter.	Id.		
Sac à désinfection en toile..	Id.		
Cuve à immersion..	Id.		

MAN-QUANTS.	MODE DE CONSTITUTION DES MATIÈRES ET OBJETS				OBSERVATIONS.
	réellement, acquis dès le temps de paix.	constitués dès le temps de paix par promesses écrites de personnes les possédant.	constitués par marchés conditionnels passés dès le temps de paix (b).	à acquérir au moment de la mobilisation.	
					(A) Voir le renvoi (b), page 253.
					En tôle goudronnée, fermant hermétiquement.
					De 0^m,75 de diamètre.

DÉSIGNATION DES MATIÈRES ET OBJETS.	UNITÉ RÉGLE- MENTAIRE.	NÉCES- SAIRES.	EXIS- TANTS.
Matériel de pharmacie. (Peut n'être acquis qu'au moment de la mobilisation et selon les besoins.)			
Alcoomètre centésimal.	Nombre.		
Ballon non tubulé, de 25 centilitres et au-dessous.........	Id.		
Capsule en porcelaine ordinaire, de 50 centilitres......	Id.		
— — — de 25 centilitres......	Id.		
— — — de 12 centilitres......	Id.		
Lampe à alcool, en cristal................................	Id.		
Pince en bois pour matras................................	Id.		
Appareil de pharmacie................................	Id.		
Bassin à cul de poule avec couvercle de 50 litres......	Id.		
— — — de 20 litres......	Id.		
Carré à étamines, simple................................	Id.		
Compte-gouttes normal.	Id.		
Couloire en étain de 2 litres................................	Id.		
Couteau de pharmacie................................	Id.		
Cuiller à distribuer les tisanes, en fer battu étamé......	Id.		
Densimètre pèse-sirops.	Id.		
Entonnoir en fer battu, de 2 litres......................	Id.		
— en verre double, de 1 litre......................	Id.		
— — de 50 centilitres............	Id.		
— — de 25 centilitres............	Id.		
— — de 6 centilitres............	Id.		
Eprouvette à pied, en verre, avec ou sans bec, de 2 litres.	Id.		
Eprouvette à pied, en verre, avec ou sans bec, de 1 litre.	Id.		
Eprouvette à pied, en verre, avec ou sans bec, de 50 centilitres.	Id.		
Eprouvette à pied, en verre, avec ou sans bec, de 20 centilitres.	Id.		
Mortier en cristal, de 25 centilitres......................	Id.		
— en fonte tournée et polie, de 1 litre............	Id.		
— en porcelaine biscuitée, de 1 litre............	Id.		
— en porcelaine émaillée, de 1 litre............	Id.		
— en porcelaine émaillée, de 50 centilitres.........	Id.		
Pilulier de 25 canelures (ouverture 6 millimètres)......	Id.		
Poêlon en cuivre, de 2 litres............................	Id.		
Seau gradué de 15 litres, en fer battu étamé.............	Id.		
Spatule en acier flexible, avec manche en bois............	Id.		

MAR- QUANTS.	MODE DE CONSTITUTION DES MATIÈRES ET OBJETS				OBSERVATIONS.
	réelle- ment acquis dès le temps de paix.	constitués dès le temps de paix par promesses écrites de personnes les possédant.	consti- tués par marchés condition- nels passés dès le temps de paix (b).	à acquérir au moment de la mobilisa- tion.	
					(A) Voir le renvoi (b), page 253. { 1/2 de 25 centilitres. { 1/2 de 12 centilitres. A potions.

DÉSIGNATION DES MATIÈRES ET OBJETS.	UNITÉ RÉGLE- MENTAIRE.	NÉCES- SAIRES.	EXIS- TANTS.
Spatule en fer, à grain et à poudre...	Nombre.		
— — ordinaire de 30 centimètres	Id.		
— — ordinaire de 15 centimètres	Id.		
— en os.	Id.		
Verre gradué de 125 grammes	Id.		
— de 60 grammes	Id.		

Objets de couchage.

(Constitués dès le temps de paix, soit en nature. soit par promesses écrites de personnes les possédant.)

Couchette. . .	Id.		
Couverture de laine	Id.		
Drap de lit, en toile	Id.		
Enveloppe à matelas, pour lit avec paillasse	Id.		
— pour paillasse. .	Id.		
— pour traversin. .	Id.		
Crin. . .	Kilog.		
Laine. . .	Id.		

Habillement, lingerie et chaussure.

a (Objets constitués dès le temps de paix, soit en nature, soit par promesses écrites de personnes les possédant.)

Bonnet de coton	Nombre.		
Bretelles (paires de)	Id.		
Caleçon de cretonne de coton	Id.		
Capote en drap (*a*)	Id.		
Chaussettes (paire de) (*a*)	Id.		
Chemise de coton	Id.		
Corset de force	Id.		
Cravate de coton	Id.		
Gilet de flanelle (*a*)	Id.		
Pantalon de corvée, en toile	Id.		
Pantalon en drap (*a*)	Id.		
Pantoufles ou espadrilles (paire de)	Id.		
Sarrau de médecin	Id.		
Tablier d'infirmier. .	Id.		
Tablier de médecin	Id.		
Veste de corvée en toile	Id.		

MAN-QUANTS.	MODE DE CONSTITUTION DES MATIÈRES ET OBJETS				OBSERVATIONS.
	réellement acquis dès le temps de paix.	constitués dès le temps de paix par promesses écrites de personnes les possédant.	constitués par marchés conditionnels passés dès le temps de paix (b).	à acquérir au moment de la mobilisation.	
					(A) Voir le renvoi (b), page 253.
					Soit 3k,500 par matelas. Soit 9k,500 par matelas et 2k,500 par traversin.
					(a) Les objets en laine ou en flanelle pourront n'être constitués qu'à la mobilisation. Dans ce cas, des marchés seront passés dès le temps de paix avec des fournisseurs dans les conditions prévues par l'article 53, 7ᵉ alinéa de l'instruction du 5 mai 1899.

DÉSIGNATION DES MATIÈRES ET OBJETS.	UNITÉ RÉGLEMENTAIRE.	NÉCESSAIRES.	EXISTANTS.
Lingerie.			
(Objets constitués, dès le temps de paix, soit en nature, soit par promesses écrites, de personnes les possédant.)			
Mouchoir en toile..................	Nombre.		
Nappe, petite...............	Id.		
Serviette de toile, pour la table............	Id.		
Serviette en coton, pour la toilette............	Id.		
Torchon............	Id.		
Objets spéciaux à l'usage des malades.			
1° (Acquis dès le temps de paix.)			
Bassin de lit...............	Id.		
Biberon...............	Id.		
Seau d'aisance inodore...............	Id.		
Urinal...............	Id.		
2° (Peuvent n'être acquis qu'au moment de la mobilisation.)			
Crachoir...............	Id.		
Pot à tisane...............	Id.		
Vase de nuit...............	Id.		
Objets pour le service des bains.			
1° (Acquis dès le temps de paix.)			
Baignoire de bras...............	Id.		
Baignoire de siège...............	Id.		
2° (Peuvent n'être acquis qu'au moment de la mobilisation.)			
Baignoire de corps...............	Id.		
Baignoire de pied...............	Id.		

MAN-QUANTS.	MODE DE CONSTITUTION DES MATIÈRES ET OBJETS				OBSERVATIONS.
	réellement acquis dès le temps de paix.	constitués dès le temps de paix par promesses écrites de personnes les possédant.	constitués par marchés conditionnels passés dès le temps de paix (b).	à acquérir au moment de la mobilisation.	
					(A) Voir le renvoi (b), page 253.

DÉSIGNATION DES MATIÈRES ET OBJETS.	UNITÉ RÉGLEMENTAIRE.	NÉCESSAIRES.	EXISTANTS.
(c) Objets pour le service de la buanderie.			
Buanderie portative pour 100 kilogr. de linge............	Nombre.		
Buanderie portative pour 50 kilogr. de linge............	Id.		
Chaudière pour la buanderie.................................	Id.		
Cuvier à lessive.	Id.		
Lessiveuse avec foyer pour 6 kilogr. de linge.............	Id.		
Trépied de cuvier...	Id.		
Objets pour le service de la cuisine.			
(Peuvent n'être acquis qu'au moment de la mobilisation et selon les besoins.)			
Appareil à distribution......................................	Id.		
Bassine à distribution en fer battu, étamé...............	Id.		
— à fond plat, avec couvercle de 30 litres.........	Id.		
— — — de 15 litres.........	Id.		
— — — de 9 litres.........	Id.		
Billot de cuisine ou planche à hacher......................	Id.		
Boîte de sel..	Id.		
Bouilloire de 2 litres.......................................	Id.		
Bouilloire de 1 litre..	Id.		
Cafetière à filtre, en fer blanc, de 40 litres.............	Id.		
— — — de 20 litres.............	Id.		
— — — de 10 litres.............	Id.		
— — — de 4 litres.............	Id.		
— — — de 2 litres.............	Id.		
Casserole en fer battu étamé, avec couvercle, de 10 litres.	Id.		
Casserole en fer battu étamé, avec couvercle, de 5 litres.	Id.		
Casserole en fer battu étamé, avec couvercle, de 3 litres.	Id.		
Casserole en fer battu étamé, avec couvercle, de 1 litre.	Id.		
Couperet grand.	Id.		
Couteau de boucherie.	Id.		
— de cuisine, à abattre, grand.....................	Id.		
— de cuisine, à émincer, grand.....................	Id.		
— — — moyen.....................	Id.		
— — — petit.....................	Id.		

MAN- QUANTS.	MODE DE CONSTITUTION DES MATIÈRES ET OBJETS				OBSERVATIONS.
	réelle- ment acquis dès le temps de paix.	constitués dès le temps de paix par promesses écrites de personnes les possédant.	consti- tués par marchés condition- nels passés dès le temps de paix (b).	à acquérir au moment de la mobilisa- tion.	
					(A) Voir le renvoi (b), page 253. (c) Ce matériel ne sera pas constitué si les sociétés peuvent faire assurer le blanchissage au moyen d'un marché conditionnel passé avec un entrepreneur de la localité. Art. 53, 10ᵉ alinéa, de l'instruction du 5 mai 1899.

DÉSIGNATION DES MATIÈRES ET OBJETS.	UNITÉ RÉGLEMENTAIRE.	NÉCESSAIRES.	EXISTANTS.
Crochet de boucherie à crans et à mailles...................	Nombre.		
Cuiller à bouillon, de 2 litres............................	Id.		
— — de 1 litre............................	Id.		
— — de 50 centilitres...................	Id.		
Ecumoire, grande.	Id.		
Ecumoire, petite.	Id.		
Egouttoir, pour poêlon à friture, grand...................	Id.		
— • — moyen....................	Id.		
Feuille de boucherie....................................	Id.		
Fourchette à distribution................................	Id.		
— de cuisine, en fer, grande..................	Id.		
— de cuisine, en fer, moyenne................	Id.		
— de cuisine, en fer, petite.................	Id.		
Fusil de boucherie.....................................	Id.		
Garde-manger. . .	Id.		
Gril à côtelettes, grand..................................	Id.		
— — moyen..................................	Id.		
Marmite ou chaudière, avec couvercle, de 200 litres...	Id.		
— — — de 100 litres...	Id.		
— — — de 50 litres...	Id.		
— avec couvercle, de 30 litres........................	Id.		
— — de 20 litres........................	Id.		
Passoire de 3 litres....................................	Id.		
Passoire, petite.	Id.		
Poêle à frire, grande...................................	Id.		
Poêle à frire, moyenne..................................	Id.		
Poêlon à friture, grand.................................	Id.		
Poêlon à friture, moyen.................................	Id.		
Scie de boucherie.....................................	Id.		
Seau à bouillon, avec couvercle, de 15 litres.............	Id.		
Tamis en toile métallique, pour bouillon.................	Id.		

Objets pour le service de la dépense et de la cave.

(Peuvent n'être acquis qu'au moment de la mobilisation et selon les besoins.)

DÉSIGNATION DES MATIÈRES ET OBJETS.	UNITÉ RÉGLEMENTAIRE.	NÉCESSAIRES.	EXISTANTS.
Brûloir à café de 4 kilogrammes...........................	Id.		
Brûloir à café de 2 kilogrammes...........................	Id.		
Burette pour l'huile, de 2 litres..........................	Id.		
Coffre ou baril à denrées................................	Id.		
Couteau de dépense.....................................	Id.		
Entonnoir ordinaire en fer-blanc de 3 litres..............	Id.		
— — — 2 litres..............	Id.		
— — — 1 litre..............	Id.		

MAN-QUANTS.	réellement acquis dès le temps de paix.	MODE DE CONSTITUTION DES MATIÈRES ET OBJETS			OBSERVATIONS.
		constitués dès le temps de paix par promesses écrites de personnes les possédant.	constitués par marchés conditionnels passés dès le temps de paix (b).	à acquérir au moment de la mobilisation.	
					(A) Voir le renvoi (b), page 253.

DÉSIGNATION DES MATIÈRES ET OBJETS.	UNITÉ RÉGLE- MENTAIRE.	NÉCES- SAIRES.	EXIS- TANTS.
Foret de tonnelier....................................	Nombre.		
Moulin à café...........................	Id.		
Robinets divers.	Id.		
Sac à denrées de 9 kilogrammes....................	Id.		
Sac à denrées de 6 kilogrammes....................	Id.		
Sac à denrées ordinaire.............................	Id.		

Objets et vaisselle pour les repas.

(Constitués dès le temps de paix, soit en nature, soit par promesses écrites de personnes les possédant.)

DÉSIGNATION DES MATIÈRES ET OBJETS.	UNITÉ	NÉCES-	EXIS-
Assiette creuse en porcelaine ou gamelle de 1 litre en fer battu étamé....................	Id.		
Assiette plate en porcelaine ou en fer battu étamé......	Id.		
Couteau de table....................................	Id.		
Cuiller à soupe.....................................	Id.		
Fourchette ordinaire.	Id.		
Verre à boire ou gobelet en fer battu étamé de 30 centi- litres.	Id.		

Objets et ustensiles pour les ateliers.

(Peuvent n'être acquis qu'au moment de la mobilisation et selon les besoins.)

DÉSIGNATION DES MATIÈRES ET OBJETS.	UNITÉ	NÉCES-	EXIS-
Aiguille de matelassier..............................	Id.		
Cardes pour la laine (paire de).....................	Id.		
Cisailles de ferblantier.............................	Id.		
Ciseaux à froid.....................................	Id.		
Ciseaux ordinaires de menuisier....................	Jd.		
Marteau ordinaire, grand...........................	Id.		
Marteau ordinaire, petit............................	Id.		
Mèche anglaise à vilebrequin.......................	Id.		
Pierre à repasser et à aiguiser.....................	Id.		
Pince ronde.	Id.		
Scie à bûches.......................................	Id.		
Tenailles de menuisier..............................	Id.		
Tiers-point.	Id.		
Tournevis.	Id.		
Vilebrequin.	Id.		
Vrille.	Id.		
Pelle de terrassier.................................	Id.		
Pioche.	Id.		
Hachette.	Id.		

MAN- QUANTS.	réelle- ment acquis dès le temps de paix.	**MODE DE CONSTITUTION** DES MATIÈRES ET OBJETS			OBSERVATIONS.
		constitués dès le temps de paix par promesses écrites de personnes les possédant.	consti- tués par marchés condition- nels passés dès le temps de paix (b).	à acquérir au moment de la mobilisa- tion.	
					(A) Voir le renvoi (b), page 253.

DÉSIGNATION DES MATIÈRES ET OBJETS.	UNITÉ RÉGLE-MENTAIRE.	NÉCES-SAIRES.	EXIS-TANTS.
Balances, poids et mesures.			
(Peuvent n'être acquis qu'au moment de la mobilisation et selon les besoins.)			
Balance ou romaine de la portée de 100 kilogrammes...	Nombre.		
— dite Roberval de la portée de 5 kilogrammes...	Id.		
— — de la portée de 2 kilogrammes...	Id.		
Boîte de poids de 2 kg, 001 en cuivre............................	Id.		
Boîte de poids de 1 kg, 001 en cuivre............................	Id.		
Cuiller à distribution en fer battu étamé de 0^l,40........	Id.		
— — — de 0^l,25........	Id.		
— — — de 0^l,18........	Id.		
— — — de 0^l,125......	Id.		
Jauge en fer pour le vin...	Id.		
Jeu de poids pour le pain..	Id.		
Mesure en fer blanc, double litre...............................	Id.		
— — litre.	Id.		
— — demi-litre.	Id.		
— — décilitre.	Id.		
— — pour distribuer le vin, de 25 cen-tilitres.	Id.		
— — pour distribuer le vin, de 20 cen-tilitres.	Id.		
— — pour distribuer le vin, de 15 cen-tilitres.	Id.		
— — pour distribuer le vin, de 10 cen-tilitres.	Id.		
Mètre articulé en cuivre..	Id.		
Poids en fonte de fer de 10 kilogrammes..................	Id.		
— — de 5 kilogrammes..................	Id.		
— — de 2 kilogrammes..................	Id.		
— — de 1 kilogramme..................	Id.		
— — de 500 grammes..................	Id.		
Chauffage et éclairage.			
(Peuvent n'être acquis qu'au moment de la mobilisation et selon les besoins.)			
Applique pour lampe veilleuse avec réflecteur............	Id.		
Bougeoir.	Id.		
Ciseaux à lampe, petits..	Id.		
Fourneau de cuisine (de dimensions en rapport avec les besoins).	Id.		

MAN-QUANTS.	MODE DE CONSTITUTION DES MATIÈRES ET OBJETS				OBSERVATIONS.
	réellement acquis dès le temps de paix.	constitués dès le temps de paix par promesses écrites de personnes les possédant.	constitués par marchés conditionnels passés dès le temps de paix (b).	à acquérir au moment de la mobilisation.	
					(A) Voir le renvoi (b), page 253.

DÉSIGNATION DES MATIÈRES ET OBJETS.	UNITÉ RÉGLEMENTAIRE.	NÉCESSAIRES.	EXISTANTS.
Lampe à pétrole ou lanterne applique.........................	Nombre.		
Lanterne carrée portative avec lampe et porte-bougie...	Id.		
Pelle à feu, pour fourneau......................................	Id.		
Poëles divers.	Id.		
Godets de veilleuse...	Id.		
Pincettes.	Id.		
Réchaud ordinaire en tôle......................................	Id.		

Meubles.
(Peuvent n'être acquis qu'au moment de la mobilisation et selon les besoins.)

Armoire pour la lingerie.......................................	Id.		
Armoire pour les instruments de chirurgie.................	Id.		
Banc ordinaire.	Id.		
Bureau ou table-bureau..	Id.		
Chaise ordinaire.	Id.		
Fauteuil pour malade..	Id.		
Fauteuil de bureau ou chaise de bureau....................	Id.		
Table de nuit...	Id.		
— ordinaire de 2 mètres...................................	Id.		
— — de 1m,40.	Id.		
— — de 1 mètre..	Id.		

Objets de bureau.
(Acquis dès le temps de paix.)

Boîte à tampon avec accessoires..............................	Id.		
Cachet du médecin-chef..	Id.		
Timbre humide pour timbrer les billets d'hôpital avec accessoires.	Id.		

Objets mobiliers et ustensiles.
(Peuvent n'être acquis qu'au moment de la mobilisation et selon les besoins.)

Baquet pour la buanderie (B)..................................	Id.		
Etagères diverses.	Id.		

| MAN-QUANTS. | réelle-ment acquis dès le temps de paix. | MODE DE CONSTITUTION DES MATIÈRES ET OBJETS | | | OBSERVATIONS. |
		constitués dès le temps de paix par promesses écrites de personnes les possédant.	consti-tués par marchés condition-nels passés dès le temps de paix (b).	à acquérir au moment de la mobilisa-tion.	
					(A) Voir le renvoi (b), page 253.
					Les accessoires sont : 1 flacon d'encre. 1 tampon. 1 brosse.
					Les accessoires sont : 1 boîte vide. 1 flacon d'encre. 1 tampon. 1 brosse.
					(B) Voir le renvoi (C) aux objets pour la buanderie.

DÉSIGNATION DES MATIÈRES ET OBJETS.	UNITÉ RÉGLEMENTAIRE.	NÉCESSAIRES.	EXISTANTS.
Cadenas en fer, grand	Nombre.		
— moyen	Id.		
— petit	Id.		
Ciseaux moyens (paire de)	Id.		
Numéros en zinc, pour les effets des entrants	Id.		
Seau ordinaire avec couvercle, en fer battu étamé de 15 litres	Id.		
Tire-bouchon ordinaire	Id.		

Objets pour le service en campagne.

A. (Acquis dès le temps de paix.)

Bassin rectangulaire en tôle émaillée, n° 2	Id.		
— — — n° 4	Id.		
— — — n° 5	Id.		
Bassine en tôle émaillée, grande	Id.		
— — petite	Id.		
Brancard avec bretelles	Id.		
Brassard de neutralité	Id.		
Fanion de neutralité	Id.		
— tricolore	Id.		
— jaune (1)	Id.		

B. (Peuvent n'être acquis qu'au moment de la mobilisation et selon les besoins.)

Réservoir à tisane, en fer battu étamé, de 110 litres	Id.		
— — — de 90 litres	Id.		
— — — de 70 litres	Id.		
— — — de 50 litres	Id.		
— — — de 30 litres	Id.		
— — — de 20 litres	Id.		
— — — de 10 litres	Id.		
— — — de 5 litres	Id.		
Trébuchet ordinaire, à plateaux mobiles, avec série de poids de 30 grammes divisés	Id.		
Truelle pour plâtre, petite	Id.		

Médicaments (B).

Acide acétique cristallisable	Kilog.		
— borique pulvérisé	Id.		
— phénique cristallisé	Id.		
— tartrique cristallisé	Id.		

MAN-QUANTS.	réellement acquis dès le temps de paix.	MODE DE CONSTITUTION DES MATIÈRES ET OBJETS			OBSERVATIONS.
		constitués dès le temps de paix par promesses écrites de personnes les possédant.	constitués par marchés conditionnels passés dès le temps de paix (*b*).	à acquérir au moment de la mobilisation.	
					(A) Voir le renvoi (*b*), page 253.
					(1) Pour les hôpitaux de contagieux.
					Tablette en bois.
					(B) Les médicaments peuvent n'être constitués qu'à la mobilisation. Dans ce cas, un marché doit être passé avec un pharmacien dans les conditions prévues par l'article 53, §§ 8 et 9 de l'instruction. Les spécialités pharmaceutiques sont exclues de l'approvisionnement en médicaments.

DÉSIGNATION DES MATIÈRES ET OBJETS.	UNITÉ RÉGLE-MENTAIRE.	NÉCES-SAIRES.	EXIS-TANTS.
Alcool à 95°..	Kilogr.		
Alcoolé de cannelle...	Id.		
— d'extrait d'opium.	Id.		
— de jalap composé.	Id.		
— de quinquina gris..................................	Id.		
Alumine. Alun pulvérisé...................................	Id.		
Ammoniaque. Ammoniaque liquide......................	Id.		
Analgésine. Antipyrine.	Id.		
Antimoine. Émétique pulvérisé..........................	Id.		
Antimoine. Kermès officinal..............................	Id.		
Argent. Azotate d'argent cristallisé....................	Id.		
Atropine. Sulfate.	Id.		
Bismuth. Sous-azotate.	Id.		
Caféine.	Id.		
Camphre.	Id.		
Caustique à l'azotate d'argent fondu....................	Id.		
Chaux. Chlorure de chaux sec à 90°.....................	Id.		
Chloral hydraté.	Id.		
Chloroforme.	Id.		
Cocaïne. Chlorydrate.	Id.		
Copahu.	Id.		
Cuivre. Sulfate de cuivre.................................	Id.		
Eau distillée.	Id.		
Eponge fine pour la chirurgie............................	Id.		
Ether sulfurique rectifié.................................	Id.		
Extrait de belladone......................................	Id.		
— d'opium.	Id.		
— de quinquina gris...............................	Id.		
— de ratanhia.	Id.		
Fer. Tartrate de fer et de potasse.......................	Id.		
Glycérine officinale.	Id.		
Glyzine.	Id.		
Gomme du Sénégal..	Id.		
Huile de ricin...	Id.		
Iode sublimé.	Id.		
Iodoforme pulvérisé.	Id.		
Ipécacuanha. Racine.	Id.		
Magnésie. Magnésie décarbonatée.	Id.		
Mercure. Calomel à la vapeur............................	Id.		
— Mercure métallique.	Id.		
— Sublimé corrosif.	Id.		
Morphine. Chlorhydrate.	Id.		
Pilules de chlorhydrate de quinine.......................	Id.		
Potassium. Azotate de potasse...........................	Id.		
— Bromure de potassium.........................	Id.		

MAN- QUANTS.	réelle- ment acquis dès le temps de paix.	MODE DE CONSTITUTION DES MATIÈRES ET OBJETS			OBSERVATIONS.
		constitués dès le temps de paix par promesses écrites de personnes les possédant.	consti- tués par marchés condition- nels passés dès le temps de paix (*b*).	à acquérir au moment de la mobilisa- tion.	
					(*a*) Voir le renvoi (*b*), page 253.
					Pour la désinfection.
					Pour les pansements et pour les désinfec- tions.

DÉSIGNATION DES MATIÈRES ET OBJETS.	UNITÉ RÉGLEMENTAIRE.	NÉCESSAIRES.	EXISTANTS.
Potassium. Carbonate de potasse...................	Kilogr.		
— Chlorate de potasse...................	Id.		
— Iodure de potassium...................	Id.		
— Permanganate de potasse...................	Id.		
Poudre d'ipécacuanha.	Id.		
— de quinquina gris n° 2...................	Id.		
— de réglisse n° 1...................	Id.		
— de rhubarbe.	Id.		
Quinine. Chlorhydrate.	Id.		
Salol.	Id.		
Séné. Feuilles.	Id.		
Sinapisme liquide.	Id.		
Sodium. Benzoate de soude...................	Id.		
— Bicarbonate de soude...................	Id..		
— Borate de soude...................	Id.		
— Chlorure de sodium pur...................	Id.		
— Salicylate de soude...................	Id.		
Soufre sublimé.	Id.		
Tanin.	Id.		
Thé de Chine...................	Id.		
Vaseline blanche.	Id.		
Ergotinine.	Id.		
Zinc. Chlorure fondu...................	Id.		
— Chlorure de zinc liquide...................	Id.		
— Sulfate officinal.	Id.		
Granules de digitaline...................	Nombre.		
Sparadrap caoutchouté mercuriel en $0^m,20$...................	Mètre.		
Sparadrap caoutchoué simple en $0^m,25$...................	Id.		
Sparadrap vésicant en $0^m,22$...................	Id.		
Accessoires de pharmacie (B).			
Bouchons de liège (grands)...................	Nombre.		
— — (petits)...................	Id.		
Etiquettes pour les poisons...................	Id.		
Etui en fer-blanc, pour les pilules...................	Id.		
Etui en fer-blanc, pour 4 mètres de sparadrap...................	Id.		
Fiole à médecine de 250 millilitres...................	Id.		
— — 125 millilitres...................	Id.		
— — 60 millilitres...................	Id.		
— — 30 millilitres...................	Id.		
Papier à filtrer (main)...................	Id.		

MAN-QUANTS	réellement acquis dès le temps de paix.	constitués dès le temps de paix par promesses écrites de personnes les possédant.	constitués par marchés conditionnels passés dès le temps de paix (b).	à acquérir au moment de la mobilisation.	OBSERVATIONS.
					(A) Voir le renvoi (b), page 253.
					Pour les désinfections.
					(B) Les objets et accessoires de pharmacie figurant sous ce titre peuvent n'être constitués qu'à la mobilisation dans les conditions prescrites pour les médicaments.
					1/3 verre jaune.

Colonne supérieure : **MODE DE CONSTITUTION DES MATIÈRES ET OBJETS**

DÉSIGNATION DES MATIÈRES ET OBJETS.	UNITÉ RÉGLEMENTAIRE	NÉCESSAIRES.	EXISTANTS.
Indigo-carmin desséché.	Kilogr.		
Tournesol d'orcine cristallisé.	Id.		
Agitateur en verre.	Nombre.		
Papier tournesol bleu ou rouge (Le cahier)	Id.		
Valet en paille tressée.	Id.		

Matières et objets de pansement.

(Acquis dès le temps de paix.)

DÉSIGNATION DES MATIÈRES ET OBJETS.	UNITÉ RÉGLEMENTAIRE	NÉCESSAIRES.	EXISTANTS.
Bandage carré.	Id.		
— de corps.	Id.		
— en T.	Id.		
— triangulaire.	Id.		
Bande roulée en tissu fin bichloruré de 5 mètres sur $0^m,05$.	Id.		
Bande roulée en tissu fin bichloruré de 5 mètres sur $0^m,065$.	Id.		
Bande roulée en tissu fin bichloruré de 5 mètres sur $0^m,085$.	Id.		
Bande roulée en flanelle de 3 mètres sur $0^m,05$	Id.		
Bande roulée en flanelle de 5 mètres sur $0^m,07$	Id.		
Bande roulée en gaze à pansement apprêtée de 5 mètres sur $0^m,07$.	Id.		
Bande roulée en gaze à pansement apprêtée de 5 mètres sur $0^m,10$.	Id.		
Bande roulée en gaze à pansement apprêtée de 8 mètres sur $0^m,15$.	Id.		
Bande roulée en gaze à pansement apprêtée de 10 mètres sur $0^m,20$.	Id.		
Bande roulée en toile de 3 mètres sur $0^m,05$	Id.		
Bande roulée en toile de 3 mètres sur $0^m,06$	Id.		
Bande roulée en toile de $4^m,50$ sur $0^m,085$	Id.		
Compresse en gaze à pansement bichlorurée (grande) (paquet de 10)	Id.		
Compresse en gaze à pansement bichlorurée (moyenne) (paquet de 10)	Id.		
Compresse en gaze à pansement bichlorurée (petite) (paquet de 10)	Id.		
Compresse en toile, grande.	Id.		
Compresse en toile, moyenne.	Id.		
Compresse en toile, petite.	Id.		

MAN- QUANTS.	MODE DE CONSTITUTION DES MATIÈRES ET OBJETS				OBSERVATIONS.
	réelle- ment acquis dès le temps de paix.	constitués dès le temps de paix par promesses écrites de personnes les possédant.	consti- tués par marchés condition- nels passés dès le temps de paix (b).	à acquérir au moment de la mobilisa- tion.	
					(A) Voir le renvoi (b), page 253. 1/2 bleu, 1/2 rouge.

DÉSIGNATION DES MATIÈRES ET OBJETS.	UNITÉ RÉGLE- MENTAIRE.	NÉCES- SAIRES.	EXIS- TANTS.
Coton cardé supérieur (paquets de 0 k. 500)..............	Nombre.		
— — en bande (paquet de 0 k. 200)...	Id.		
— — en nappes (paquet de 0 k. 500)..	Id.		
Coton cardé pour rembourrage........................	Id.		
Coton hydrophile (paquet de 0 k. 250).................	Id.		
Crins de Florence purifiés (Flacon de)................	Id.		
Drap en toile, pour pansements, grand................	Id.		
— en toile, pour pansements, petit 1/2 drap........	Id.		
— fanon, en toile pour cuisse.....................	Id.		
— fanon, en toile pour jambe.....................	Id.		
Echarpe quadrilatère, en toile......................	Id.		
Echarpe triangulaire, en toile......................	Id.		
Epingle à pansements............................	Id.		
— à suture.	Id.		
— de sûreté (boîte de 12)........................	Id.		
Feuille à température..............................	Id.		
Fil d'argent, gros (rouleau de 0^m,50).................	Id.		
— moyen (rouleau de 0^m,50)...............	Id.		
— fin (rouleau de 0^m,50).................	Id.		
Gaze à pansement apprêté en 0^m,65 de large (paquet de 20 mètres).................................	Id.		
Gaze à pansement non apprêtée en 0^m,70 de large (paquet de 10 mètres)............................	Id.		
Gaze à pansement non apprêtée en 0^m,70 de large (paquet de 5 mètres).............................	Id.		
Ouate de tourbe, en nappes (paquet de 0 kgr. 250)......	Id.		
Soie à ligature antiseptique (bobine de)..............	Id.		
Tube à draînage de 1 mètre de long (1)...............	Id.		
Ruban de fil....................................	Kilogr.		
Talc de Venise en poudre..........................	Id.		
Tissus pour pansement.			
(Acquis dès le temps de paix.)			
Tissu imperméable, pour alèzes, en 0^m,80 de large......	Mètre.		
Tissu imperméable, pour pansement en 1^m,20 de large (B).	Id.		

MANQUANTS.	réellement acquis dès le temps de paix.	MODE DE CONSTITUTION DES MATIÈRES ET OBJETS			OBSERVATIONS.
		constitués dès le temps de paix par promesses écrites de personnes les possédant.	constitués par marchés conditionnels passés dès le temps de paix (b).	à acquérir au moment de la mobilisation.	
					(A) Voir le renvoi (b), page 253.
					Assortis. Des numéros : 0,001, 0,0009, 0,0008.
					Assortis. Des numéros : 0,0007, 0,0006 0,0005.
					Assortis. Des numéros : 0,0004, 0,0003, 0,0002.
					Assortis. Des numéros 1, 2, 3, 4. (1) Les objets en caoutchouc peuvent n'être constitués qu'à la mobilisation dans les conditions prescrites pour les médicaments.
					(B) Les quantités de tissu caoutchouté pour pansement peuvent n'être constituées qu'à la mobilisation dans les conditions prescrites pour les médicaments.

DÉSIGNATION DES MATIÈRES ET OBJETS.	UNITÉ RÉGLEMENTAIRE.	NÉCES-SAIRES.	EXIS-TANTS.
Objets et accessoires pour pansement.			
(Acquis dès le temps de paix.)			
Brosse à antisepsie...	Nombre.		
Compte-gouttes, à tube en caoutchouc, pour instillations.	Id.		
Lacs en treillis, avec boucle....................................	Id.		
Ruban métrique.	Id.		
Seringue en verre, pour injections, avec étui.............	Id.		
Ventouse en verre...	Id.		
Appareils et objets pour fractures.			
(Acquis dès le temps de paix.)			
Bandage à fracture, pour avant-bras.........................	Id.		
— — pour bras.	Id.		
— — pour cuisse.	Id.		
— — pour jambe.	Id.		
Béquille à sabot mobile..	Id.		
Carton (bande de)..	Id.		
Coussin à fracture de 1^m,05 de longueur...................	Id.		
— — 0^m,85 de longueur..................	Id.		
— — 0^m,65 de longueur..................	Id.		
— — 0^m,32 de longueur..................	Id.		
Coussin matelassé, pour gouttières, de bras et avant-bras, côté droit...	Id. / Id.		
Coussin matelassé, pour gouttière, de bras et avant-bras, côte gauche...	Id.		
Coussin matelassé, pour gouttière, de cuisse et jambe, côté droit.	Id.		
Coussin matelassé, pour gouttière, de cuisse et jambe, côté gauche.	Id.		
Coussin matelassé, pour gouttière, de jambe..............	Id.		
— ordinaire, grand.	Id.		
— ordinaire, moyen.	Id.		
— ordinaire, petit.	Id.		
Plâtre à mouler (Boîte en fer-blanc soudée de 5 kilogrammes).	Id.		

MAN-QUANTS.	MODE DE CONSTITUTION DES MATIÈRES ET OBJETS				OBSERVATIONS.
	réellement acquis dès le temps de paix.	constitués dès le temps de paix par promesses écrites de personnes les possédant.	constitués par marchés conditionnels passés dès le temps de paix (b).	à acquérir au moment de la mobilisation.	
					(A) Voir le renvoi (b), page 253.
					Grandes, moyennes, petites, assorties.

DÉSIGNATION DES MATIÈRES ET OBJETS.	UNITÉ RÉGLE-MENTAIRE.	NÉCES-SAIRES.	EXIS-TANTS.
Objets de consommation.			
(Peuvent n'être acquis qu'au moment de la mobilisation et selon les besoins.)			
Aiguille. . .	Nombre.		
Canif. . .	Id.		
Crayon. . .	Id.		
Epingle. . .	Id.		
Etui à aiguilles	Id.		
Gomme élastique (morceau de)	Id.		
Encre (flacon de 0 k. 250)	Id.		
Grattoir. . .	Id.		
Papier à enveloppes (main)	Id.		
— à états, moyen format (main)	Id.		
— à lettres (main)	Id.		
— écolier (main). .	Id.		
Plumes métalliques (boîte de)	Id.		
Porte-plumes. . .	Id.		
Règle. . .	Id.		
Pointes diverses. . .	Kilogr.		
Fil à coudre. .	Id.		
Mèches veilleuse. .	Id.		
Porte-mèche. . .	Id.		
Règlements, documents et imprimés			
(Constitués dès le temps de paix.)			
1° RÈGLEMENTS.			
Service de santé.			
Instruction du 5 mai 1899 sur l'utilisation en temps de guerre des ressources du territoire national pour l'hospitalisation des malades et des blessés de l'armée	Nombre.		
Règlement du 25 novembre 1889 sur le service de santé à l'intérieur. . .	Id.		
Règlement du 31 octobre 1892 sur le service de santé en campagne. . .	Id.		
Nomenclature générale du matériel du service de santé.	Id.		
Formulaire pharmaceutique. . .	Id.		

MAN-QUANTS.	réellement acquis dès le temps de paix.	MODE DE CONSTITUTION DES MATIÈRES ET OBJETS			OBSERVATIONS.
		constitués dès le temps de paix par promesses écrites de personnes les possédant.	constitués par marchés conditionnels passés dès le temps de paix (b).	à acquérir au moment de la mobilisation.	
					(A) Voir le renvoi (b), page 253

DÉSIGNATION DES MATIÈRES ET OBJETS.	UNITÉ RÉGLE- MENTAIRE.	NÉCES- SAIRES.	EXIS- TANTS.
Service général.			
Instruction sur l'alimentation en campagne................	Nombre.		
2° REGISTRES ET IMPRIMÉS.			
Service général.			
Registre du vaguemestre................................	Id.		
Contrôle, effectif, comptabilité en journées.			
Bulletin d'admission ou de sortie......................	Id.		
Registre des militaires non catholiques................	Id.		
Etat nominatif des sortants............................	Id.		
Déclaration de décès...................................	Id.		
Registre des décès.....................................	Id.		
Extrait du registre des décès..........................	Id.		
Feuille d'évacuation.	Id.		
— — (intercalaire).	Id.		
Registre des entrées des malades......................	Id.		
Dépôts et successions.			
Registre à souche des dépôts et valeurs................	Id.		
Registre des effets et armes déposés...................	Id.		
Récépissé des mandats ou bons de poste.................	Id.		
Etats des effets faisant partie de la succession.......	Id.		
Compte annuel de destination (feuille de tête)........	Id.		
Compte annuel de destination (intercalaires)..........	Id.		
Statistique médicale.			
Registre de statistique médicale......................	Id.		
Situation, mouvement des malades.			
Situation journalière des malades (formations sanitaires).	Id.		
Etat nominatif de mutation des malades................	Id.		
Dépôts et successions.			
Carnet des successions et des effets et armes en dépôt...	Id.		
Bordereau des sommes laissées (feuille de tête)........	Id.		
Bordereau des sommes laissées (intercalaires)..........	Id.		
Relevé des successions laissées (feuille de tête).......	Id.		
Relevé des successions laissées (intercalaires)........	Id.		
Société d'assistance.			
Compte trimestriel en journée.........................	Id.		

MAN-QUANTS.	MODE DE CONSTITUTION DES MATIÈRES ET OBJETS				OBSERVATIONS.
	réelle-ment acquis dès le temps de paix.	constitués dès le temps de paix par promesses écrites de personnes les possédant.	consti-tués par marchés condition-nels passés dès le temps de paix (b).	à acquérir au moment de la mobilisa-tion.	
					(A) Voir le renvoi (b), page 253.

CHAPITRE IV *bis*.

RENSEIGNEMENTS RELATIFS AUX OBJETS DONT LA CONSTITUTION
EST PRESCRITE AU CHAPITRE IV QUI PRÉCÈDE (1).

A.

Objets réellement acquis dès le temps de paix.

DÉSIGNATION DES OBJETS (2).	QUANTITÉS (2).	LIEU où se trouvent LES OBJETS.		DÉSIGNATION ET ADRESSE DE LA PERSONNE QUI LES DÉTIENT.			JOUR de la MOBILISATION fixé pour la livraison des objets.
		Ville.	Rue et numéro.	Nom et prénoms.	Adresse.		
					Ville.	Rue et numéro.	

(1) L'emploi des feuilles intercalaires est autorisé pour ce chapitre IV *bis*, dont l'étendue ne peut être arrêtée d'avance.

(2) Les objets réunis dans le même local sont désignés, autant que possible, par catégorie et en employant les formules générales adoptées à la notice n° 9. Ex. Instruments de chirurgie. En ce cas, le chiffre inscrit à la 2° colonne «Quantités» représentera le nombre total des objets compris dans chaque catégorie.

CHAPITRE IV *bis* (*suite*).

B.

Objets constitués dès le temps de paix par promesses écrites de personnes les possédant.

DÉSIGNATION DES OBJETS.	QUANTITÉS.	LIEU où se trouvent LES OBJETS.		DÉSIGNATION ET ADRESSE DE LA PERSONNE QUI LES DÉTIENT.			JOUR de la MOBILISATION fixé pour la livraison des objets.
		Ville.	Rue et numéro.	Nom et prénoms.	Ville.	Rue et numéro.	

B (suite).

Objets constitués dès le temps de paix par promesses écrites de personnes les possédant.

DÉSIGNATION DES OBJETS.	QUANTITÉS.	LIEU où se trouvent LES OBJETS.		DÉSIGNATION ET ADRESSE DE LA PERSONNE QUI LES DÉTIENT.			JOUR de la MOBILISATION fixé pour la livraison des objets.
		Ville.	Rue et numéro.	Nom et prénoms.	Ville.	Rue et numéro,	

CHAPITRE IV *bis* (suite).

C.

Objets constitués par marchés conditionnels passés dès le temps de paix.

DÉSIGNATION DES OBJETS. (a)	QUANTITÉS (a).	PRIX TOTAL des objets compris dans le marché.	DÉSIGNATION ET ADRESSE DE LA PERSONNE avec qui le marché a été conclu.			JOUR de la MOBILISATION fixé pour la livraison des objets.
			Nom et prénoms.	Ville.	Rue et numéro.	

(a) ABRÉVIATIONS : Les objets sont désignés autant que possible par catégories, en employant les formules générales adoptées à la notice n° 9. Ex. : Instruments de chirurgie. En ce cas le chiffre inscrit dans la 2ᵉ colonne « Quantités » représentera le nombre total des objets compris dans chaque catégorie.

CHAPITRE IV *bis (suite).*

·D.

Objets à acquérir au moment de la mobilisation.

DÉSIGNATION DES OBJETS.	QUANTITÉS.	LIEU où se trouvent LES OBJETS.		DÉSIGNATION ET ADRESSE DE LA PERSONNE QUI LES DÉTIENT.			JOUR de la MOBILI- SATION fixé pour l'acqui- sition de ces objets.
		Ville.	Rue et numéro.	Nom et prénoms.	Ville.	Rue et numéro.	

D (*suite*).

Objets à acquérir au moment de la mobilisation.

DÉSIGNATION DES OBJETS.	QUANTITÉS.	LIEU où se trouvent LES OBJETS.		DÉSIGNATION ET ADRESSE DE LA PERSONNE QUI LES DÉTIENT.			JOUR de la MOBILISATION fixé pour l'acquisition de ces objets.
		Ville.	Rue et numéro.	Nom et prénoms.	Adresse.		
					Ville.	Rue et numéro.	

CHAPITRE V.

MARCHÉS CONDITIONNELS CONCLUS EN VUE DE L'EXÉCUTION : *a*) DES TRAVAUX D'ADAPTATION DANS L'ÉTABLISSEMENT ; *b*) DES SERVICES DU BLANCHISSAGE ET DE LA DÉSINFECTION DES EFFETS.

OBJET DU MARCHÉ.	PRIX DU MARCHÉ.	DÉSIGNATION ET ADRESSE DE LA PERSONNE avec qui le marché a été conclu.			Jour de la mobilisation à partir duquel les travaux doivent être commencés et les services assurés	OBSERVATIONS.
		Nom et prénoms.	Ville.	Rue et numéro.		

CHAPITRE VI.

FONDS RÉSERVÉS EN VUE DU FONCTIONNEMENT DE L'HÔPITAL
AUXILIAIRE DU TERRITOIRE N°

FONDS RÉSERVÉS.	NÉCESSAIRES.	EXISTANTS.	MANQUANTS.	DÉSIGNATION ET ADRESSE du dépositaire des fonds (personne ou établissemnnt).	OBSERVA-TIONS.
1° En vue de l'exécution des travaux d'adaptation dans l'établissement..........					Indiquer, s'il y a lieu, la nature des titres représentant les fonds réservés.
2ᵃ En vue du traitement des malades ou des blessés pendant deux mois, à raison de 3 francs par jour et par lit................					
3° En vue du paiement :					
A) Des effets d'habillement ;					
B) De la fourniture des médicaments pendant deux mois (y compris les accessoires de pharmacie et les objets en caoutchouc ou en gomme) ;					
C) Des services du blanchissage et de la désinfection des effets pendant deux mois..................					
Fonds sans affectation spéciale..................					
TOTAL des fonds...					

CHAPITRE VII.

MOUVEMENTS A EXÉCUTER POUR RÉUNIR LE MATÉRIEL DANS LES LOCAUX DE L'HÔPITAL AUXILIAIRE DU TERRITOIRE N°   .

Les prévisions de ce chapitre ne s'appliquent qu'au matériel qui, en raison, soit de son poids, soit de ses dimensions, soit de l'éloignement du local où il est emmagasiné, doit être transporté par voitures attelées (ou à traction mécanique). Le transport des autres objets sera assuré par les infirmiers de l'hôpital qui se serviront, au besoin, de voitures à bras (1).

DÉSIGNATION DU MATÉRIEL. Le désigner autant que possible par catégories, en employant les formules générales adoptées à la notice n° 9. Ex. : Instruments de chirurgie. Indiquer le nombre de caisses s'il y a lieu.	LIEU OÙ IL EST DÉPOSÉ.		CUBE ET POIDS du matériel.		DISTANCE A PARCOURIR.	Nombre de voitures nécessaires pour le transport.	DÉSIGNATION et ADRESSE DE LA PERSONNE qui fournit les voitures avec les chevaux nécessaires.			JOUR de la MOBILISATION fixé pour le transport.
	Ville.	Rue et numéro.	Cube.	Poids.			Nom et prénoms.	Adresse. Ville.	Rue et numéro.	

Ce chapitre pourra ne pas être rempli dans les hôpitaux auxiliaires du territoire classés en série.

CHAPITRE VIII.

RENSEIGNEMENTS SUR LES PRINCIPALES RESSOURCES D'ALIMENTA-
TION ET DE CHAUFFAGE QUE POSSÈDE LA VILLE OU DOIT ÊTRE
ÉTABLI L'HÔPITAL AUXILIAIRE DU TERRITOIRE N°   .

DÉSIGNATION DES DENRÉES.	UNITÉ de VENTE.	PRIX MOYEN.	ADRESSE DES FOURNISSEURS. (Indication des marchés publics.)	OBSERVATIONS.
Pain......................	Kilogr.			
Viande de boucherie. { Bœuf...........	Id.			
Veau...........	Id.			
Mouton........	Id.			
Charcu-terie. { Porc frais......	Id.			
Saindoux......	Id.			
Poulet.....................	Id.			
Œufs......................	Nombre.			
Lait......................	Litre.			
Beurre....................	Kilogr.			
Fromages.................	Id.			
Poisson...................		Au mieux		
Légumes. { Haricots.......	Kilogr.			
Lentilles.......	Id.			
Pois...........	Id.			
Légumes frais (y compris les légu-mes fins) { Pommes de terre, choux, carottes, na-vets, haricots verts, etc.....		Au mieux.		
Café, sucre, chocolat, confi-tures, biscuits, riz, pâtes féculentes, sel et autres articles d'épicerie........		Au mieux.		
Conserves alimentaires.....		Au mieux.		
Vin......................	Litre.			
Cidre....................	Id.			
Bière....................	Id.			
Combus-tibles. { Charbon de terre.........	Kilogr.			
Coke...........	Id.			
Bois...........	Id.			

CHAPITRE IX.

MESURES ARRÊTÉES EN VUE DU TRANSPORT DES MALADES ET DES BLESSÉS DEPUIS LA GARE LA PLUS VOISINE JUSQU'A L'HÔPITAL AUXILIAIRE DU TERRITOIRE Nº   .

DÉSIGNATION DE LA GARE la plus voisine.	DISTANCE de la gare jusqu'à l'hôpital auxiliaire du territoire.	MESURES ARRÊTÉES POUR LE TRANSPORT DES MALADES OU DES BLESSÉS. (Le transport a lieu, en principe, par voitures attelées, conformément aux indications de l'article 64 de l'instruction. Il pourrait s'effectuer sur brancards roulants ou sur brancards portés par des hommes au cas où l'hôpital serait très rapproché de la gare.)

CHAPITRE X.

OUVERTURE DE L'HOPITAL AUXILIAIRE DU TERRITOIRE.

Hôpital auxiliaire du territoire de la 1ʳᵉ série.

La date d'ouverture a été fixée au 9ᵉ jour de la mobilisation.

Les travaux d'adaptation doivent commencer le (1)   jour de la mobilisation.

1ᵉʳ JOUR DE LA MOBILISATION. (Ce 1ᵉʳ jour est désigné par le jour de la semaine et le quantième du mois dans le télégramme annonçant la déclaration de guerre.)

Le président du comité local qui a pris (2) charge d'organiser l'hôpital auxiliaire du territoire se met en relations avec le propriétaire ou le directeur de l'établissement concédé pour l'installation de l'hôpital et lui rappelle qu'il doit être procédé, à partir du (1)   jour de la mobilisation, à l'exécution des travaux d'adaptation reconnus nécessaires.

Il arrête avec lui une heure de réunion pour le lendemain en vue de la rédaction d'un procès-verbal portant indication de l'état des locaux et estimation contradictoire des objets mis à la disposition de la société (3).

Il prévient l'entrepreneur qui s'est engagé à accomplir les travaux d'adaptation.

Il prend les mesures nécessaires pour avoir, dans le plus bref délai, la libre disposition des fonds réservés en vue du fonctionnement de l'hôpital.

Il rapelle par écrit (4) aux personnes visées aux chapitres IV *bis* (B et C) et V dans quelles conditions elles sont tenues de remplir les promesses ou les engagements qu'elles ont contractés envers la société. Les objets de matériel doivent être livrés le 6ᵉ jour de la mobilisation; les effets d'habillement le 7ᵉ jour, ou, au plus tard, le 15ᵉ; la fourniture des médicaments et le service du blanchissage doivent pouvoir être assurés à partir du 9ᵉ jour.

---

(1) Cette date est toujours arrêtée dès le temps de paix. Les travaux d'adaptation ne doivent commencer, du moins si l'établissement appartient à l'Etat, au département ou aux communes, qu'après la rédaction du procès-verbal d'inventaire prévu à l'article 84 de l'instruction du 5 mai 1899. Les indications relatives à l'exécution de ces travaux d'adaptation seront inscrites dans les lignes laissées en blanc dans le corps du présent chapitre.

(2) Si le comité a organisé plusieurs hôpitaux auxiliaires du territoire, le président remplit les obligations qui lui incombent avec le concours d'un ou plusieurs membres du comité.

(3) Toutefois, si l'établissement appartient à un particulier, la rédaction de ce procès-verbal est subordonnée à l'entente préalablement établie avec le propriétaire intéressé, dans les conditions fixées par l'article 84 de l'instruction du 5 mai 1899.

(4) Il y a intérêt à préparer ces lettres dès le temps de paix.

Il convoque les membres du comité, ainsi que le médecin-chef et le premier comptable de l'hôpital, pour une réunion qui sera tenue le 2ᵉ jour dans la matinée.

Il détermine l'heure à laquelle se réunira, le 3ᵉ jour dans la matinée, tout le personnel affecté à l'hôpital.

2ᵉ JOUR. Réunion dans la matinée du comité local, ainsi que du médecin-chef et du premier comptable de l'hôpital.

Le comité prend connaissance, le cas échéant, des instructions qu'il a reçues du délégué régional, examine l'état de préparation de l'hôpital auxiliaire et avise aux mesures à prendre pour suppléer aux insuffisances de personnel ou de matériel qui pourraient résulter de la faillite, de la disparition ou du décès de certaines personnes ayant contracté un engagement avec la société.

Le premier comptable de l'hôpital est chargé d'établir, en trois expéditions, le procès-verbal d'inventaire prescrit par l'article 84 de l'instruction; ces expéditions reçoivent la destination prévue par ledit article.

Le premier comptable est également chargé de tenir la caisse de l'hôpital et de prendre les mesures nécessaires pour assurer le logement et l'alimentation du personnel secondaire de l'hôpital dès le premier jour de sa convocation.

Il fait apposer chez le concierge de l'établissement et, à défaut de concierge, sur la porte de l'établissement réservé pour l'installation de l'hôpital une affiche indiquant : 1° l'heure fixée par le président du comité local pour la réunion générale du personnel qui doit avoir lieu le lendemain; 2° son adresse en ville ainsi que celle du médecin-chef de l'hôpital.

Il communique les renseignements portés sur cette affiche au commandant d'armes de la place.

3ᵉ JOUR.

Travaux d'adaptation.

Réunion, dans la matinée, du personnel supérieur et du personnel secondaire de l'hôpital.

Chaque chef de service entre en relations avec les employés appelés à servir sous sa direction et assume la charge de les initier en détail aux obligations spéciales qui vont leur incomber. C'est ainsi que les médecins doivent compléter l'instruction technique des infirmiers attachés aux salles des malades ou à la salle d'opérations et les exercer à la tenue des cahiers de visite ainsi qu'à l'établissement des relevés d'aliments ou de médicaments. D'autre part, il appartient aux comptables de donner à leurs employés des instructions précises sur le fonctionnement du bureau des entrées et des services de la dépense ou du matériel, ainsi que sur la tenue des registres et l'établissement des diverses pièces de comptabilité prévus par les règlements en vigueur.

Des heures de réunion en vue de l'instruction pratique de chaque groupe de personnel sont fixées par les chefs de service, tant pour ce jour que pour les jours suivants.

Le premier comptable se préoccupe des mesures à prendre pour assurer l'approvisionnement régulier de l'hôpital en denrées alimentaires et en objets combustibles.

En principe, la livraison du pain, de la viande de boucherie, du lait, du beurre, du fromage, des œufs, du saindoux, des pommes de terre, des légumes secs, du vin, des articles d'épicerie, tels que café, sucre, chocolat, pâtes féculentes, confitures, etc., et des objets combustibles, donne lieu à la passation des marchés de gré à gré avec des fournisseurs de la ville.

Le premier comptable provoque les offres de ces fournisseurs.

La volaille, le poisson et les légumes frais seront généralement achetés sur place au fur et à mesure des besoins.

Le premier comptable désigne l'employé qui sera chargé, aussitôt l'hôpital ouvert, de procéder à ces achats, et l'employé se met au courant, sans retard, des ressources d'alimentation de la ville.

Dans le cas où l'approvisionnement de médicaments a été constitué par la société, le premier pharmacien est chargé de le compléter, s'il y a lieu.

Les registres et imprimés dont la fourniture doit être assurée par le département de la guerre sont réclamés, s'il y a lieu, au délégué régional de la Société.

4ᵉ JOUR.

Travaux d'adaptation.

Réunion des conférences d'instruction.

Le premier comptable de l'hôpital est chargé d'acheter, avec le concours des comptables sous ses ordres, les objets dont l'acquisition a été différée jusqu'au moment de la mobilisation (voir les chapitres IV et IV *bis* (D) et qui ne peuvent être constitués au moyen des dons ou des prêts consentis en faveur de la société.

Il entre en relations avec les signataires des marchés conditionnels conclus en vue du fonctionnement de l'hôpital, et s'assure que les engagements contractés par ces personnes pourront être tenus.

Il s'assure, d'autre part, que les voitures retenues pour l'exécution des mouvements de matériel visés au chapitre VII seront disponibles au jour voulu.

5e JOUR. Continuation des travaux d'adaptation, s'il y a lieu.
Nettoyage et désinfection des divers locaux sous la surveillance du médecin-chef et du premier comptable.

(Le détail de ces opérations, qui peuvent varier suivant chaque établissement, doit être indiqué ci-après dès le temps de paix.)

Réunion des conférences d'instruction.

Continuation des achats de matériel à effectuer par le premier comptable.

Le médecin-chef, le premier comptable et, s'il y a lieu, le premier pharmacien, se constituent en commission à l'effet de recevoir les divers objets de matériel livrés à l'hôpital.

6e JOUR. Continuation, s'il y a lieu, des travaux d'adaptation, ainsi que des opérations de nettoyage et de désinfection.

Continuation des achats à effectuer par le comptable.

Réunion des conférences d'instruction.

Exécution des mouvements de matériel prévus au chapitre VII, sous la responsabilité de l'un des comptables, spécialement désigné à cet effet.

Réception du matériel.

7e JOUR. Continuation, s'il y a lieu, des mouvements de matériel prévus au chapitre VII, et des opérations de réception.

Mise en place de tout le matériel.

Réception, s'il y a lieu, des effets d'habillement.

Réception des médicaments, s'ils sont assurés par un marché conditionnel, du moins des médicaments usuels ou d'urgence.

Dans l'après-midi, réunion des membres du comité local et du personnel supérieur de l'hôpital auxiliaire du territoire, en vue d'arrêter les dernières dispositions à prendre pour assurer le fonctionnement de cet hôpital.

8e JOUR. Le président du comité local fait connaître au délégué régional de la société si l'hôpital est prêt à fonctionner.

Le concierge et les infirmiers occupent le logement qui leur a été réservé dans l'hôpital.

Une liste complète du personnel supérieur et secondaire attaché à l'hôpital est affichée dans les bureaux du médecin-chef et du premier comptable, ainsi que dans le logement du concierge.

Une consigne établie par les soins du médecin-chef et affichée chez le concierge indique les mesures à prendre pour réunir tout le personnel de l'hôpital aussitôt que le direc-

teur du service de santé du corps d'armée aura fait connaître
que des malades ou des blessés vont être dirigés sur cet établissement.

Une consigne indiquant les mesures à prendre en cas d'incendie à l'hôpital est également affichée chez le concierge.

Hôpital auxiliaire du territoire de la 2ᵉ série.

*La date d'ouverture a été fixée au 16ᵉ jour de la mobilisa-
tion.*

*Les travaux d'adaptation doivent commencer le (1)   jour
de la mobilisation.*

1ᵉʳ JOUR DE LA MOBILISATION. Le président du comité local
qui a pris charge d'organiser l'hôpital auxiliaire du territoire se met en relations avec le propriétaire ou le directeur
de l'établissement concédé pour l'installation de l'hôpital et
lui rappelle qu'il doit être procédé à partir du (1)   jour de la
mobilisation, à l'exécution des travaux d'adaptation reconnus
nécessaires.

Il arrête avec lui une heure de réunion pour le 6ᵉ jour de
la mobilisation en vue de la rédaction d'un procès-verbal
portant indication de l'état des locaux et estimation contradictoire des objets mis à la disposition de la société (2).

Il prévient l'entrepreneur qui s'est engagé à accomplir les
travaux d'adaptation.

Il prend les mesures nécessaires pour avoir, dans le plus
bref délai, la libre disposition des fonds réservés en vue du
fonctionnement de l'hôpital.

Il rappelle par écrit aux personnes visées aux chapitres
IV *bis* (B et C) et V dans quelles conditions elles sont tenues
de remplir les promesses ou engagements qu'elles ont contractés envers la société : les objets de matériel doivent être
livrés le 13ᵉ jour de la mobilisation, les effets d'habillement
le 14ᵉ ou au plus tard le 20ᵉ ; la fourniture des médicaments
et le service du blanchissage doivent pouvoir être assurés à
partir du 16ᵉ jour de la mobilisation.

---

(1) Cette date est toujours arrêtée dès le temps de paix. Les travaux
d'adaptation ne doivent commencer, du moins si l'établissement appartient à l'Etat, au département ou aux communes, qu'après la rédaction
du procès-verbal d'inventaire prévu à l'article 84 de l'instruction du
5 mai 1899. Les indications relatives à l'exécution de ces travaux d'adaptation seront inscrites dans les lignes laissées en blanc dans le corps du
présent chapitre.

(2) Toutefois, si l'établissement appartient à un particulier, la rédaction de ce procès-verbal est subordonnée à l'entente préalablement établie avec le propriétaire intéressé, dans les conditions fixées par l'article 84 de l'instruction du 5 mai 1899.

Il convoque les membres du comité pour une réunion qui sera tenue le 2ᵉ jour dans la matinée.

2ᵉ JOUR. Réunion du comité local, qui avise aux mesures à prendre d'urgence, pour compléter l'organisation de l'hôpital tant au point de vue du personnel qu'à celui du matériel et des fonds nécessaires.

3ᵉ, 4ᵉ, 5ᵉ, 6ᵉ, 7ᵉ, 8ᵉ, 9ᵉ JOURS. Le comité continue sa propagande et ses efforts en vue de réunir les ressources de tout ordre qui lui feraient encore défaut.

Il prend communication, le cas échéant, des instructions qu'il a reçues du délégué régional.

Le 8ᵉ jour dans la matinée, le président du comité confère avec le médecin-chef et le premier comptable de l'hôpital.

Le premier comptable est chargé d'établir, en trois expéditions, le procès-verbal d'inventaire prévu par l'article 84 de l'instruction du 5 mai 1899 : ces expéditions reçoivent la destination prévue par ledit article.

Le premier comptable est chargé également de tenir la caisse de l'hôpital et de prendre les mesures nécessaires pour assurer le logement et l'alimentation du personnel secondaire de l'hôpital dès le premier jour de sa convocation.

Il fait apposer chez le concierge de l'établissement et, à défaut de concierge, sur la porte de l'établissement réservée pour l'installation de l'hôpital, une affiche indiquant : 1º l'heure fixée par le président du comité pour la réunion générale du personnel qui doit avoir lieu le 10ᵉ jour; 2º son adresse en ville ainsi que celle du médecin-chef de l'hôpital.

10ᵉ JOUR. *Travaux d'adaptation.*

Réunion dans la matinée du personnel supérieur et du personnel secondaire de l'hôpital sous la présidence du président du comité local.

Chaque chef de service entre en relations avec les employés appelés à servir sous sa direction et assume la charge de les initier, en détail, aux obligations spéciales qui vont leur incomber. C'est ainsi que les médecins doivent compléter l'instruction technique des infirmiers attachés aux salles de malades ou à la salle d'opérations, et les exercer à la tenue des cahiers de visite ainsi qu'à l'établissement des relevés d'aliments ou de médicaments. D'autre part, il appartient aux comptables de donner à leurs employés des instructions précises sur le fonctionnement du bureau des entrées et des services de la dépense ou du matériel, ainsi que sur la tenue des registres et l'établissement de diverses pièces de comptabilité prévues par les règlements en vigueur.

Des heures de réunion, en vue de l'instruction pratique de

chaque groupe de personnel sont fixées par les chefs de service tant pour ce jour que pour les jours suivants.

Le premier comptable se préoccupe des mesures à prendre pour assurer l'approvisionnement régulier de l'hôpital en denrées alimentaires et en objets combustibles,

En principe, la livraison du pain, de la viande de boucherie, du lait, du beurre, du fromage, des œufs, du saindoux, des pommes de terre, des légumes secs, du vin, des articles d'épicerie, tels que café, sucre, chocolat, pâtes féculentes, etc., et des objets combustibles donne lieu à la passation de marchés de gré à gré avec des fournisseurs de la ville.

Le premier comptable provoque les offres de ces fournisseurs.

La volaille, le poisson et les légumes frais sont généralement achetés sur place au fur et à mesure des besoins.

Le premier comptable désigne l'employé qui sera chargé, aussitôt l'hôpital ouvert, de procéder à ces achats et l'employé se met au courant sans retard des ressources d'alimentation de la ville.

Dans le cas où l'approvisionnement de médicaments a été constitué par la société, le premier pharmacien est chargé de le compléter, s'il y a lieu.

Les registres et imprimés dont la fourniture doit être asrée par le département de la guerre sont réclamés, s'il y a lieu, au délégué régional de la société.

11ᵉ JOUR. Travaux d'adaptation.

Réunion des conférences d'instruction.

Le premier comptable de l'hôpital est chargé d'acheter, avec le concours des comptables sous ses ordres, les objets dont l'acquisition a été différée jusqu'au moment de la mobilisation (voir les chapitres IV et IV *bis*) et qui ne peuvent être constitués au moyen des dons ou des prêts consentis en faveur de la société.

Il entre en relations avec les signataires des marchés conditionnels conclus en vue du fonctionnement de l'hôpital et s'assure que les engagements contractés par ces personnes pourront être tenus.

Il s'assure, d'autre part, que les voitures retenues pour l'exécution des mouvements de matériel visés au chapitre VII seront disponibles au jour voulu.

12ᵉ JOUR. Continuation, s'il y a lieu, des travaux d'adaptation.

Nettoyage et désinfection des divers locaux sous la surveillance du médecin-chef et du premier comptable. (Le détail de ces opérations, qui peuvent varier suivant chaque établissement, doit être indiqué ci-dessous dès le temps de paix.)

Réunion des conférences d'instruction.

Continuation des achats de matériel à effectuer par le premier comptable.

Le médecin-chef, le premier comptable et, s'il y a lieu, le premier pharmacien, se constituent en commission à l'effet de recevoir les divers objets de matériel livrés à l'hôpital.

13e JOUR. Continuation, s'il y a lieu, des travaux d'adaptation ainsi que des opérations de nettoyage et de désinfection.

Continuation des achats à effectuer par le comptable.

Exécution des mouvements de matériel prévus au chapitre VII, sous la responsabilité de l'un des comptables, spécialement désigné à cet effet.

Réunion des conférences d'instruction.

Réception du matériel.

14e JOUR. Continuation, s'il y a lieu, des mouvements de matériel prévus au chapitre VII et des opérations de réception.

Mise en place de tout le matériel.

Réception, s'il y a lieu, des effets d'habillement.

Réception des médicaments, s'ils sont assurés par marché conditionnel, du moins des médicaments usuels ou d'urgence.

Dans l'après-midi, réunion des membres du comité local et du personnel supérieur de l'hôpital auxiliaire du territoire en vue d'arrêter les dernières dispositions à prendre pour assurer le fonctionnement de cet hôpital.

15e JOUR ET JOURS SUIVANTS. Le président du comité local fait connaître, le 15e jour, au délégué régional de la société, quel est le degré de préparation de l'hôpital auxiliaire du territoire.

Le comité continue, s'il y a lieu, sa propagande et ses efforts en vue de compléter cette préparation; il tient le délégué régional au courant des résultats obtenus.

Le concierge et les infirmiers occupent, dès le 15e jour, le logement qui leur a été réservé dans l'hôpital.

Une liste complète du personnel supérieur et secondaire attaché à l'hôpital est affichée dans les bureaux du médecin-chef et du premier comptable, ainsi que dans le logement du concierge.

Une consigne, établie par les soins du médecin-chef et affichée chez le concierge, indique les mesures à prendre pour réunir tout le personnel de l'hôpital aussitôt que le directeur du service de santé du corps d'armée aura fait connaître que des malades ou des blessés vont être dirigés sur cet établissement.

Une consigne indiquant les mesures à prendre en cas d'incendie à l'hôpital est également affichée chez le concierge.

Hôpital auxiliaire du territoire de la 3e série.

(Les ressources constituées en personnel, matériel et fonds n'atteignent pas la moitié des ressources nécessaires.)

La date d'ouverture reste indéterminée en temps de paix.
Les travaux d'adaptation doivent commencer le... (1) jour après la réception de l'ordre d'ouverture de l'hôpital.

1er JOUR DE LA MOBILISATION. Le président du comité local convoque les membres du comité pour une réunion qui sera tenue le 2e jour dans la matinée.

2e JOUR. Réunion du comité local, qui avise aux mesures à prendre d'urgence, pour compléter l'organisation de l'hôpital tant au point de vue du personnel qu'à celui du matériel et des fonds nécessaires.

3e JOUR ET JOURS SUIVANTS. Le comité continue sa propagande et ses efforts en vue de réunir les ressources de tout ordre qui lui feraient encore défaut.

15e JOUR. Le président du comité local fait connaître au délégué régional de la société quel est le degré de préparation de l'hôpital auxiliaire du territoire.

Dès que le président du comité local est informé par le délégué régional de la société que l'autorité militaire a décidé l'ouverture de l'hôpital auxiliaire du territoire, il est procédé aux opérations ci-après (les jours sont numérotés 1, 2, 3, etc., à partir du jour où le président du comité reçoit l'ordre de préparer l'ouverture de l'hôpital) :

1er JOUR APRÈS LA RÉCEPTION DE L'ORDRE D'OUVERTURE. Le président du comité local se met en relations avec le propriétaire ou le directeur de l'établissement concédé pour l'instal-

---

(1) Cette date est toujours arrêtée dès le temps de paix. Les travaux d'adaptation ne doivent commencer, du moins si l'établissement appartient à l'Etat, au département ou aux communes, qu'après la rédaction du procès-verbal d'inventaire prévu à l'article 84 de l'instruction du 5 mai 1899.

Les indications relatives à l'exécution de ces travaux d'adaptation seront inscrites dans les lignes laissées en blanc dans le corps du présent chapitre.

lation de l'hôpital et lui rappelle qu'il doit être procédé dans un délai de (1) jours, à l'expiration des travaux d'adaptation reconnus nécessaires.

Il arrête avec lui une heure de réunion pour le lendemain en vue de la rédaction d'un procès-verbal portant indication de l'état des locaux et estimation contradictoire des objets mis à la disposition de la société (2).

Il prévient l'entrepreneur qui s'est engagé à accomplir les travaux d'adaptation.

Il prend les mesures nécessaires pour avoir, dans le plus bref délai, la libre disposition des fonds réservés en vue du fonctionnement de l'hôpital.

Il rappelle par écrit aux personnes visées aux chapitres IV *bis* (B et C) et V dans quelles conditions elles sont tenues de remplir les promesses ou les engagements qu'elles ont contractés envers la société ; les objets de matériel doivent être livrés le 6e jour ; les effets d'habillement, le 7e ou au plus tard le 15e ; la fourniture des médicaments et le service du blanchissage doivent pouvoir être assurés à partir du 9e.

Il convoque les membres du comité, le médecin-chef et le premier comptable de l'hôpital pour une réunion qui sera tenue le 2e jour dans la matinée.

Il convoque le personnel supérieur et le personnel secondaire de l'hôpital pour une réunion générale qui sera tenue le 3e jour dans la matinée.

2e JOUR APRÈS LA RÉCEPTION DE L'ORDRE D'OUVERTURE. Réunion, dans la matinée, des membres du comité local.

Le comité prend connaissance des instructions envoyées par le délégué régional.

Le président du comité confère avec le médecin-chef et le premier comptable de l'hôpital : il charge le premier comptable d'établir en trois expéditions le procès-verbal d'inventaire prescrit par l'article 84 de l'instruction du 5 mai 1899 ; ces expéditions reçoivent la destination prévue par ledit article.

Le premier comptable est chargé, en outre, de tenir la caisse de l'hôpital et de prendre les mesures nécessaires pour assurer le logement et l'alimentation du personnel secondaire de l'hôpital dès le premier jour de sa convocation.

Il fait apposer chez le concierge de l'établissement, ou, à défaut de concierge, sur la porte de l'établissement réservé pour l'installation de l'hôpital, une affiche indiquant . 1°

---

(1) Voir le renvoi 1 ci-dessus.
(2) Toutefois, si l'établissement appartient à un particulier, la rédaction de ce procès-verbal est subordonnée à l'entente préalablement établie avec le propriétaire intéressé dans les conditions fixées par l'article 84 de l'instruction du 5 mai 1899.

l'heure fixée par le président du comité pour la réunion générale du personnel, qui doit avoir lieu le lendemain ; 2° son adresse en ville, ainsi que celle du médecin-chef de l'hôpital.

Il communique les renseignements portés sur cet affiche au commandant d'armes de la place.

3ᵉ JOUR APRÈS LA RÉCEPTION DE L'ORDRE D'OUVERTURE.

Travaux d'adaptation.

Réunion, dans la matinée, du personnel supérieur et du personnel secondaire de l'hôpital sous la présidence du président du comité local.

Chaque chef de service entre en relations avec les employés appelés à servir sous sa direction et assume la charge de les initier, en détail, aux obligations spéciales qui vont leur incomber. C'est ainsi que les médecins doivent compléter l'instruction technique des infirmiers attachés aux salles des malades ou à la salle d'opérations et les exercer à la tenue des cahiers de visite ainsi qu'à l'établissement des relevés d'aliments ou de médicaments.

D'autre part, il appartient aux comptables de donner à leurs employés des instructions précises sur le fonctionnement du bureau des entrées et des services de la dépense ainsi que sur la tenue des registres et l'établissement des diverses pièces de comptabilité prévus par les règlements en vigueur.

Des heures de réunion en vue de l'instruction pratique de chaque groupe de personnel sont fixées par les chefs de service tant pour ce jour que pour les jours suivants.

Le premier comptable se préoccupe des mesures à prendre pour assurer l'approvisionnement régulier de l'hôpital en denrées alimentaires et en objets combustibles.

En principe, la livraison du pain, de la viande de boucherie, du lait, du beurre, du fromage, des œufs, du saindoux, des pommes de terre, des légumes secs, du vin, des articles d'épicerie, tels que café, sucre, chocolat, pâtes féculentes, confitures, etc., et des objets combustibles donne lieu à la passation de marchés de gré à gré avec des fournisseurs de la ville.

Le premier comptable provoque les offres de ces fournisseurs.

La volaille, le poisson et les légumes frais seront généralement achetés sur place au fur et à mesure des besoins.

Le premier comptable désigne l'employé qui sera chargé, aussitôt l'hôpital ouvert, de procéder à ces achats, et l'employé se met au courant, sans retard, des ressources d'alimentation de la ville.

Dans le cas où l'approvisionnement en médicaments a été constitué par la société, le premier pharmacien est chargé de le compléter, s'il y a lieu.

Les registres et imprimés, dont la fourniture doit être assurée par le département de la guerre, sont réclamés, s'il y a lieu, au délégué régional de la société.

4ᵉ JOUR APRÈS LA RÉCEPTION DE L'ORDRE D'OUVERTURE. — *Travaux d'adaptation.*

Réunion des conférences d'instruction.

Le premier comptable est chargé d'acheter, avec le concours des comptables sous ses ordres, les objets dont l'acquisition a été différée jusqu'au moment de la mobilisation (voir les chapitres IV et IV *bis* D) et qui ne peuvent être constitués au moyen des dons ou des prêts consentis en faveur de la société.

Il entre en relations avec les signataires des marchés conditionnels conclus en vue du fonctionnement de l'hôpital et s'assure que les engagements contractés par ces personnes pourront être tenus.

Il recherche les voitures nécessaires pour le transport du matériel à réunir dans l'hôpital.

5ᵉ JOUR APRÈS LA RÉCEPTION DE L'ORDRE D'OUVERTURE. — Continuation, s'il y a lieu, des travaux d'adaptation.

Nettoyage et désinfection des divers locaux sous la surveillance du médecin-chef et du premier comptable.

(Le détail de ces opérations, qui peuvent varier suivant chaque établissement, doit être indiqué ci-dessous, dès le temps de paix.)

Réunion des conférences d'instruction.

Continuation des achats de matériel à effectuer par le premier comptable.

Le médecin-chef, le premier comptable et, s'il y a lieu, le premier pharmacien, se constituent en commission à l'effet de recevoir les divers objets de matériel livrés à l'hôpital.

6ᵉ JOUR APRÈS LA RÉCEPTION DE L'ORDRE D'OUVERTURE. — Continuation, s'il y a lieu, des travaux d'adaptation ainsi que des opérations de nettoyage et de désinfection.

Continuation des achats à effectuer par le premier comptable.

Exécution sous la responsabilité de l'un des comptables spécialement désigné à cet effet, des mouvements de matériel prévus au chapitre VII ou arrêtés depuis la réception de l'ordre d'ouverture de l'hôpital.

Réunion des conférences d'instruction.

Réception du matériel.

7ᵉ JOUR APRÈS LA RÉCEPTION DE L'ORDRE D'OUVERTURE. — Continuation, s'il y a lieu, des mouvements de matériel et des opérations de réception.

Mise en place de tout le matériel.

Réception, s'il y a lieu, des effets d'habillement.

Réception des médicaments, s'ils sont assurés par un marché conditionnel, du moins des médicaments usuels ou d'urgence.

Dans l'après-midi, réunion des membres du comité local et du personnel supérieur de l'hôpital auxiliaire du territoire, en vue d'arrêter les dernières dispositions à prendre pour assurer le fonctionnement de cet hôpital.

8ᵉ JOUR APRÈS LA RÉCEPTION DE L'ORDRE D'OUVERTURE. Le président du comité local fait connaître au délégué régional de la société si l'hôpital auxiliaire du territoire est prêt à fonctionner.

Le concierge et les infirmiers des salles de malades occupent le logement qui leur a été réservé dans l'hôpital.

Une liste complète du personnel supérieur et secondaire attaché à l'hôpital est affichée dans le bureau du médecin-chef et du premier comptable, ainsi que dans le logement du concierge.

Une consigne, établie par les soins du médecin-chef et affichée chez le concierge, indique les mesures à prendre pour réunir tout le personnel de l'hôpital aussitôt que le directeur du service de santé du corps d'armée aura fait connaître que des malades ou des blessés vont être dirigés sur cet établissement.

Une consigne indiquant les mesures à prendre, en cas d'incendie à l'hôpital, est également affichée chez le concierge.

INSCRIPTION DES DÉCISIONS OU INSTRUCTIONS RELATIVES A L'ORGANISATION DE L'HÔPITAL.

A.

Décisions ou instructions de l'autorité militaire.

DÉSIGNATION de L'AUTORITÉ.	DATE des DOCUMENTS.	OBJET DE LA DÉCISION ou DE L'INSTRUCTION.	INDICATION de la place donnée au document dans les archives.	OBSER-VATIONS.

B.

*Décisions ou instructions du conseil supérieur ou du délégué
régional de la société.*

DÉSIGNATION de L'AUTORITÉ.	DATE des DOCUMENTS.	OBJET DE LA DÉCISION ou DE L'INSTRUCTION.	INDICATION de la place donnée au document dans les archives.	OBSER-VATIONS.

C.

Décisions ou délibérations du comité local.

DATE DE LA DÉCISION ou de la DÉLIBÉRATION.	OBJET DE LA DÉCISION ou DE LA DÉLIBÉRATION.	INDICATION de la PLACE DONNÉE au document dans les archives.	OBSERVATIONS.

Etat énumératif des pièces annexées au journal.

(Art. 69 de l'instruction du 5 mai 1899.)

DATE à laquelle LA PIÈCE a été établie.	OBJET VISÉ DANS LA PIÉCE.	DÉSIGNATION du signataire de la pièce.	INDICATION, s'il y a lieu, de la date d'annulation de la pièce. (A)	OBSERVATIONS
				(A) Les pièces annulées sont enlevées du journal de mobilisation.

Etat énumératif des pièces annexées au journal.

(Art. 69 de l'instruction du 5 mai 1899.)

DATE à laquelle LA PIÈCE a été établie.	OBJET VISÉ DANS LA PIÈCE.	DÉSIGNATION du signataire de la pièce.	INDICATION, s'il y a lieu, de la date d'annulation de la pièce. (A)	OBSERVATIONS
				(A) Les pièces annulées sont enlevées du journal de mobilisation.

État énumératif des pièces annexées au journal.
(Art. 69 de l'Instruction du 5 mai 1899.)

DATE à laquelle LA PIÈCE a été établie.	OBJET VISÉ DANS LA PIÈCE.	DÉSIGNATION du signataire de la pièce.	INDICATION, s'il y a lieu, de la date d'annulation de la pièce. (A)	OBSERVATIONS
				(A) Les pièces annulées sont enlevées du journal de mobilisation.

N° 83 *bis.*

11

Etat énumératif des pièces annexées au journal.

(Art. 69 de l'instruction du 5 mai 1899.)

DATE à laquelle LA PIÈCE a été établie.	OBJET VISÉ DANS LA PIÈCE.	DÉSIGNATION du signataire de la pièce.	INDICATION, s'il y a lieu, de la date d'annulation de la pièce. (A)	OBSERVATIONS
				(A) Les pièces annulées sont enlevées du journal de mobilisation.

Les soussignés ont reconnu à la date du
que l'hôpital auxiliaire du territoire n°   de la société d'assistance

doit être classé dans la « Troisième série ».

Le Président du comité local.   *Le Délégué régional,*

*Le Directeur du service de santé
du corps d'armée ou gouvernement militaire*

Les soussignés ont reconnu à la date du
que l'hôpital auxiliaire du territoire n°   de la société d'assistance

doit être classé dans la « Deuxième série ».

Le Président du comité local,   *Le Délégué régional,*

*Le Directeur du service de santé
du corps d'armée ou gouvernement militaire,*

Les soussignés ont reconnu à la date du
que l'hôpital auxiliaire du territoire n°   de la société d'assistance

doit être classé dans la « Première série ».

Le Président du comité local,   *Le Délégué régional,*

*Le Directeur du service de santé
du corps d'armée ou gouvernement militaire,*

POCHE

POUR LES PIÈCES ANNEXÉES AU JOURNAL DE MOBILISATION.

N° 83 *bis.*   11.

· RÉGION DE CORPS D'ARMÉE. **Société d'assistance** HOPITAL AUXILIAIRE DU TERRITOIRE N° Le février 19 . *Le Directeur du service* *de santé* *du corps d'armée,*	**· RÉGION DE CORPS D'ARMÉE.** **Société d'assistance** HOPITAL AUXILIAIRE DU TERRITOIRE N° Le février 19 . *Le Directeur du service* *de santé* *du corps d'armée,*	**· RÉGION DE CORPS D'ARMÉE.** **Société d'assistance** HOPITAL AUXILIAIRE DU TERRITOIRE N° Le février 19 . *Le Directeur du service* *de santé* *du corps d'armée,*
· RÉGION DE CORPS D'ARMÉE. **Société d'assistance** HOPITAL AUXILIAIRE DU TERRITOIRE N° Le février 19 . *Le Directeur du service* *de santé* *du corps d'armée,*	**· RÉGION DE CORPS D'ARMÉE.** **Société d'assistance** HOPITAL AUXILIAIRE DU TERRITOIRE N° Le février 19 . *Le Directeur du service* *de santé* *du corps d'armée,*	**· RÉGION DE CORPS D'ARMÉE.** **Société d'assistance** HOPITAL AUXILIAIRE DU TERRITOIRE N° Le février 19 . *Le Directeur du service* *de santé* *du corps d'armée,*
· RÉGION DE CORPS D'ARMÉE. **Société d'assistance** HOPITAL AUXILIAIRE DU TERRITOIRE N° Le février 19 . *Le Directeur du service* *de santé* *du corps d'armée,*	**· RÉGION DE CORPS D'ARMÉE.** **Société d'assistance** HOPITAL AUXILIAIRE DU TERRITOIRE N° Le février 19 . *Le Directeur du service* *de santé* *du corps d'armée,*	**· RÉGION DE CORPS D'ARMÉE.** **Société d'assistance** HOPITAL AUXILIAIRE DU TERRITOIRE N° Le février 19 . *Le Directeur du service* *de santé* *du corps d'armée,*
· RÉGION DE CORPS D'ARMÉE. **Société d'assistance** HOPITAL AUXILIAIRE DU TERRITOIRE N° Le février 19 . *Le Directeur du service* *de santé* *du corps d'armée,*	**· RÉGION DE CORPS D'ARMÉE.** **Société d'assistance** HOPITAL AUXILIAIRE DU TERRITOIRE N° Le février 19 . *Le Directeur du service* *de santé* *du corps d'armée,*	**· RÉGION DE CORPS D'ARMÉE.** **Société d'assistance** HOPITAL AUXILIAIRE DU TERRITOIRE N° Le février 19 . *Le Directeur du service* *de santé* *du corps d'armée,*
· RÉGION DE CORPS D'ARMÉE. **Société d'assistance** HOPITAL AUXILIAIRE DU TERRITOIRE N° Le février 19 . *Le Directeur du service* *de santé* *du corps d'armée,*	**· RÉGION DE CORPS D'ARMÉE.** **Société d'assistance** HOPITAL AUXILIAIRE DU TERRITOIRE N° Le février 19 . *Le Directeur du service* *de santé* *du corps d'armée,*	**· RÉGION DE CORPS D'ARMÉE.** **Société d'assistance** HOPITAL AUXILIAIRE DU TERRITOIRE N° Le février 19 . *Le Directeur du service* *de santé* *du corps d'armée,*

MODÈLE N° 15.

—

Art. 6 du décret
du 19 octobre 1892.

Art. 69 de l'instruction
du 5 mai 1899.

DIMENSIONS :
Hauteur.... 0^m,360
Largeur .... 0^m,250

• RÉGION

DE CORPS D'ARMÉE.

1) Désigner la Société.

SOCIÉTÉS D'ASSISTANCE

AUX BLESSÉS ET MALADES DES ARMÉES DE TERRE ET DE MER.

(1)

ÉTAT

semestriel des ressources en personnel, en matériel et en argent que possède la Société à la date du   pour l'organisation des hôpitaux auxiliaires du territoire.

OBSERVATIONS.

Le présent état est établi en double expédition le 1er janvier et le 1er juillet de chaque année par le délégué régional : l'une est adressée au directeur du service de santé de la région de corps d'armée, l'autre est envoyée au conseil supérieur de la Société.

Un état récapitulatif des renseignements fournis par les délégués régionaux, pour l'ensemble des corps d'armée, est établi par le conseil supérieur de la Société et adressé au Ministre (7e Direction).

Toutefois, cet état ne reproduit pas les listes nominatives du personnel supérieur affecté aux hôpitaux auxiliaires du territoire ; par contre, il signale les noms des membres composant le conseil supérieur.

Des feuilles intercalaires seront ajoutées au besoin.

Ire

Hôpitaux auxiliaires du territoire

Numéro de l'hôpital auxiliaire du territoire.	SIÈGE de L'HÔPITAL auxiliaire du territoire. — Ville, rue et numéro.	BATIMENT concédé pour l'installation de l'hôpital auxiliaire du territoire. (Le désigner par sa destination normale.)	DÉSIGNATION du propriétaire de l'établissement concédé. (Etat, département, commune ou particulier; nom et prénoms de ce dernier.)	Nombre de lits prévus dans l'hôpital auxiliaire du territoire.	PERSONNEL CONSTITUÉ.							
					PERSONNEL SUPÉRIEUR.					PERSONNEL secondaire.		
					Médecins traitants y compris le médecin-chef. (Docteurs en médecine.)	Aides-médecins.	Pharmaciens de 1re ou de 2e classe.	Administrateur (homme ou dame).	Comptables (hommes ou dames).	Infirmiers dégagés de toute obligation militaire (y compris les dames).	Infirmiers appartenant à l'armée.	Total des infirmiers (hommes ou dames).

Hôpitaux auxiliaires du territoire

Hôpitaux auxiliaires du territoire

PARTIE.

classés en 1re *et en* 2e *série.*

MATÉRIEL CONSTITUÉ. (Totalité du matériel nécessaire : plus de la moitié ou moitié du matériel nécessaire (A).	FONDS RÉSERVÉS en vue du fonctionnement de l'hôpital auxiliaire du territoire.		SIÈGE DU COMITÉ LOCAL qui a pris charge de l'hôpital auxiliaire du territoire. — Ville, rue et numéro.	Nombre des membres du comité local.	Produit des cotisations versées annuellement par les membres du comité local.	Totalité des fonds capitalisés par le comité local.	OBSER- VATIONS.
	MONTANT DES FONDS.	DÉSIGNATION et adresse du dépositaire des fonds. (Personne ou établissement.)					
classés en 1re *série.*							
							(A) Mettre dans cette colonne, suivant le cas, les mots « totalité », « plus de la moitié », «moitié ».
classés en 2e *série.*							

Hôpitaux auxiliaires du territoire

Numéro de l'hôpital auxiliaire du territoire.	SIÈGE de L'HÔPITAL auxiliaire du territoire. — Ville, rue et numéro.	BATIMENT concédé pour l'installation de l'hôpital auxiliaire du territoire. (Le désigner par sa destination normale.)	DÉSIGNATION du propriétaire de l'établissement concédé. (Etat, département, commune ou particulier; nom et prénoms de ce dernier.)	Nombre de lits prévus dans l'hôpital auxiliaire du territoire.	PERSONNEL CONSTITUÉ.							
					PERSONNEL SUPÉRIEUR.					PERSONNEL secondaire.		
					Médecins traitants y compris le médecin-chef. (Docteurs en médecine.)	Aides-médecins.	Pharmaciens de 1ʳ ou 2ᵉ classe.	Administrateur (homme ou dame).	Comptables (hommes ou dames).	Infirmiers dégagés de toute obligation militaire (y compris les dames).	Infirmiers appartenant à l'armée.	Total des infirmiers (hommes ou dames).

PARTIE.

classés en 3e série ou en formation.

MATÉRIEL CONSTITUÉ.							FONDS RÉSERVÉS en vue DU FONCTIONNEMENT de l'hôpital auxiliaire du territoire.		SIÈGE DU COMITÉ local qui a pris charge de l'hôpital auxiliaire du territoire — Ville, rue et numéro.	Nombre des membres du comité local.	Produit des cotisations versées annuellement par les membres du comité local.	Totalité des fonds capitalisés par le comité local.	OBSERVATIONS.
NOMBRE de lits complets (A)		MATÉRIEL d'exploitation correspondant aux besoins de x malades		Appareils ou objets de pansement correspondant aux besoins de x blessés.	Instruments de chirurgie.		MONTANT DES FONDS.	DÉSIGNATION et adresse du dépositaire des fonds. (Personne ou établissement.)					
par achats effectués.	par promesses écrites.	par achats effectués.	par promesses écrites.										(A) Le lit complet est composé de : 1 couchette ou 1 châlit, 1 sommier ou 1 paillasse, 1 matelas, 1 traversin, 2 couvertures, 6 draps de lit.

IIIe

État nominatif du personnel supérieur affecté

(Hommes

NOMS ET PRÉNOMS.	RÉSIDENCE.	PROFESSION.

1º Hôpital auxiliaire

(1) Inscrire le personnel de chaque hôpital auxiliaire du territoire en suivant l'ordre adopté dans les Ire et IIe parties du présent état.

PARTIE.

aux hôpitaux auxiliaires du territoire
ou dames.)

EMPLOI DANS L'HÔPITAL AUXILIAIRE du territoire.	OBSERVATIONS.

du territoire n°   (1).

IVe PARTIE.

OBSERVATIONS.

Signaler les principales modifications survenues depuis l'établissement du dernier état semestriel dans la constitution des ressources affectées aux hôpitaux auxiliaires du territoire.

A , le 19 .

Le Délégué régional,

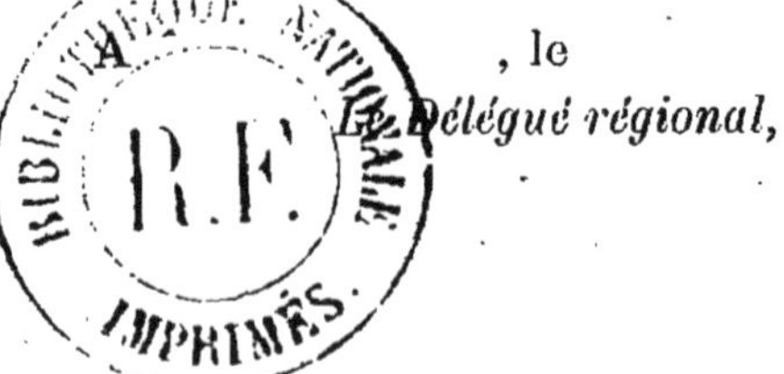

TABLE DES MATIÈRES

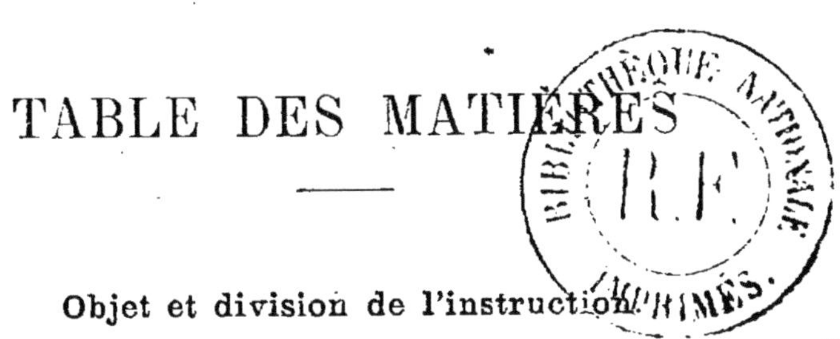

Objet et division de l'instruction

CHAPITRE Ier.

DISPOSITIONS GÉNÉRALES.

CHAPITRE II.

OBLIGATIONS DU DIRECTEUR DU SERVICE DE SANTÉ DE LA RÉGION DE CORPS D'ARMÉE ET DES MÉDECINS MILITAIRES, SES DÉLÉGUÉS, EN CE QUI CONCERNE LA PRÉPARATION DES HOPITAUX TEMPORAIRES DU TERRITOIRE.

CHAPITRE III.

HOPITAUX TEMPORAIRES DU TERRITOIRE DONT LA GESTION EST ASSURÉE PAR LE SERVICE DE SANTÉ DE L'ARMÉE.

CHAPITRE IV.

HOPITAUX TEMPORAIRES DU TERRITOIRE DONT LA GESTION EST CONFIÉE AUX SOCIÉTÉS D'ASSISTANCE AUX BLESSÉS ET MALADES DES ARMÉES DE TERRE ET DE MER. (HOPITAUX AUXILIAIRES DU TERRITOIRE.)

CHAPITRE V.

OUVERTURE DES HOPITAUX TEMPORAIRES DU TERRITOIRE ET PREMIÈRES DISPOSITIONS A PRENDRE EN VUE DE LEUR FONCTIONNEMENT.

Dispositions communes aux hôpitaux temporaires du territoire gérés par le service de santé de l'armée ou par les sociétés d'assistance.

Dispositions spéciales à l'ouverture des hôpitaux temporaires du territoire gérés par le service de santé de l'armée.

Dispositions spéciales à l'ouverture des hôpitaux temporaires du territoire gérés par les sociétés d'assistance (hôpitaux auxiliaires du territoire.)

CHAPITRE VI.

FONCTIONNEMENT DES HOPITAUX TEMPORAIRES DU TERRITOIRE.

CHAPITRE VII.

FERMETURE DES HOPITAUX TEMPORAIRES DU TERRITOIRE.

*Dispositions communes aux hôpitaux temporaires du territoire gérés par le
service de santé de l'armée ou par les sociétés d'assistance.*

*Dispositions spéciales aux hôpitaux temporaires du territoire gérés
par le service de santé de l'armée.*

*Dispositions spéciales aux hôpitaux temporaires du territoire gérés
par les sociétés d'assistance (hôpitaux auxiliaires du territoire).*

ANNEXES.

A.

Etats concernant tous les hôpitaux temporaires du territoire, qu'ils soient gérés par le service de santé de l'armée ou par les sociétés d'assistance.

B.

Notices et états concernant spécialement les hôpitaux temporaires du territoire gérés par le service de santé de l'armée.

Paris et Limoges. — Imprimerie militaire Henri CHARLES-LAVAUZELLE.

BIBLIOTHEQUE NATIONALE DE FRANCE
3 7502 01856495 7

9 782016 135648